CHURCH
SOCIAL WELFARE

# 교회 사회복지

| 손병덕 저 |

학지사

# 추천의 글

   성경의 가장 중요한 계명은 하나님 사랑이고 그다음은 이웃 사랑이다. 그 이웃 사랑의 실천이 사회복지 사역이라고 말할 수 있다. 교회의 본질적 기능인 선교와 사회봉사는 불가분의 관계다. 그러나 오늘날 한국교회는 선교에 더 치우치고 사회봉사는 조금 소홀히 해 왔다. 다행히 최근 들어 교회의 사회복지에 대한 관심이 증대하고 있다.

   한국교회의 선교는 사회복지로부터 시작되었다고 할 수 있는데, 알렌의 의료선교가 그 시초다. 그는 한국 최초의 서양식 병원인 광혜원을 개원했다. 그 이후 많은 병원과 학교들이 세워짐으로써 한국의 근대화에 크게 기여했다.

   그러나 선교 여건이 좋아지면서 사회복지 사역이 상대적으로 약화되었고, 1980년대 이후 교회성장주의에 함몰되면서 교회가 사회복지에 대한 배려를 소홀히 하는 모습을 보였다. 그래서 사회에서의 교회 모습을 비판적으로 보는 이들은 교회가 봉사 등의 사회복지에 기여하지 못하고 있음을 지적한다.

   일부 교회들이 복지 사역에 힘쓰고 있어 상당한 효과를 거두고 있지만, 아직도 많은 교회들은 사회복지에 무관심하거나 관심이 있어도 개교회가 실제적으로 무엇을 어떻게 해야 하는지 모르고 있다. 따라서 사회복지에 대한 성경적 원리 제시나 사회복지에 관한 신학이 더 중요해졌고, 아울러 개교회가 실제적으로 실천하는 사례를 제시하는 것이 필요하다.

이런 상황에서 기독교사회복지학에 탁월한 손병덕 교수님이 『기독교 사회복지』 저술에 이어 이번에 『교회 사회복지』를 출판하시게 된 것을 치하 드린다.

특히 한국교회 사회봉사와 기독교 인구의 전국 매핑과 교회 부흥을 위한 사회복지적 과제연구는 중요한 것으로 사료된다. 또한 기독교청소년 문제와 복지에 관한 문제, 지역사회의 지자체와 협력하여 교회가 어떻게 사회복지에 기여할 것인가 하는 방안은 그 사례와 더불어 관심을 끄는 주제다.

손 교수님은 사회복지의 학문적 기반 위에 현장의 실천력을 갖추고 계시기에 이번 책이 사회복지학을 연구하는 사람은 물론 특별히 사회복지에 관심 있는 개교회 목회자들에게 유익한 것으로 생각되어 기쁘게 추천한다. 모쪼록 이 책을 통해 교회가 더욱 사회복지에 힘쓸 수 있게 되기를 바란다.

서현교회 목사 김경원(한국교회갱신협의회 대표회장)

   이웃을 사랑하고 지역사회를 섬기는 그리스도인의 삶의 체계는 죄인
을 구속하시고 거듭나게 하셔서 하나님 나라에 동참하게 하신 그리스
도를 본받는 데서 비롯된다. 이러한 섬김과 실천은 한국에 선교가 시작
되면서부터 시작하여 어려웠던 식민지 시대, 한국전쟁을 거쳐 현대 교
회의 한국과 지역사회를 향한 끊임없는 사랑과 봉사를 통하여 지속되
고 있다.

   2000여 년이 지난 현 시점에도 가난한 사람과 고통받고 도움을 필요
로 하는 이웃은 여전히 그리스도인의 삶의 현장과 교회가 위치한 지역
사회에 존재하며 그리스도인과 교회의 도움을 요청하고 있다. 도움을
필요로 하는 이웃은 때로 개인적 부조를 요하고, 공동체적 참여를 구하
며, 때로는 전문적인 사회복지 연구와 실천을 요하기도 한다. 특히 복
지국가를 지향하고 인권적 복지를 주장하는 이웃을 위하여 교회는 보
다 즉각적이고 전문적으로 그들의 필요를 채울 뿐만 아니라, 시종일관
그리스도의 사랑과 은혜가 드러나도록 헌신 어린 실천을 끊임없이 갈
망하며 현실화하는 사명 속에 살아 있어야 한다. 그것이 이 땅 위에서
교회의 사랑과 실천이 그 어떤 사회봉사 및 전문적 실천과도 차별화되
도록 하는 모토가 될 수 있을 것이다.

   이 책은 교회의 이웃 사랑과 섬김이 하나님 보시기에 적합하게 실천
되기를 바라는 마음에서 저술한 것이다. 제1부에서는 한국교회의 사회
복지 기독교 실천기반을 분명히 하고 현황과 과제를 살펴보았다. 제2부

에서는 지역사회의 사회복지적 문제가 무엇이며 교회가 어떻게 지혜롭게 대처해야 할지를 제시하였다. 그리고 제3부에서는 교회의 전문사회복지 실천을 위하여 연구방법과 실천방안을 생각하되, 한국교회 사회봉사와 전문사회복지 실천의 미래를 위해 구체적 노력이 어떻게 방향지어져야 할지 모색해 보았다.

모쪼록 이 책이 교회 사회복지 실천을 통하여 하나님의 뜻이 하늘에서 이루어진 것처럼 이 땅에도 하나님 나라가 이루어지기를 기도하며 고군분투하는 그리스도인들의 귀한 노력에 도움이 되기를 간절히 소망한다.

손병덕

# 차 례

# 제3부 교회의 전문사회복지 연구와 실천방안 및 미래

제 / 1 / 부

# 한국교회 사회복지의
# 성경적 실천기반,
# 현황과 과제

제 / 1 / 장
# 그리스도인 삶의 체계로서의 칼빈주의
―하나님을 아는 지식과 이웃 사랑

## 1. 그리스도인의 삶의 체계 문제

오늘날 한국교회는 안으로는 정체된 교회성장의 문제와 밖으로는 교회의 사회적 기여 소홀에 대한 비난을 경험하고 있다.[1] 세계선교의 장은 지속적으로 확대되고 있는 반면 많은 개척교회가 어려움을 겪고 있고, 65세 이상 노년층이 증가하는 반면 청장년층은 급속도로 감소하고 있는 상황[2]은 전도에 많은 노력을 기울이고 있음에도 교회에 대한 부정적 이미지의 확대가 상당 부분 기여하고 있을 것이라는 가정을 가능하게 한다. 최근 크리스천라이프센터가 행한 조사[3]에서 조사대상 교회의

---

1. 한국교회언론회는 2008년 3월 31일 한국프레스센터 국제회의장에서 '한국교회 나아갈 길을 말한다'란 제목하에 거듭되는 사회 일각의 교회에 대한 비판여론에 대하여 회개와 반성을 주제로 한 포럼을 열기도 하였다.
2. 손병덕, 기독교 사회복지(서울: 예장출판사, 2005). 통계청 조사에는 1995~2005년 사이 우리나라의 65세 이상 인구의 자연 증가가 60% 이상인 것과 비슷하게 65세 이상 기독교 인구가 늘어난 반면, 청장년 인구(20~39세)는 자연 증가가 10% 정도인데도 청장년 기독교 인구는 전체적으로 20%가량 감소한 것으로 나타났다.
3. 기독신문, 교회 57% 사회봉사사업 "실천방안 공론화 필요": 크리스천라이프센터 활성화 설문조사(http://www.kidok.com/news/articlePrint.htm?idxno=63416, 2010. 2. 5). 사회봉사를 못하는 이유에 대하여 '과거에는 했지만 현재는 못해'가 17.7%, '사회

57% 이상이 다양한 형태의 사회봉사를 하고 있는 것으로 밝혀졌으나, 일반인을 대상으로 한 조사에서는 기독교가 신뢰하는 종교로 가톨릭 (35.2%), 불교(31.1%)에 못 미치고(기독교 18%), 호감 가는 종교에서도 불교(31.5%)와 가톨릭(29.8%)에 상당히 못 미치고(기독교 15%) 있는 것으로 나타났다.[4] 이를 볼 때 교회가 봉사를 하는 것도 중요하지만 지역사회와 이웃과의 관계, 즉 삶의 전반에서 '그리스도인 됨'의 모습이 나타나야 실효성 있게 교회 가치가 온전하게 평가될 수 있을 것이라고 생각된다. 오늘날의 기독교가 사회에서 지지기반을 잃어가고 있다면 그 이유는 개혁주의 기반의 기독교가 삶에서 그 능력을 드러낼 수 없도록 신앙체계 혹은 삶의 체계를 가르치고 있기 때문인가? 그렇지 않을 것이다. 개혁주의 신앙에서는 그리스도인의 삶을 절대로 이원화하여 보지 않는다. 신앙과 삶은 나누어 생각할 수 없다. 하나님을 아는 지식으로 인해 그리스도인의 삶에는 하나님과 함께하는 열매가 있어야 하고, 빛된 하나님의 자녀로서의 열매가 그 삶 속에서 최대한 드러나야 한다.

에이브러햄 카이퍼(Abraham Kuyper)가 "칼빈주의는 올바르게 하나님을 아는 지식을 통하여 인간의 삶의 체계를 지배할 수 있는 원리로서 기독교 이념을 가장 순수하고 정확하게 구현하였다"[5]고 밝힌 바와 같이, 칼빈주의는 다름 아니라 하나님의 말씀인 성경을 통하여 하나님을 아

---

봉사사업 의미를 몰라'가 10.1%, '지역 특성상 필요하지 않아'가 6.3%로 나타난 것을 보면 교회의 상당수는 신앙과 삶을 이원화하여 생각하고 있는 것으로 판단할 수 있다.

4. 한겨레신문, "기독교 신뢰·호감도 꼴찌": 기독교윤리실천 설문조사 "한국 교회 소통위기 심각"(http://www.hani.co.kr/arti/society/religious/322528.html, 2008. 11. 18).
5. Abraham Kuyper, *Lectures on Calvinism: Six lectures delivered at Princeton University under auspices of the L. P. Stone Foundation*, 칼빈주의 강연, 김기찬 역 (서울: 크리스챤다이제스트, 1998), pp. 17-54. 1898년 구 프린스턴 신학교에서 행한 여섯 차례의 강연 중 첫 번째 강연에서 삶의 체계로서 칼빈주의의 탁월성을 논의하였다. 카이퍼는 그의 강연에서 인간생활의 포괄적 삶의 체계로서 칼빈주의가 작용하기 위하여 하나님과의 관계, 인간과의 관계, 세계와의 관계에 대한 통찰을 얻는 것이 중요하다고 하였다.

는 지식에 이르고 그리스도의 삶을 현실에 구현하는 고백적 삶[6]을 의미한다고 할 수 있다. 만약 그리스도인이 신앙과 삶을 일체화하여 생각하고 행하려 하지 않고 구분하여 생각하고 행하려는 면이 있다면 그것은 잘못 이해되고 적용된 그리스도인의 삶의 체계를 가지고 있는 것이다. 왜냐하면 칼빈주의, 즉 개혁주의는 "하나님의 본성의 이치를 좇아서 삶을 돌아보고 하나님의 주권을 생각하고, 하나님의 존엄을 찬양하며 복종하면서 하나님을 주와 왕으로 인정하는 것"[7]이기 때문이다. 그리하여 신앙과 삶을 절대 분리하여 말해서는 안 된다. 신앙은 그리스도인의 삶 자체여야 한다. 따라서 칼빈이 논의한 하나님을 아는 지식과 그리스도께서 행하신 자기부인의 삶은 오늘날 그리스도인과 교회가 직면하는 도전에 대하여 하나님 앞에서 자신의 삶을 어떻게 살아야 하는지의 실천적 원리를 제시할 수 있을 것으로 기대한다. 이상과 같은 연구의 필요에 따라 이 장에서는 다음과 같은 목표를 수행하려고 한다.

• 칼빈이 말하는 그리스도인의 삶의 체계를 가능하게 하는 하나님을 아는 지식이란 무엇이며 그것을 얻는 과정은 어떻게 이루어지는가?
• 하나님을 아는 지식을 소유한 그리스도인이 그것을 자신의 생활에 실천할 수 있는 방법은 무엇이며 어떻게 구체화할 수 있는가?

---

6. 카이퍼는 칼빈주의를 역사적으로 설명할 때 예정교리에만 한정된, 교의적으로 편협된 사고체계로 비난받는 칼빈주의를 이야기하면서 그런 편협한 사고체계에 대해 '고백적'이란 개념 정의를 사용하였다(같은 책, p. 21). 그러나 이 글에서 사용된 '고백적 삶'은 성경에 철저하게 기초하여 하나님을 아는 지식에 이른 그리스도인이 그리스도의 자기부인의 삶을 자신의 삶에서 그대로 반추하고자 하는 삶의 형태를 의미한다.
7. John Calvin, *Institutio Christiana Religionis*, 기독교강요(라틴어 직역), 제1장 하나님을 아는 지식, 문병호 역(서울: 생명의 말씀사, 2009), p. 50.

## 2. 하나님을 아는 지식
### 오직 성경, 오직 믿음, 오직 은혜 및 성령의 감화

칼빈에 의하면 인간이 자신의 존재를 이해하고 세상 속에서 자신의 관계와 삶의 목적을 이해하기 위하여 가장 먼저 선행해야 할 것은 하나님 앞에 서는 것, 하나님의 임재를 경험하는 것[8]이다. 인간은 아담으로부터 존재하였던 일반적으로 선하고 의로운 지식을 가지고 있으나 그것은 유한하고 제한적인 것이어서 참된 의미에서 의롭고, 거룩하며, 선하고, 올바르며, 지혜로운 판단이 불가하다. 그렇기에 잔존하는 유한한 지식을 극복하고 본성적 외식과 불의함을 뛰어넘기 위하여 수행해야 할 과제는 하나님을 바라보고 그 위엄 앞에 자신을 비추어 보는 것이다. 하나님의 위엄 앞에 서면 인간은 자신의 추악함과 더러움, 어리석음을 뼈저리게 체험하여 비로소 자신의 비참함과 무능함 자체를 볼 수 있게 된다. 그래서 자신이 추구하려 했던 모든 것이 사실은 옳지 않으며 얼마나 불의하고 잘못된 것인지 깨닫게 된다.[9] 그것은 단순한 느낌이 아니라 하나님의 성령을 통해 조명해 주시는 강력한 증거를 기반[10]

---

8. John Calvin, *Institutes of The Christian Religion*, 기독교강요(상), 원광연 역(서울: 크리스챤다이제스트, 2004), I: 1. 3, pp. 41-43.

9. 칼빈은 인간이 자신의 부패성 한계 속에 머물러 있을 때 하나님의 절대 의와 선, 거룩에 비교하여 매우 미약한 것에도 만족하고 즐거워하는 인간의 연약함을 명쾌하게 지적하였다. 하나님 앞에 설 때 경험하게 되는 절대 의와 선, 거룩의 모습은 이 세상 어떤 것과도 비교할 수 없이 완전한 것이며, 그때야 비로소 인간은 참된 의미에서 거룩과 의로움, 선을 볼 수 있게 된다.

10. 칼빈은 이러한 경험을 성경에 나타난 사례들을 언급하며 설명하였는데, 하나님의 임재를 경험하는 증거에 기반한 경험은 아브라함이 하나님의 영광을 가까이 할 때 자신의 존재를 표현한 것(창 18:27), 엘리야가 하나님의 위엄을 가까이 할 수 없음을 묘사한 것에서 미루어 짐작할 수 있다(왕상 19:13; 같은 책, I: 1.3, p. 44). 하나님 앞에 서는 인간 존재는 표현할 수 없으리만큼 미약하며 부끄러운 모습으로 드러날 수밖에 없다.

으로 자신의 현 존재에 관한 논리적이고 순결한 판단을 하는 것이다. 하나님의 위엄 앞에서 인간은 자기 본위로 살아왔다고 자부하지만, 사실은 하나님으로부터 비롯되고 하나님 안에서 살며 여전히 하나님 안에서 호흡해 왔으면서도 자기 삶의 중심에 하나님이 아닌 자신이 자리하고 있었던 자신의 무능함과 연약함, 과거에 추구하던 무가치한 것을 깨닫게 하시는 하나님의 임재를 경험한다. 칸트(Kant)의 사상에 나타난 바와 같이 결국 인간 자신이 선악의 궁극적인 잣대가 되었던 오만함, 슐라이어마허(Schleiermacher)가 주장한 인간 본성에 내재한 신적 회복력을 의지했던 무지함[11]을 비로소 인간은 하나님의 임재 앞에 섰을 때 자신의 부족한 모습을 깨달을 수 있다. 하나님의 임재 앞에서 인간은 하나님의 영광을 추구해야 하는 자신의 본질적인 사명을 감당하기 위하여 하나님의 전적인 은혜가 필요하다는 사실을 경험한다.

　이와 같이 인간에게 하나님 앞에 서게 하고 하나님의 지식에 대한 이해와 경험을 가능하게 하는 것은 오로지 신구약 66권에 기록된 하나님의 말씀뿐이다.[12] 칼빈에 의하면 인간은 인위적으로 종교적 허상을 만

---

11. Cornelius Van Til, *Reformed Pastor & Modern Thought*, 개혁신앙과 현대사상, 이승구 역(서울: 도서출판엠마오, 2009), pp. 307-309. 반 틸은 칸트가 결국 그리스도의 은혜를 도덕적인 것으로 환원시켜 더 이상 그리스도의 은혜가 필요한 것이 아니라 인간 자신이 자신의 절대도덕에 대한 판단자가 되도록 하였다고 비판하였다. 또 슐라이어마허는 인간 본성에 내재한 회복력을 강조하며 결국 이러한 인식이 인간의 성취력을 과잉 기대하게 만들었다고 보았다. 칼빈은 하나님의 계시로서 완전한 자증력을 가진 성경에 기초하여, 처음부터 끝까지 하나님의 은혜에 의지해야 하는 인간의 전적인 부패와 무조건적인 은혜의 필요성을 역설한 것이다.
12. 칼빈이 오직 하나님의 말씀에 의지해야 한다는 주장은 당시 성경의 권위 위에 있는 가톨릭교회의 왜곡된 성경관을 경계하기 위함이었으나, 이 해석은 오늘날에도 그리스도인과 교회에 반드시 적용되어야 하는 사실이기도 하다. 칼빈이 논의한 바와 같이, 인간은 언제든지 신앙을 가진 이후에도 성경으로 돌아가 성령의 내적 조명에 의지하지 않는 한 자기 본위로 판단하고 살 가능성이 충분히 있다. 그래서 그리스도인을 하나님께로 이끄는 유일한 수단이 되는 하나님의 말씀의 중요성을 각인할 필요가 있다.

들어 내려는 욕망을 가지고 있고, 자신의 왜곡된 가치관이 결국 오류를 범하기 때문에 하나님 말씀의 절대적인 도움이 있어야 하나님을 아는 지식에 이를 수 있다. 그리스도인은 성경의 자중력[13]과 성령의 내적 조명에 따라[14] 살아계신 하나님의 말씀을 성경에서 경험하고, 그 능력에 이끌려 하나님의 앞에서 그분의 위엄과 임재를 체험할 수 있다. 그러므로 왜곡된 판단과 지식의 소유 가능성을 항상 가지고 있는 인간의 연약함을 미루어 볼 때 하나님 앞에서 성령의 내적 조명을 통해 나타나는 하나님의 말씀을 지속적으로 경험하고 체험하는 것이 그리스도인에게 매우 중요한 삶의 모습일 것이다. 하나님은 자신의 기뻐하시는 뜻을 드러내기 위하여 성경을 허락하셨다. 그러므로 그리스도인이 순전한 마음으로 하나님의 말씀을 바라본다면 온전하신 뜻으로서의 하나님을 아는 참된 지식이 뿌리 내릴 수 있게 될 것이다.[15]

　이와 같이 하나님을 아는 지식은 하나님의 말씀인 성경을 통하여 가능하고, 성령의 내적 조명과 증거가 있을 때 확실한 하나님의 말씀으로

---

13. 칼빈은 성경의 자중력에 대하여 다양한 변증을 시도하였다. 즉, 성경에서 나타나는 하나님의 능력을 드러내는 위엄, 인간의 지혜를 능가하는 성령의 능력, 성경의 사상에서 나타나는 성령의 위엄, 고대로부터 전해진 역사적 사실, 모세의 이적에서 성경에 대한 신뢰성 강화, 예언의 성취, 구약성경의 보전, 신약성경의 신빙성과 교회의 동의, 성경의 권위를 믿고 순교한 순교자들의 삶 등이 성경의 권위를 확연하게 드러내는 것이라고 보았다(Calvin, 앞의 책, I: 1.8, pp. 94-107).

14. 같은 책, I: 1.7, pp. 86-93. 교회는 사도들과 선지자들의 터 위에 세우심을 입었으며(엡 2:20), 사도들과 선지자는 성경에 기초하며, 그 성경은 하나님으로부터 온 것이다. 그러나 하나님의 말씀을 밝히 볼 수 있는 능력은 그리스도의 이름으로 오신 성령의 내적 조명이 있어야 비로소 가능하다. 성령의 내적 조명을 통해 신자에게 보여 주시는 증거는 '하나님만이 하나님 말씀에 대하여 적절히 증언하실 수 있다'는 사실을 확증하도록 도와준다.

15. 칼빈은 시편 19:7-8(여호와의 율법은 완전하여 영혼을 소성시키며, 여호와의 증거는 확실하여 우둔한 자를 지혜롭게 하며, 여호와의 교훈은 정직하여 마음을 기쁘게 하고, 여호와의 계명은 순결하여 눈을 밝게 하시도다)을 통하여 하나님의 말씀에 의지할 때 주어지는 복락을 적절하게 표현하였다(같은 책, p. 83).

그리스도인에게 확증되는 것이다. 칼빈이 말하는 성령의 내적 조명은 단순히 그리스도인의 이성이 좀 더 분명하게 역할을 해낼 수 있도록 돕는 차원을 말하는 것이 아니며, 오히려 자신의 판단을 뒤로하고 자신의 판단능력 자체를 성령에게 예속시키는 것을 의미[16]한다. 인간의 이성은 유한하고 오류투성이이지만 하나님은 완전하시고 일점일획도 틀림이 없는 분이시므로, 그리스도인은 인간의 이성으로 부인할 수 없는 진리 자체이신 하나님께 자신의 판단이 이끌림을 받도록 내맡기는 성령의 영향을 받아들여야 하는 것이다. 성령의 영향 아래 있을 때 살아 계신 하나님의 말씀을 실질적으로 경험하게 되고, 하나님의 위엄 아래 그 말씀에 순복하여 살고자 하는 마음이 생겨나 생명력 있는 하나님을 아는 지식을 얻는 자의 삶을 살게 된다. 이것이 칼빈이 의미하는 성령의 내적 증거가 그리스도인에게 유효하도록 나타난 그리스도인의 경험이고, 그리스도인이 하나님을 아는 지식을 얻은 결과라고 할 수 있다.

　성경을 하나님의 말씀으로 받아들이게 하시고 하나님을 아는 지식으로 인하여 하나님께 온전히 순종하도록 인도하시는 성령의 역사는 하나님 앞에 선 자신이 얼마나 무가치하고 하나님의 영광에 이를 수 없는 자인지 깨닫게 하신다. 이를 통해 전적인 하나님의 은혜, 곧 택함을 받을 자를 위하여 십자가를 지신 그리스도를 만나고 그분을 통하여 구원을 경험하도록 그리스도와 연합하게 하시는 성령의 인침, 곧 거듭남을

---

16. 칼빈을 포함한 종교개혁자들이 '솔라 스크립투라(Sola Scriptura)'를 선언할 때에도 하나님의 성령이 감화·감동해 주시는 하나님의 말씀을 의미하였는데(Michael S. Horton, The Sola's of the Reformation, *Here We Stand*, J. M. Boice & B. E. Sasse Eds. (P & P Publishing, 1996), pp. 103-114. 이것은 그리스도인들조차 범할 수 있는 성경 위에 자신의 판단과 해석을 두는 오만과 오류를 끊임없이 경계하고자 한 것으로 보인다. 중세 가톨릭교회가 그러했듯이, 오늘날에도 우리는 자신이 신앙생활의 중심에 있고 판단의 중심에 있는 오류를 범할 수 있다. 그러므로 우리는 오직 성경을 통해 하나님을 만나고 성령의 감화 아래 말씀에 온전히 순종하는 삶을 지속적으로 경험하도록 하여야 한다.

체험하게 하신다. 따라서 하나님을 아는 지식을 성경을 통하여 깨닫고, 하나님의 위엄을 경험하며, 자신의 무가치함과 전적 타락을 고백하고, 전적인 하나님의 은혜인 대속의 은총을 힘입게 되는 일련의 과정은 하나님의 성령께서 주권적으로 역사하시는 전적인 하나님의 은혜. 이로 인하여 그리스도인에게 믿음이 생겨나고, 다시 오셔서 구원을 완성하실 주님을 바라보며 믿음의 삶을 지속하고자 하는 믿음의 강화가, 그리고 말씀을 의지하도록 도우시는 성령의 감화가 지속적으로 이루어진다.[17] 이렇게 그리스도인의 삶은 하나님의 말씀으로 시작하였고, 성령의 감화와 감동을 통하여 지속적으로 부어지는 그리스도를 통한 하나님의 은혜가 역사하여야 온전해진다. 그러므로 그리스도인이 자신의 지성과 판단을 근거하여 살려고 한다면 하나님의 목적, 뜻과 일치되게 살 수 없는 것이다. 요컨대 그리스도인의 삶 전체를 주장하는 삶의 체계는 성령의 도우심을 통하여 오직 성경, 오직 믿음, 오직 은혜를 의지하는 것 자체여야 한다.

## 3. 하나님을 아는 지식: 하나님의 주권 고백과 자기부인의 삶

칼빈에게 하나님을 아는 지식이란 성경과 성령의 감화로 하나님 앞에서 자신의 존재를 깨닫고, 그리스도 안에서 연합하는 의미를 발견하

---

17. 칼빈은 이를 신자의 믿음으로 정의하였다. 즉, 확실한 하나님의 말씀 위에서 그리스도를 통한 하나님의 뜻에 대한 확신 속에서 든든하게 서 있는 것이 다름 아닌 믿음이며, 온전한 믿음은 성령의 조명을 통해 믿음이 강화될 때 가능해진다고 하였다(Calvin, 앞의 책, III: 3.2, pp. 25-27). 그리스도인이 '그리스도 안에서 값 없이 주신 약속의 진리에 근거'하여 살려 할 때, 하나님은 그의 마음이 하나님 자신의 뜻과 같이 되기를 간구하도록 감화·감동시켜 주시고 자기 자신을 밝히 드러내 보여 주시는 것이다.

며, 믿음으로 그리스도를 통한 하나님의 은혜를 의지하게 되는 삶의 체
계에 몰입하는 전 과정을 의미하는 것이었다. 따라서 그러한 하나님을
아는 지식에 이르러 고백적인 거듭난 삶의 체계 안으로 들어온 그리스
도인은 그 체계 안에서 자신이 어떻게 살아야 하는지, 또 하나님의 영광
을 추구하는 생의 목적에 일치한 삶은 어떠한 모습으로 나타나야 하는
지 고민할 수밖에 없는 것이다.[18] 하나님이 그리스도인에게 깨닫게 하
시는 거룩한 고민의 결과로, 그리스도인은 그리스도 안에서 하나님과
연합하는 것[19]을 갈망하는 것, 즉 하나님이 거룩하심과 같이 거룩하고
(레 19:2) 성결하기를 추구하되 그러한 하나님의 완전하심을 드러내 주
신 그리스도를 본받는 것이 온당한 도리인 것을 깊이 인식하게 된다.
이를 칼빈은 '구속의 은혜에 대한 그리스도인의 마땅한 응답'[20]이라고
설명하였다. 그러면서 하나님의 말씀이 그리스도인에게 그리스도를 알
기 이전의 불의하고 온전하지 못한 상태를 보여 주시고 그리스도 안에
서 화목하게 하신 그리스도의 모범을 보여 주셨으므로, 그리스도인은

---

18. 칼빈은 이러한 고민 또한 하나님의 성령이 말씀을 통하여 감화를 주실 때 가능하
　　다고 하였다. 그리고 성경에 기록된 모든 말씀이 믿어지고 그리스도 안에서 새롭
　　게 세워진 하나님의 언약에 대한 확신이 생기며 거듭남을 가능하게 하는 믿음과
　　성도의 견인이 곧 성령의 도우심의 역사라고 하였다(같은 책, II: 2.39-3.21, pp.
　　73-111).
19. 칼빈은 거룩한 삶이 하나님과의 연합의 끈 역할을 한다고 보았다. 인간의 원모습
　　은 의와 거룩을 추구하지 아니하지만 성경을 통하여 하나님을 사랑하는 것이 신
　　자의 마음에 새겨지고 말씀이 지속적으로 그런 생활을 독려한다는 것이다(같은
　　책, II: 2.39-3.21, p. 197).
20. 하나님은 그리스도께서 자신의 몸을 대속물로 주시고 그러한 대속의 은총을 세례
　　받을 때 하나님과 사람 앞에 자신의 믿음을 확증하게 하셨고, 성령으로 거듭나 하
　　나님의 자녀가 되는 은혜를 힘입게 하셨다. 이에 칼빈은 그와 같은 신적인 구원의
　　도에 들어온 그리스도인이 어떻게 자신을 죄로 더럽혀 하나님의 값진 은혜와 사
　　랑을 욕되게 할 수 있느냐고 반문하면서, 그리스도인은 하나님 앞에 살면서 흠과
　　티가 없이 온전하게 사는 것이 마땅하고 그것이 중요한 삶의 모습이라고 강조하
　　였다(같은 책).

그 모범을 따라 살겠다는 의지적인 응답을 하게 된다고 보았다.

하나님을 아는 지식을 소유한 그리스도인의 삶의 체계 속에서 드러나는 고백적 삶의 구체적 모습은 하나님의 주권을 인정하는 것으로 나타난다. 사실 하나님의 주권에 대한 고백은 칼빈주의의 처음과 끝이라고 볼 수 있을 정도로 중요하다. 왜냐하면 칼빈에게는 하나님의 계시의 유일한 수단이 하나님의 말씀이고, 모든 인간의 부패 양상은 그 말씀을 기초하여 성령을 통해 경험되는 하나님의 주권적 임재 속에서만 극복[21]될 수 있기 때문이다. 칼빈은 『기독교강요』 전체를 통하여 인간의 타락된 본성이 언제나 고개를 들 수 있다는 사실을 지속적으로 경계하고자 하였다. 하나님의 형상이 인간 속에서 전적으로 소멸된 것으로 이해하지는 않았지만, 그는 인간이 전적으로 부패했기에 필연적으로 죄를 초래하고, 죄된 모습은 그 안에서 없어지지 아니하며, 마치 뜨거운 용광로에서 불꽃이 솟구치는 것처럼 끊임없이 솟아나 그리스도인의 삶을 왜곡하고 거룩과 의에 이르려는 바람을 거꾸러뜨리고 인위적이고 주관적인 삶을 살게 한다[22]고 하였다. 이와 같은 인간의 타락한 본성은 구속을 경험한 이후에도 그리스도인의 삶을 여전히 주관하려 할 것이다. 그리하여 그리스도인은 구속을 경험할 때와 마찬가지로 지속적으로 하나님의 임재를 경험하고 하나님의 임재와 함께하신 주권적 말씀을 성령의 도우심으로 받을 때 말씀에 순종하는 삶을 살 수 있다. 칼빈은 인간이 스스로에게서 비롯되는 왜곡과 오류를 벗어나 하나님을 아는 지식에 이르는 올바른 방안을 다윗의 예를 들어 설명하였다. 다윗이 먼저 하나님의 위엄과 그 자신의 죄악을 고백하면서 하나님을 바라볼

---

21. Ronald S. Wallace, (1995). *Calvin, Geneva and The Reformation*. 칼빈의 사회개혁 사상, 박성민 역(기독교문서선교회, 1995), pp. 306~307. 칼빈주의의 5대 교리 중 가장 으뜸이 되는 인간의 전적 부패를 인정한 인간은 구원과 견인의 삶(무조건적인 선택, 제한속죄, 불가항력적 은혜, 성도의 견인)에서 하나님의 전적인 주권 속에 살아야 한다.

22. 같은 책.

때 하나님이 찾아와 응답하여 주셨던 것처럼, 하나님은 인간이 자신의 죄악을 고백하고 하나님의 은혜를 구할 때 찾아와 주신다는 것이다.[23] 이와 같이 하나님을 아는 지식은 하나님의 주권적 은혜와 임재가 성도의 삶에 반드시 지속되어야 함을 깨우치고 성도를 이끄는 것이다.

하나님의 주권을 깊이 상고하고 받아들인 그리스도인의 삶에 대해 성경은 "그런즉 이제는 내가 사는 것이 아니요, 오직 내 안에 그리스도께서 사시는 것이라. 이제 내가 육체 가운데 사는 것은 나를 사랑하사 나를 위하여 자기 자신을 버리신 하나님 아들을 믿는 믿음 안에서 사는 것이라(갈 2:20)."라고 표현하였다. 즉, 하나님의 주권과 그리스도의 통치 속에 살기를 작정한 그리스도인의 삶의 양태는 하나님의 주권과 그리스도의 통치로 자기 자신을 온전히 드리는 것으로 나타난다.[24] 칼빈은 인간에게 솟아나는 교만, 허식, 탐욕, 욕심, 욕망, 악행, 죄악되고 덕스럽지 못한 모든 것에서 벗어나 하나님이 거룩하심과 같이 거룩하기를 결단하고 하늘의 복과 영생에 대한 소망으로 가득 차 더 이상 육체의 소욕을 좇지 아니하고 구원을 베푸신 하나님의 은혜를 좇아 경건을 다하며 하나님을 향하는 삶[25]을 '자기부인'의 삶으로 명명하였다. 그리고 자기부인의 삶이야말로 그리스도께서 체현하셨고 그리스도인이 구체

---

23. 칼빈에 따르면 하나님을 아는 지식은 하나님의 말씀에 대한 무조건적인 순종과 일맥상통하며, 하나님의 능력과 감동을 더 깊이 느끼고 그에 압도당할수록 하나님을 아는 지식은 더욱 풍성해진다(Calvin, 앞의 책, I: 5, 10, p. 70).
24. 칼빈이 하나님께 자신을 온전히 드리는 헌신을 언급할 때, 그 헌신은 하나님의 주권에 대한 이해와 체험이 반드시 선행되는 것을 의미하였다. 하나님의 주권을 체험하지 않고 헌신은 불가능하며, 하나님에 대한 지식을 소유함 없이 혹은 하나님의 임재를 체험함 없이는 어떤 종류의 인간 의지와 결단도 사실상 무의미하며 진정성이 없는 형태로 드러나게 될 것이기 때문이다(같은 책, p. 205).
25. 칼빈에게 하나님을 향하는 삶은 다양한 의미로 사용된다. 즉, 하나님께 온전히 드림, 하나님의 뜻을 구하며 주님을 영화롭게 하고자 하는 마음, 하나님의 말씀에 대한 순종, 세상 정욕을 다 버린 신중함과 의로움과 경건, 그리스도의 영광이 나타나심을 기다림 등이 그것이다(같은 책, II: 3.7.3, pp. 204–207).

적으로 드러내야 할 삶의 모습이라고 보았다.

자기부인은 그리스도를 본받아 실제의 삶 속에서, 특히 이웃과의 관계에서 자신을 낮추고 남을 높여 교만을 버리고 겸손한 상태를 유지하는 것[26]에서 찾아볼 수 있다. 이웃에 대하여 겸손하고 남을 높이는 출발은 이웃으로부터 하나님의 은사를 발견할 수 있는 마음과 그것이 어떤 것이든지 하나님이 주신 은사로 여기고 하나님이 그 속에서 역사하고 계시기에 그 이웃을 존귀하게 여기는 데서 시작된다. 본성적으로 자기 자신의 유익을 구하도록 방향지어진 상태를 부인하고 하나님의 뜻을 좇아 이웃에게서 하나님의 선을 발견하거나 하나님 안으로 들어올 미래의 자녀 됨을 바라보며 이웃의 유익을 구하는 생활을 지속적으로 행할 때, 그리스도인은 그리스도를 본받는 삶을 성취하게 된다. 월러스는 그리스도를 본받아 이웃을 자기보다 낮게 여기고 이웃의 유익을 구하는, 이러한 칼빈이 제시한 생활을 그리스도인의 온전한 삶으로 묘사하였다. 더불어 이와 같은 전적인 헌신된 생활은 성령의 도우심으로 자기희생 능력이 가능해질 때 도달하게 되므로 "하나님의 은혜와 하나님의 명령에 전적으로 반응할 때 가지게 된다"[27]고 보았다. 이러한 그의 해석은 적절해 보인다. 하나님을 아는 지식에 이른 경건한 사람은 교회와 이웃을 위해 자신이 부름 받았다는 사실을 확신하고, 그와 같이 맡겨주신 사명을 감당하려는 충실한 청지기처럼 교회와 이웃의 유익을 위

---

26. 월러스는 칼빈의 자기부인에 대한 사고를 토마스 아켐피스(Thomas Akempis)의 *On the Limitation of Christ*에서 직접적인 영향을 받은 것으로 추정하였다(Wallace, 앞의 책, p. 262). 그러나 칼빈의 구속의 은혜와 성도의 응답과 관련하여 『기독교 강요』에 나타난 전체의 흐름을 볼 때, 그리고 칼빈의 개혁사상이 당시 로마 가톨릭이 하나님께 상급을 받기 위해(혹은 이 땅에서 존경을 받기 위해) 자기부인을 수행하던 것에 대하여 반박한 것을 고려해 볼 때, 칼빈의 자기부인에 대한 사상은 하나님을 아는 지식이 근본적으로 그리스도를 본받아야 하는 그리스도인의 생활원리를 이끌어 내므로 그에 대한 이해에 기인한 것으로 보는 것이 더 타당할 것이다.

27. 같은 책, p. 261.

해 열심히 자신을 복종시켜야 하는 것이다.[28]

나아가 칼빈은 그리스도인이 소유한 모든 것은 하나님이 교회와 이웃의 유익을 위하여 사용하도록 주신 것이니 언제든지 기꺼이 나눌 수 있는 준비가 되어 있어야 한다[29]고까지 하였다. 마음으로만 이웃의 유익을 구하는 것이 아니라 자신이 가진 소유물을 기꺼이 내어놓음으로써 하나님을 아는 지식이 자신의 생활에 구체적 역할을 하고 있음을 경험하여야 한다는 것이다.

하나님을 아는 지식으로 말미암은 자기부인의 생활을 삶 속에서 실천하기를 애쓰는 그리스도인에게 이웃 사랑은 필연적인 결과일 것이다. 칼빈에 의하면 참된 의미에서 이웃 사랑을 실천할 수 있는 사람도 사실은 하나님을 아는 지식을 소유한 그리스도인이다.[30] 참된 그리스도인만이 이웃 속에 있는 하나님의 형상을 볼 수 있고, 복음으로 말미암아 하나님 안으로 들어와 하나님을 아는 지식을 알게 될 수 있다. 그렇게 할 때 그 이웃도 말씀과 성령으로 새로워지고 회복된 심령을 가지고

---

28. Calvin, 앞의 책, II: 3.7–5.3, p. 210. 칼빈은 고린도전서 12:12에서 묘사된 지체된 그리스도인을 그리면서, 그리스도인이 자신의 목적을 위해 자신의 능력을 발휘할 수 없고 그리스도의 몸된 교회 전체의 목적 혹은 하나님 나라의 목적을 위해 열심을 다하여야 한다고 설명하였다.
29. 다음 성경 구절은 칼빈의 사상이 성경의 가르침을 구체적으로 적용하고 있다는 사실을 보여 준다(같은 책). "네가 온전하고자 할진대 가서 네 소유를 팔아 가난한 자들을 주라. 그리하면 하늘에서 보화가 네게 있으리라. 그리고 와서 나를 좇으라."(마 19:21), "재산과 소유를 팔아 각 사람의 필요를 따라 나눠 주고"(행 2:45), "천국은 마치 밭에 감추인 보화와 같으니 사람이 이를 발견한 후 숨겨 두고 기뻐하여 돌아가서 자기의 소유를 다 팔아 그 밭을 샀느니라."(마 13:44)
30. 칼빈은 이웃에게서 겉으로 보이는 것으로 판단하지 말고 그 속에 숨겨진 하나님의 형상을 바라보라고 주문한다(같은 책, p. 211). 그리스도인이 그리스도를 본받아 자기부인을 하는 이웃 사랑을 이웃에게 참되게 증거하고 나타낸다면, 결국 그 이웃은 하나님의 말씀과 성령의 도우심으로 하나님께로 돌아와 하나님의 권속이 될 수 있고, 그 회복된 심령을 가지고 또 다른 하나님의 증인이 될 수 있을 것이다. 그러므로 그리스도인은 하나님의 형상을 볼 수 있어야 한다고 가르쳤다.

자기부인을 하는 삶을 통하여 하나님의 나라를 확장하는 데 기여할 수 있을 것이다. 따라서 그리스도를 본받아 자기부인[31]하는 삶을 통하여 이웃 사랑을 실천하는 그리스도인은 절대로 그 과정에서 낙심하거나 절망하지 않고 하나님이 주시는 말씀의 은혜를 날마다 덧입어 인내를 가지고 지속하여야 한다.[32] 자기부인을 하는 이웃 사랑은 하나님이 주시는 힘으로, 하나님이 공급하여 주시는 능력으로 실천하여야 한다. 그 힘과 능력은 말씀과 성령으로 감화받은 심령으로 말미암은 것이기 때문에 마음에서 우러나는 것이다.[33] 사사로운 인간적 의지와 결단, 계획으로 이웃 사랑이 결행되고 지속되는 것이 아니다. 하나님이 도우시는 힘으로 철저히 자기부인을 하면서 이웃에 대한 모든 행함이 실천되어야 한다.

---

31. 앨버트 아우틀러(Albert C. Outler)가 칼빈의 '자기부인'을 설명하면서 자기부인은 본질적으로 하나님과 관계된 개념으로서 하나님께의 완전한 헌신을 의미하고 전적으로 하나님을 의지하여 하나님이 그 삶을 주장하실 때 비로소 가능해진다고 본 것은 매우 적절한 해석이다. 왜냐하면 그리스도인이 그리스도를 본받아 자기부인을 하는 삶을 체험하는 것은 스스로의 힘으로 되는 것이 아니며 하나님이 힘을 주셔야 가능한 것이기 때문이다(John H. Leith, *John Calvin's Doctrine of the Christian Life* (John Knox Press: Louisville, Kentucky, 1989)).
32. 칼빈은 고린도전서 13장을 인용하면서 사랑은 오래 참고 성내지 아니하며 모든 사람에게 행해져야 하는 그리스도인의 도리라고 하였다(Calvin, 앞의 책, II: 3.7-5.3, p. 211).
33. 칼빈은 이웃에 대한 사랑을 실천하는 것을 자기부인을 하는 것과 동일시하였다(같은 책, p. 212).

## 4. 성경, 칼빈주의, 개혁주의 신앙 및 그리스도인의 삶의 체계

이상에서 칼빈주의를 기반으로 하는 개혁주의 신앙은 그리스도인에게 그대로 실천되고 적용되어야 할 삶의 체계라는 것을 논의하였다. 먼저 하나님을 아는 지식, 즉 그리스도인의 삶의 체계로서 칼빈주의는 오직 성경으로 하나님의 임재 속에서 전적으로 부패한 자신을 발견하고, 오직 믿음으로 그리스도를 통한 십자가의 대속의 은총을 오직 하나님의 은혜로 경험하며, 거듭난 이후 성령의 지속적 감화를 통해 성도를 견인하시는 하나님의 능력 속에서 사는 것을 의미한다. 또한 하나님을 아는 지식, 즉 그리스도인의 삶의 체계로서 칼빈주의는 자신의 삶 전체에서 하나님의 주권을 철저히 인정하고 고백하며 그에 순종하는 그리스도인은 그리스도를 본받아 자기부인을 하는 삶을 실천하며, 이웃을 사랑하되 하나님의 복음 안으로 들어올 것을 하나님이 주시는 믿음의 눈을 가지고 하나님이 공급하여 주시는 힘으로 이웃 사랑을 지속하여야 하는 것이다.

이러한 그리스도인의 삶의 체계로서 하나님을 아는 지식은 전적으로 부패한 인간이 하나님 앞에 서서 자신의 존재를 들여다보게 하고, 하나님의 무조건적인 선택과 값 없이 주시는 불가항력적인 은혜를 믿음으로 받아들이게 하며, 성령의 감화 속에 사는 삶 가운데로 그리스도인을 이끄신다. 이런 하나님의 은혜 속에 사는 그리스도인은 자신의 삶 속에서 하나님의 주권을 인정하며, 그리스도를 본받아 자기부인을 하는 삶을 살려 하고, 이웃을 사랑하되 하나님이 성령을 통해 말씀으로 교훈하여 주시는 능력으로 지속적이고 일관성 있게 실천하며 살려 할 것이다. 이런 그리스도인의 삶의 체계는 자신의 가정과 교회, 나아가 자신의 삶의 자리에서 실현되고 지속적으로 실천되어야 한다.

만약 그리스도인 개개인이나 한국교회가 자신의 삶의 자리나 지역사회에서 긍정적 평가를 받지 못하는 모습을 보인다면, 이러한 그리스도인의 삶의 체계로서의 하나님을 아는 지식의 바른 이해를 바탕으로 말씀과 성령의 감화를 통해 하나님의 은혜의 삶을 회복하여야 할 것이다. 아울러 하나님의 주권을 인정하면서 자기부인을 하는 마음에서 우러나는 사랑을 공고히 실천하도록 힘써야 할 것이다.

성령의 능력으로 하나님이 값 없이 주신 그리스도의 대속의 은총을 경험한 그리스도인은 필연적으로 자신을 즐거워하는 이전의 삶의 체계에서 벗어나 하나님을 영화롭게 하고 하나님이 기뻐하시는 거룩한 헌신의 삶을 사는 것이 온당하다. 하나님에 대한 온전한 헌신과 자기부인을 통하여 그리스도의 법을 이루도록 하는 능력은 오직 하나님의 말씀과 성령의 감화를 통하여 하나님을 아는 지식에서 비롯된다. 그러므로 이 땅에 사는 동안 하나님의 나라가 하늘에서 이루어진 것처럼 땅 위에서도 이루어지기를 고백하는 그리스도인은 하나님을 아는 지식을 지속적으로 체험하고 실현하는 삶을 살아야 할 것이다.

## 📄 참고문헌

기독신문(2010. 2. 5). 교회 57% 사회봉사사업 "실천방안 공론화 필요": 크리스천라이프센터 활성화 설문조사. http://www.kidok.com/news/articlePrint.htm?idxno=63416.

손병덕(2005). 기독교 사회복지. 서울: 예장출판사.

한겨레신문(2008. 11. 18). "기독교 신뢰·호감도 꼴찌": 기독교윤리실천 설문조사 "한국 교회 소통위기 심각". http://www.hani.co.kr/arti/society/religious/322528.html.

Calvin, J. (1536). *Institutio Christianae Religionis*. 문병호 역(2009). 기독교강요

(라틴어 직역). 서울: 생명의말씀사.

Calvin, J. (1536). *Institutes of The Christian Religion.* 원광연 역(2004). 기독교 강요(상·중·하). 서울: 크리스챤다이제스트.

Horton, M. S. (1996). The Sola's of the Reformation. In J. M. Boice & B. E. Sasse (Eds.), *Here We Stand.* P & P Publishing.

Kuyper, A. (1943). *Lectures on Calvinism: Six lectures delivered at Princeton University under auspices of the L. P. Stone Foundation.* 김기찬 역 (1998). 칼빈주의 강연. 서울: 크리스챤다이제스트.

Leith, J. H. (1989). *John Calvin's Doctrine of the Christian Life.* John Knox Press: Louisville, Kentucky.

Van Til, C. (1971). *Reformed Pastors & Modern Thought.* 이승구 역(2009). 개혁신앙과 현대사상. 서울: 도서출판엠마오.

Wallace, R. S. (1995). *Calvin, Geneva and The Reformation.* 박성민 역 (1995). 칼빈의 사회개혁사상. 기독교문서선교회.

제 / 2 / 장

# 빈곤문제와 사회복지 과제 및 교회의 역할

― 성경에 나타난 가난한 사람을 향한 배려가
교회 역할에 주는 시사점

## 1. 빈곤문제와 성경

마태복음 26장 11절에서 예수님이 "가난한 자들은 항상 너희와 함께 있다."라고 하신 데서 드러나는 것처럼, 신약시대에는 가난한 사람들이 특별히 많았다. 본문에서 예수님의 말씀이 마치 가난한 사람들에 대하여 덜 관심을 가지는 듯하게 들릴 수 있겠으나, 사실 예수님은 경제·사회적으로 가장 낙후된 도시 중 하나인 나사렛 지방을 중심으로 가난한 사람들을 대상으로 하여[1] 복음증거와 함께 삶의 형편을 돌아보시는 사

---

1. 요아킴 예레미아스(Joachim Jeremias)에 의하면 기원전 63년 팔레스타인은 폼페이우스에 의해 로마의 식민지로 편입된 이후 로마 정권과 타협하여 생활하는 일부를 제외한 대다수의 주민은 사회적 혼란 속에서 경제적으로 낙후된 생활을 하고 있었다. 그래서 권력과 부를 소유한 사회 주류계층의 정치적 억압과 경제적 수탈이 난무했던 당시에 빈곤한 식민지배계층은 하나님의 위안에 의지할 수밖에 없었다. 복음은 부자와 빈민, 권력을 가진 자와 그렇지 못한 자를 구분하지 않고 동일하게 증거되었으나 예수님의 복음을 듣던 사람들의 절대 다수는 당시 시대적 상황에 따라 가난한 사람들이었던 것으로 이해된다(Joachim Jeremias, *Jerusalem in the time of Jesus*, 예수시대의 예루살렘/신약성서 시대의 사회경제사 연구, 한국신학연구소번역실 역(서울: 한국신학연구소, 1998)).
철저한 봉건·계급사회에서 빈자와 부자의 차별이 뚜렷하였음에도 불구하고 초대

역을 하셨다. 이러한 가르침은 오순절 이후 성령의 강림과 내주를 경험한 초대교회 사도들의 복음전도 사역에서도 이어지고 있음을 알 수 있다.

중세 종교개혁자인 칼빈의 경우 박해를 피해 불가피하게 어려움을 경험하던 사람들과 교회 안팎의 가난한 자들을 위한 조직적 활동을 뚜렷하게 전개했던 것을 볼 수 있다.[2] 결국 이러한 전통은 1600년대에 역사적인 국가 주도의 빈민법 제정의 결과를 가져왔고, 이는 근대 사회복지가 자선적인 봉사 차원에서 국가보장법 형태로 발전하게 된 근간이되었다. 이처럼 가난한 사람들은 신약시대뿐만 아니라 오늘날에도 여전히 우리와 함께 있으며, 사회복지 실천의 주요 대상이자 교회의 이웃사랑 실천을 위한 배려 대상이 되고 있다. 현대사회에서 가난한 사람을 규정할 때의 기준은 통상적으로 "인간으로서의 최소한의 존엄성을 유지하는 데 필요한 기본적 의식주가 결핍된 상태"(O'Connor, 2000)에 있는 경우다. 그러나 이러한 기준은 절대적(객관적) 혹은 상대적(주관적) 관점에 따라 달라질 수 있다. 따라서 현대국가에서는 일반적으로 국가의 형편에 따라 가족이 연간 생계유지를 위하여 필요하다고 판단하는 연수입을 기준으로 절대빈곤선을 정하여 가난한 사람들을 분류하고 있다.

우리나라에서는 생계유지가 어려운 저소득층의 생활 안정과 기본적인 생활을 제도적으로 보장하기 위하여 2000년 10월 1일부터 시행하고 있는 '국민기초생활보장제도'에 따라 절대빈곤 가구로 선정되는 국민기초생활 수급대상자[3]를 가난한 사람으로 분류할 수 있다. 2008년 기준

---

교회의 사도들과 성도들은 하층계급, 빈민들을 차별하지 않았으며(노예였던 오네시모에 대한 사도바울의 태도: 빌 1:10; 골 4:9), 오히려 가난을 경험하고 있던 성도들의 필요를 채우려고 교회적으로 노력했던 모습(고전 16:1; 고후 8:2)을 볼 수 있다.

2. 손병덕, 칼빈과 복지, 칼빈과 21세기, 전광식 엮음(서울: 부흥과개혁사, 2009). 칼빈은 『기독교강요』를 통하여 이웃 사랑이 바로 그리스도를 본받아 '자기부인'을 실행하는 그리스도인의 삶의 구체적 모습이라고 하였으며, 제네바에서 사회복지조직인 부루즈 프랑세즈(Bourse Francaise)를 세워 가난하고 병들며 의지할 곳이 없는 사람들이 재활할 수 있도록 도왔다.

으로 전체 가구의 7.3%가 이에 해당되고 전국적으로는 그 수가 152만 9,939명에 이른다(〈표 2-1〉 참조). 시설수급자를 제외한 16개 광역지방 자치단체별 수급률을 보면 전북 6.2%, 전남 6.0%, 경북 4.7%, 광주 4.3%, 강원 4.3%의 순이며, 울산이 가장 낮은 1.7%로 나타나(보건복지가족부, 2009: 24) 지역적으로 높은 편차가 있고 지역적 소외현상이 뚜렷해지고 있는 양상을 보인다. 수급자의 가구원 수별 현황을 보면 과반수 이상이 1인가구(61.5%, 보건복지가족부, 2009: 20)로서 독거가구에서 가난현상이 두드러짐을 알 수 있다.

3. ① 소득인정액과 부양의무자 기준 수급권자 가구의 소득인정액이 가구별 최저생계비 이하인 경우

| 1인가구 | 2인가구 | 3인가구 | 4인가구 | 5인가구 | 6인가구 |
|---|---|---|---|---|---|
| 504,344 | 858,747 | 1,110,919 | 1,363,091 | 1,615,263 | 1,867,435 |

〈소득인정액 산정방식〉

| 소득인정액 = 소득평가액 +재산의 소득환산액 | ※ 소득평가액 = (실제소득−가구 특성별 지출비용−자활소득공제)<br>※ 재산의 소득환산액 = [(재산−기본재산액−부채) × 소득환산율] |
|---|---|

② 부양의무자가 없거나 또는 부양의무자가 있어도 부양 능력이 없거나 부양을 받을 수 없는 경우

〈부양 능력의 판정방법〉

| 실제소득 | 부양 능력 있음 | 부양 능력 있음 | |
|---|---|---|---|
| (A+B) × 130% | 부양 능력 미약(부양비 산정) | 부양 능력 있음 | |
| B의 130% | 부양 능력 없음 | | |
| B의 50% | | 재산특례<br>(부양 능력 없음) | 부양 능력 있음 |
| 0 | (A+B)의 42% | (A+B)의 100% | 재산의 소득환산액 |

※ A: 수급권자 가구의 최저생계비, B: 부양의무자 가구의 최저생계비

〈표 2-1〉 국민기초생활보장 수급가구 비율

(단위: %)

| 수급가구별 | 소득집단별 | 2007년 | 2008년 |
|---|---|---|---|
| 비수급가구 | 전체 | 93.3 | 92.7 |
| | 저소득 | 77.3 | 75.2 |
| | 일반 | 99.2 | 99 |
| 수급가구 | 전체 | 6.7 | 7.3 |
| | 저소득 | 22.7 | 24.8 |
| | 일반 | 0.8 | 1 |
| 일반 수급가구 | 전체 | 5 | 5.4 |
| | 저소득 | 18.2 | 19.4 |
| | 일반 | 0.2 | 0.3 |
| 조건부 수급가구 | 전체 | 0.5 | 0.5 |
| | 저소득 | 1.3 | 1.9 |
| | 일반 | 0.2 | 0 |
| 가구원 중 일부 수급가구 | 전체 | 1.1 | 1.3 |
| | 저소득 | 3 | 3.2 |
| | 일반 | 0.4 | 0.7 |
| 특례가구 | 전체 | 0.1 | 0.1 |
| | 저소득 | 0.2 | 0.2 |
| | 일반 | 0 | 0 |

\* 수급가구는 일반 수급가구, 조건부 수급가구, 가구원 중 일부 수급가구, 특례가구의
 총합이다. 재산특례는 부양의무자 가구에 근로 능력이 있는 가구원이 없거나 또는 재
 산이 주택에 한정되어 있는 경우에만 적용한다.
출처: 한국보건사회연구원 기초보장연구실(2010).

 세계적으로 보면 가난의 실정은 더욱 심각하다. 아프리카에서 하루 1달
러 이하의 생계비로 연명하는 인구가 2억 9,900만 명에 달하고, 전 세계
적으로 8억 7,900만 명이 넘는 인구가 그와 같은 가난 상태에 있는 것으
로 조사되었다(〈표 2-2〉 참조). 2010년 1월 기준 세계인구 68억[4] 중 약
13%가 절대빈곤 상태에 놓여 있어 시급한 대책 마련이 이루어져야 할

〈표 2-2〉 2005년 기준 하루 1달러 이하의 생계비로 생활하는 인구비율

(단위: 백만 명)

| 지역 | 1999년 | 2002년 | 2005년 |
|---|---|---|---|
| 동아시아, 중국 태평양 연안 | 23.7 | 19.7 | 9.5(179.8) |
| 동유럽, 중앙아시아 | 3.4 | 3.7 | 3.4(16.0) |
| 라틴아메리카, 카리브해 연안 | 7.9 | 6.6 | 5.0(27.6) |
| 중동, 북아프리카 | 2.6 | 2.0 | 2.0(6.2) |
| 남아시아 | 26.9 | 26.5 | 23.7(350.3) |
| 인도 | 27.0 | 26.3 | 24.3(266.5) |
| 아프리카 | 45.6 | 42.0 | 39.2(299.1) |
| 평균(합계) | 22.8 | 20.8 | 16.1(879.0) |

출처: Chen & Ravallion(2008: 29).

것으로 보인다.

　나아가 가난과 부의 양극화 현상도 전 세계적으로 나타나는 사회문제다. 상위 1%에 해당하는 인구가 나라 전체의 부(富)를 독점하는 비율은 유럽 국가의 경우 25% 이상, 북미와 아시아 OECD 국가의 경우는 33~38% 정도인 것으로 나타났으며([그림 2-1] 참조), 이 같은 문제가 축적된 결과 상위 10%에 속하는 부자들이 전 세계 부의 85% 이상을 차지하고 있는 것으로 조사되었다(Davies et al., 2008: 8).

　사회보장제도의 확립을 통한 국가적인 노력이 투입되고 있음에도 불구하고 가난한 사람들은 더욱 늘어나고, 세계적으로 심화되고 있으며, 빈부의 양극화 현상 또한 그 골이 깊어지고 있다. 기본적으로 가난의 문제는 국가적 노력과 개입이 필요하나 지역사회에 국가가 해결하기 힘든 사각지대가 존재하고 있음을 볼 수 있다. 따라서 지역사회에서 지역의 문제를 가장 잘 이해하고 있으면서 개입을 위한 자원을 가지고 있

---

4. 위키피디아, 세계인구 추정(http://en.wikipedia.org/wiki/World_population, 2010. 2. 24).

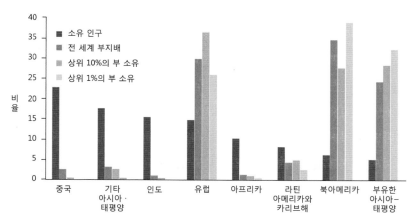

[그림 2-1] 주요 국가들의 부의 분배 현황

출처: Davies et al.(2008: 10).

는 교회의 역할이 필요하고, 또 기대된다고 하겠다. 교회의 원목적이 단순히 사회문제 해소에 있는 것은 아니나, 교회는 땅끝까지 이르러 복음을 증거하면서 동시에 세상 속에서 빛과 소금의 역할을 감당하여 하나님의 영광을 드러내야 하는 것이다. 이러한 교회의 역할을 생각하면서 가난의 문제를 보는 다양한 관점을 살펴보고 성경에 나타나는 가난과 이웃에 대한 이해와 개입방법을 생각해 보는 것은 이 사회에서 여전히 존재하는 가난한 이웃에 대하여 교회의 역할을 재고하고 구체적인 방안을 고려하는 데 도움이 될 것이다.

　이상과 같은 문제의식에서 이 장에서는 다음의 연구문제를 가지고 분석을 시도하려 한다.

- 가난의 문제를 보는 현대 사회복지적 관점은 무엇인가?
- 성경에 나타나는 가난의 문제에 대한 관점과 접근방안은 무엇인가?
- 가난의 문제에 대한 사회복지적 실천방향과 신약성경의 실천방법을 고려할 때 현대교회의 이웃에 대한 봉사관 및 실천방법과 연관하여 교회가 보다 사려 깊게 생각하고 실천해야 할 과제가 있는가?

## 2. 가난의 원인 해석에 대한 현대 사회복지적 접근방향의 비판적 검토

가난의 원인을 개인적 인성의 문제로 보는 관점, 가난문화의 고착화 문제로 보는 관점, 사회 · 정치 · 경제적 차별의 구조적 문제로 보는 관점, 복합적 문제로 보는 관점의 네 가지로 나눌 수 있다.

### 1) 개인적 인성

이런 관점에서는 가난한 사람들이 게으르고 피동적인 성격으로 인해 자신의 문제를 해결하려고 적극적으로 나서려 하지 않고, 창조적인 생각으로 보다 나은 삶의 체험과 보다 나은 선택을 하려는 시도에 매우 피동적이므로 결국 가난을 자초하게 된다고 이해한다. 가난의 원인으로 개인의 노력 부족을 비난하는 관점은 자수성가한 다수의 중산층에게 환영받는 것이다. 그들이 평생 수고하고 노력해 온 것에 비추어 볼 때, 노숙자들 가운데 신체 건강한 사람들이 많다거나 가난한 사람들에게는 가난을 탈피하려는 자발적인 노력이 부족하다고 여론화하는 것은 더 쉽게 유포되는 경향이 있다.

청교도적 가치관을 기반으로 경제대국을 이룬 미국의 경우, 기독교가 중산층을 대표하고 청교도적 신앙을 바탕으로 자수성가한 사람들이 많기 때문에 노력하지 아니하고 지속적으로 국가의 부조에 의지하려는 빈민들은 비난받아 마땅하다는 비판적인 관점의 경향이 있었다. 그리하여 자신의 미래와 가족을 생각한다면 무슨 일이라도 하려 할 것이고, 스스로 노력하여 얻은 초기자본을 재투자하거나 더 나은 투자처를 찾는 등 자신의 복지를 극대화하는 것은 당연하다고 본다. 또 필요한 경우 직업훈련과 고등교육 등 자신의 시장 가치를 높이는 일에 매진하고 보다 나은 직장을 찾아 부단하게 노력하는 것이 세상을 살아가는 당연한 이치라고 보는 것이다.

　이러한 관점과 관련하여 앨리스 오코너(Alice O'Connor)는 경험적 연구를 통하여 가난의 원인을 사회의 구조적 문제에서 찾지 않고 개인의 동기 부족, 게으름, 적극적 참여 결여 등 개인적 자원의 결여가 문제라는 사실을 찾아내기도 하였다. 따라서 가난의 원인이 되는 개인적 동기 부족, 게으름, 적극적 참여 결여를 자극하여, 가난한 사람들이 가난의 문제를 바로 자신의 문제로 받아들이고 그것을 해결하기 위하여 반드시 자구적 노력을 기울이도록 하고, 스스로 문제의식을 가지도록 사회복지제도 자체를 개선하는 것이 필요하다고 보았다. 즉, 가난의 원인이 개인적 문제에 있는데 국가가 빈곤계층으로 하여금 사회복지 프로그램에 지속적으로 의존하는 것이 가능하도록 했다면 국가의 책임도 있다는 것이다. 그리하여 가난한 사람들이 불가피한 상황을 제외하고는 일정 기간 이상 사회복지 프로그램의 혜택을 받지 못하도록 하고, 그 기간 동안에 반드시 직업훈련 등의 자구적 노력을 하도록 법제화하는 것이 필요하다고 생각하였다.

　1980년대 중반 미국의 학자들은 이와 같은 복지 의존 상태가 습관적인 도덕적 해이현상을 가져와 결국에는 가난한 사람들이 가난에서 벗어날 수 없도록 국가가 방조하는 셈이 된다고 보았다(Gwartney & McCaleb, 1985). 과트니와 맥칼렙(Gwartney & McCaleb, 1985)의 연구에서는 이 같은 논리를 반증하기 위하여 수입증가율 대비 사회복지 수혜자의 수혜율 성장을 비교하였다. 그리하여 미국 일반인들의 1965년 대비 1980년 수입증가율이 41%에 그친 반면 각종 복지 프로그램의 성장은 최소 53%에서 최대 361%까지 이루어진 것은 국가의 부조 프로그램이 가난을 조장하는 결과를 가져온 것이라는 실증적 사실을 보여 주었다(〈표 2-3〉 참조).

　이상과 같은 사회적 여론과 실증적 연구들은 미국의 사회복지정책의 획기적 전환을 가져오는 결과를 이끌었는데, 1996년 발효된 '개인적 책임과 취업기회 조정법(The Personal Responsibility and Work Opportunity

〈표 2-3〉 일반인들의 수입증가율 대비 사회복지 수혜자의 수혜율 성장 비교

| 프로그램 | 수혜자 일인당 수혜 액수($) | | |
|---|---|---|---|
| | 1965년 | 1980년 | 증가율(%) |
| 구호용 식량카드 | 201 | 465 | 136.6 |
| 고령자·장애인 의료보험(병원비) | 319 | 981 | 207.4 |
| 고령자·장애인 의료보험(약제비) | 93 | 427 | 361.2 |
| 사회보장 수급비 | 221 | 339 | 53.6 |
| 개인수입 | 6246 | 8808 | 41.0 |

출처: Gwartney & McCaleb(1985: 9).

Reconciliation Act of 1996: PRWORA)'(Pub.L. 104-193, 110 Stat. 2105, 1996. 8. 22. 발효)이 그것이다. 이 법안은 한부모가정을 비롯한 빈곤층의 현금수혜를 원천적으로 봉쇄하고, 바우처 형태의 복지수혜를 제공하되 생애 동안 수혜기간을 5년으로 제한하며 수혜 시작 후 2년 내 취업을 의무화하는 것을 골자로 한다. 즉, 현금수혜를 통한 복지혜택 의존을 금지하고, 빠른 시간 내에 가족의 부양 의무를 다하기 위한 취업 등의 노력을 하여야 하며, 한부모가정 발생의 원인이 되는 혼외출산을 억제하도록 하는 데 그 목표가 있었다. 이 모든 법제화의 이면에는 가난의 원인을 개인적 문제로 해석하고, 가난을 고착화하는 데 기여하는 사회복지 프로그램의 전면적 개편을 통하여 개인의 가난 탈피를 위한 자구적 노력 투여의 동기를 부여하려는 의지가 담겨 있다.

　그러나 안타깝게도 이 법안의 실시 이후 그 효과성에 대한 조사(Freedman et al., 2000)에서는 사회복지 수혜대상자가 일부 줄어들고, 수혜대상의 상당수가 법안의 목표대로 일을 하고 있지만 여전히 법안의 대상이 되는 대부분의 가정이 가난을 탈피하지 못하고 있는 사실을 분석해냈다. 이처럼 가난의 원인을 개인적 문제에 있는 것으로 보고 개인의 인성문제 개선에 초점을 맞추는 반빈곤대책(anti-poverty strategy)은 가히 성공적이지 않아 보인다.

## 2) 가난의 문화

가난한 사람들에게는 가난의 문화가 있어 가난의 특성을 반영하는 가난의 가치관과 그에 따른 문제행동이 그들이 처한 현재의 가난을 고착화시키는 결과를 낳고, 문제행동은 세대에 걸쳐 답습된다고 보는 것이다. 가난의 문화를 낳는 대표적인 역기능적 요소로는 술, 담배, 마약 중독, 가정폭력, 성폭력, 폭력행동, 반사회적(범죄) 행동, 사회에 대한 비판과 미래에 대한 비관이 있다. 그런데 이와 같은 역기능적 요소가 희망적 삶에 대한 의욕을 저하시키고 불신을 조장하며 자신을 피해자로 보고 사회환경을 비판하는 형태로 가치관을 형성하게 한다는 것이다.

빈곤문화의 세대 간 전이에 대하여 오스카 루이스(Lewis, 1998)는 빈곤계층에서 태어난 아이들이 가난을 고착화시키는 역기능적 가치관과 사회에 대한 비관적인 태도를 보고 배우기 때문에 그렇게 경험된 역기능적 사고 습관으로 인해 문제를 극복하려는 의지를 가질 수 없고, 오히려 자신의 미래에 대하여 더욱 절망적인 생각을 할 수밖에 없다고 지적하였다. 빈곤가정에서 태어난 아동은 가난의 문화 속에서 자라면서 그 문화를 자연스럽게 학습하여 가난한 사람으로 남게 되기 쉽다는 것이다. 이와 관련하여 머레이(Murray, 1984)는 근대 복지대책은 가난의 연결고리를 끊는 것이 아니라 오히려 가난의 문화가 답습되도록 돕는 데 기여한다고 비판하였다. 그러면서 가난의 문화를 단절하기 위하여 가난한 사람들이 복지 의존성에서 벗어나도록 복지정책을 강화하는 것이 필요하다고 하였다.

이처럼 가난의 문화를 지적하는 견해는 가난의 문제를 개인적 결핍의 문제로 보는 데서 한걸음 더 나아가 개인의 문제가 세대 간 전이를 낳는 사회·문화적 악순환의 특성을 가지고 있다고 본 것이다. 따라서 가난의 원인 해소를 위한 방안으로 빈곤문화 퇴치를 주장하는 관점에서 시도될 수 있는 사회복지정책으로는 빈곤지역의 아동·청소년을 위한 가치관 개선, 역량개발 교육 프로그램의 개발, 청장년층의 근로 의욕을 고취하기 위한 근로 동기부여 프로그램의 개발이 가능하다.

우리나라의 경우는 빈곤계층 아동의 성장·발달을 위한 단계적 개입계획을 세워 서비스를 실시[5]하는 드림스타트가 가난의 문화 해소를 목적으로 하는 아동·청소년 프로그램이라 할 수 있다. 또한 저소득 근로자 가구를 대상으로 근로소득에 따라 산정된 근로장려금을 지급하여 근로 유인을 도모하고자 하는 '근로장려세제'[6]가 청장년을 위한 프로그

---

5. 〈드림스타트 사업 흐름도〉

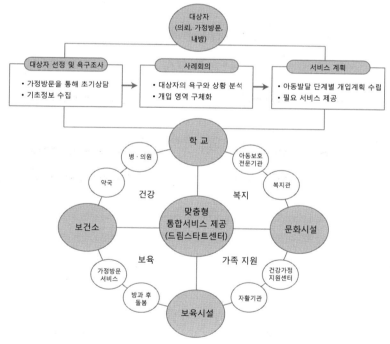

6. 〈근로장려세제 신청조건〉

| 총소득 요건 | 부부 연간 총소득이 1,700만 원 미만인 가구 |
|---|---|
| 부양자녀 요건 | 다음 요건을 모두 갖춘 부양자녀 1인 이상을 부양하는 가구<br>• 거주자의 자녀이거나 동거입양자<br>• 18세 미만일 것(장애인은 제외)<br>• 연간 소득금액의 합계액이 100만 원 이하일 것 |

램에 해당된다.

2009년 시작된 근로장려세제는 시행시기가 오래되지 않아 정책 효과를 평가하기에 이른 감이 있지만, 근로장려세제의 미래 효과에 대한 예측연구들은 근로장려세제 자체로는 근로 의욕의 고취 효과가 미미할 것이나 기초생활보장제도와 실업급여제도의 개선이 이루어지면 효과가 두드러질 것이라고 밝히고 있다(전영준, 2009). 이에 비해 빈곤계층에 존재할 수 있는 가난의 문화를 개선하기 위하여 2007년부터 시행되어 온 드림스타트는 빈곤계층 아동을 대상으로 하는 교육 효과가 상당한 것으로 평가되고 있다.[7]

### 3) 사회 · 경제적 차별 등의 구조적 문제

이런 관점에서는 자본주의체제 자체가 가져오는 사회 · 경제적 차별의 구조적인 현상이 빈민의 주류사회 진입을 어렵게 만들고, 결과적으

| 주택요건 | 세대원 전원이 무주택이거나 기준시가 5,000만 원 이하의 소규모 주택을 1채 소유한 가구 |
|---|---|
| 재산요건 | 세대원 전원이 소유하고 있는 재산합계액(토지, 건물, 자동차, 전세금 등 포함)이 1억 원 미만인 가구 |

* 단, 3개월 이상 국민기초생활보장급여(생계, 주거, 교육 급여) 수급자이거나 외국인(내국인과 혼인한 외국인은 제외)은 신청할 수 없다.
출처: 국세청 근로장려세제 홈페이지(http://www.eitc.go.kr/eshome)

〈근로소득 지급액 산정방법〉
• 연간 근로소득 800만 원 이하: 근로소득 × 15%
• 연간 근로소득 800~1200만 원: 120만 원
• 연간 근로소득 1,200~1,700만 원: (1,700만 원－근로소득) × 24%
출처: 국세청 근로장려세제 홈페이지, http://www.eitc.go.kr/eshome

7. 드림스타트 홈페이지, 서산시드림스타트센터 '큰 호응', 사교육비 절감 '드림스타트사업' 인기(http://dreamstart.kr/board/board_view.asp?boardtype=2&idx= 5530&intpage=1&keyfield=&keyword=, 2010. 9. 2).
드림스타트 프로그램은 아동의 보건 · 의료, 아동학대 예방 등의 효과에도 긍정적인 영향을 미치는 것으로 조사되었다(강은정 외, 드림스타트의 건강영향평가(보건사회연구원, 2008)).

로 가난이 고착화되는 문제를 양산하게 된다고 본다.

사회적인 측면에서 최근 한국사회에서 이슈화되고 있는 사회적 양극화 문제, 즉 고학력 · 고소득 · 사회주류 계층 자녀들은 좋은 대학에 진학해서 좋은 직장을 가질 가능성이 높은 반면, 저학력 · 저소득 · 사회비주류 계층 자녀들은 그렇지 못한 사회적 소외현상은 사회적 병폐의 한 형태로 인식되고 있다. 주류사회의 구성원들이 자신들만의 영역을 구축하여 비주류 구성원들의 사회 진입이 원천적으로 봉쇄되어 있는 사회적 소외현상은 구조적인 문제가 얼마나 확산되고 있는지를 보여주는 것이다. 과거 마르크스는 자본주의의 병폐를 거론하면서 노동자, 농민과 같은 소외계층이 상류계층에 진입할 수 없는 한계에 봉착하게 되면 그러한 구조적 문제를 개선하기 위해 사회혁명을 일으킬 수밖에 없다고 극단적 논리를 전개한 바 있다(Blackledge, 2006). 그런데 오늘날 자본주의 사회에서 발생하고 있는 사회 · 경제적 소외현상은 그러한 양상을 점차 드러내고 있다.

빈곤정책 측면에서도 빈곤계층에 대한 구조적 소외현상은 지속되고 있다. 예를 들어, 생계선을 넘지 않는 최소임금의 책정은 한부모가정을 비롯한 빈곤계층의 경제적 위치 상승을 원천적으로 봉쇄하는 효과가 있다(Jencks, 1996). 또한 저학력자들이 많은 빈곤계층이 고부가가치 산업기술이 부족하므로 단순일용직 혹은 생산직에 종사할 수밖에 없는 상황도 생활 안정과 사회적 지위 상승을 가능하게 하는 보다 나은 직장을 기대하기 힘들게 하기에 경제적 소외현상을 경험하게 한다(Biddle, 2001).

고착화된 사회 · 경제적 양극화 문제를 해소하기 위한 정책적 전략에는 빈곤계층이 접근 가능한 양질의 일자리를 확대하고, 임금 수준을 높이며, 사회보장제도를 확대하는 방안이 포함된다. 우리나라의 경우 일자리 확충은 이명박 정부가 목표로 한 주요 정부시책의 하나[8]로서 매우 적극적으로 추진되어 왔다. 그러나 임금 수준을 높이고 사회보장제도를 적극적으로 확대하는 문제는 상대적으로 덜 추진되는 경향이 있다.

8. 한 예로 2009년 시작되어 2010년에 계속되고 있는 '희망근로 프로젝트'를 들 수 있다. 희망근로사업은 사회적 취약계층의 일자리 10만 개 지원 및 안정적 일자리 취득 지원을 목적으로 하는 사업으로, 취약계층의 일자리 지원과 동시에 지역경제 활성화를 도모하는 사업이기도 하다. 주요 사업으로는 주거 취약지역 시설 개선, 집수리, 다문화 이민자 영어교사 활용 및 학습, 재해 취약시설 정비사업, 영세기업 밀집지역 개선, 공공시설물 개보수 사업, 공공부문 정보화 사업, 소기업 건설현장 일자리 창출사업 등이 있다(행정안전부 희망근로 프로젝트, http://www.mopas.go.kr/gpms/2010hope.html).
2009년 사업성과에 대하여 행정안전부는 다음과 같은 평가를 내리고 있다(행정안전부 2010 희망근로, http://www.mopas.go.kr/gpms/2010hope_30.html).
① 취약계층의 민생안정 효과: 글로벌 금융위기로 어려움을 겪고 있는 실직자, 휴·폐업 자영업자 등 사회적 취약계층의 생계 안정 도모
  • '희망근로 설문조사' 결과 대다수가 취약계층의 생계지원 효과가 큰 것으로 응답(참여자 95.2%, 지역상인 75.0%, 담당공무원 82.9%)
  • 2009년 3/4분기 가처분소득 5분위 배율은 전년 동분기 대비 5.51배에서 5.47배로 낮게 나타남(통계청, 2010. 11. 14.)
② 일자리 창출을 통한 고용 안정 효과: 25만여 개의 일자리를 만들어 냄으로써 경제위기하의 고용 증대에 기여
  • 2009년 1~10월 고용동향(통계청)에 의하면 희망근로 프로젝트가 시작된 6월 이후 공공행정 부문의 취업자 대폭 증가
  〈취업자 증감〉

(전년 동월 대비, 만 명)

|  | 2009년 | | | | | | | | | |
|---|---|---|---|---|---|---|---|---|---|---|
|  | 1월 | 2월 | 3월 | 4월 | 5월 | 6월 | 7월 | 8월 | 9월 | 10월 |
| 전체 취업자 | △10.3 | △14.2 | △19.5 | △18.8 | △21.9 | 0.4 | △7.6 | 0.3 | 7.1 | 1.0 |
| 공공행정 부문 | 0.3 | 2.9 | 6.9 | 7.2 | 8.9 | 26.8 | 31.9 | 32.1 | 32.6 | 33.2 |

③ 상품권 유통을 통한 지역경제 활성화에 기여: 상품권 유통(총 3,840억 원)으로 지역경제 활성화
  • 임금 중 일부(30%)를 상품권으로 지급하고 사용기간을 3개월로 제한함으로써 영세상인 소득 증진 및 지역경제활성화
  • 약 3,840억 원의 희망근로 상품권은 전통시장 상품권 10년간 총 판매액(2,440억 원)의 약 1.6배에 달해 전통시장, 영세상권 활성화에 기여

## 4) 생태적 관점

이 관점에서는 가난의 원인을 어느 한 측면으로 설명하지 않고 가난은 개인적 특성, 가족 내부의 문제, 지역사회와 사회구조적인 문제 모두가 상호 연관되어 발생한다고 본다. 그리고 문제가 축적되어 가난을 심화하는 경향이 있기 때문에 개인적이고 사회적인 모든 부분을 고려하여 다차원적인 해소방안을 강구해야 한다고 본다. 이러한 방안은 사회복지계뿐만 아니라 다른 학문 분야에서도 상호 연계, 다차원적 접근, 학제 간 연구를 중심으로 하여 강조되는 것으로, 원인이 어느 하나에 집중되어 있지 않고 개인·가족·사회적 문제의 상호작용으로 인해 누적

---

〈2009년 7월 전통시장 경기동향지수 연중 최고치(중기청)〉

|  | 1월 | 2월 | 3월 | 4월 | 5월 | 6월 | 7월 |
|---|---|---|---|---|---|---|---|
| 체감지수 | 49.4p | 44.7p | 54.8p | 61.9p | 57.8p | 55.5p | 65.6p |

―'희망근로 설문조사' 결과 희망근로사업의 지역경제 활성화 효과 의견: 참여자(91.3%), 담당 공무원(74.2%), 지역상인(71.0%)

④ 다양한 사업의 발굴·추진으로 대국민 행정수요 충족
* 전국 3만여 개 사업장에서 지자체별로 146여 종의 다양한 사업을 시행하여 각계각층, 다양한 분야의 주민수요 충족
  ―친환경 녹색사업(폐기물 재활용사업, 쓰레기매립장 정비사업: 전북), 갯벌 속 오염물질 제거(태안), 다문화 결혼이민자 영어교사 활용 등
* 비영리 법인·단체, 대학생 봉사단체의 자발적 참여, 근로참여자의 소외이웃 배품활동 등 국민통합 기능 수행
  ―독거노인·소년소녀가장 사랑의 쌀 전달(대전), 마을미술 프로젝트·마을 벽화 그리기(대학생 자원봉사 단체참가), 공무원 성과상여금 반납 수해지역 희망근로사업비로 사용(경기 화성) 등
* 생활밀착형 친서민사업 시행으로 소외계층의 생활 불편 해소
  ―슬레이트 지붕개량사업(전국 1,368가구), 저소득층 집수리 사업(보일러, 장판, 도배, 도색 등), 달동네 보행로 개선사업, 희망교복 제작 저소득층 자녀 무료제공(대구) 등
* 재해 예방, 주민 편익 향상 및 예산 절감
  ―도심지 집수받이 및 배수로 준설사업(인천), 보도블록 재사용 교체사업(하남, 100억 예산 절감), 자전거도로 정비 및 영세기업 밀집지역 인프라 개선 등

되고 심화되는 빈곤문제의 특성을 이해하고 다면적인 접근으로 해결·해소하는 것이 보다 효과적이라고 본다. 예를 들어, 인간은 발달과정에서 가족과 같은 미시환경과의 상호작용을 처음 경험하고, 자라면서는 보육시설 및 학교와 같은 중간환경과의 상호작용, 부모의 직업 및 사회활동과 같은 외부환경을 통한 간접적 상호작용 경험, 그리고 사회·경제·문화 전반에 걸친 거시환경과의 상호작용 경험을 하게 된다. 이러한 경험을 통하여 개인의 특징이 구조화되고 사회생활의 대처 능력이 발전되므로 개인, 가족, 이웃과 사회 전반에 걸친 복합적 접근이 이루어져야 발달론적 특성을 고려한 개입방법이 가능해진다는 것이다 (Bronfenbrenner, 1979).

따라서 가난의 문제를 해소하기 위한 정책적·실천적 방안을 생태론적 관점을 기조로 계획한다면, 정책적으로는 영유아기에서부터 노년기에 이르는 사회복지 실천대상의 특성을 고려하되 실질적 자립이 가능한 사회보험 및 공공부조 정책을 입안하고 최대한 사회경제적인 차별구조를 해소하기 위한 방안을 실행하는 방향을 추구하는 것이 적절할 것이다. 실천적으로는 개인의 특성을 고려한 사회복지서비스를 시행하되 개인의 역량을 강화하고 자율적인 참여를 유도하며 구체적인 자립의지를 도모하는 서비스가 실현되어야 한다. 우리나라의 빈곤정책에는 사회보험으로 국민연금, 국민건강보험, 고용보험, 산재보험이, 공공부조로는 국민기초생활보장제도가 포함된다. 그러나 사회보험과 사회보장제도의 기본 원칙은 최저생활 보장에 있어 자립생활의 구체적 도움에는 미치지 못한다. 그리하여 최근에 저소득층이 창업·교육 등을 위한 자본을 형성할 수 있도록 하기 위한 '희망플러스 통장'[9]이 생태론적

---

9. ① 희망플러스 통장의 신청자격

| 가구원 수 | 1인 | 2인 | 3인 | 4인 | 5인 | 6인 |
|---|---|---|---|---|---|---|
| 소득 | 756,516 | 1,288,121 | 1,666,379 | 2,044,637 | 2,422,895 | 2,801,153 |
| 재산 | 71,656,295 | 84,063,417 | 92,891,583 | 101,719,748 | 110,547,878 | 119,376,043 |

접근을 강화하는 정책으로 가동되었다. 사회복지 실천 분야에서는 개인의 생애주기적 발달 특성 및 가족환경을 고려하는 사례관리서비스가 이 같은 관점을 반영하고 있다.

## 3. 성경에 나타난 부와 가난에 대한 관점과 접근방법

### 1) 구약성경

구약성경에서 부는 노동의 대가(잠 10:4)로 주어지는 일반 은총인 동시에 신실한 자에 대하여 부어 주시는 하나님의 축복으로 묘사되기도 하고(레 26:3-5), 어떤 경우에는 부는 불의한 일을 행한 자가 얻은 부정한 것으로 지적되기도 한다(사 3:14-15). 구약성경의 관점대로 부가 성실한 노동의 대가로 받아들여져야 하는 것은 분명하지만, 부한 자들이

- 재산은 총재산액에서 부채를 공제한 금액을 기준으로 한다(단, 금융권 부채가 5,000만 원 미만인 경우에 한함).
- 금융재산(예ㆍ적금 및 각종 보험금 포함) 및 자동차는 재산에 포함 산정한다.
- 자영업자, 꿈나래 통장 참가자 및 신청자, 희망플러스 통장 및 꿈나래 통장 사업저축 중도 해지자, 희망플러스 통장 및 꿈나래 통장 사업 참가자의 동일 가구원, 희망키움 통장 참가자, 가구 부채가 5,000만 원 이상자, 신청자 본인이 신용불량자인 경우, 사치성 또는 향락업체(도박, 사행성 업종 등) 종사자는 신청이 불가능(단, 자활공동체 참가자 중 사업자등록증 소지자, 파산면책 결정자 및 계속 36개월 이상 채무변제 중인 개인 회생 중인 자는 신청 가능)

② 저축 가능 금액 및 지원내용

| | 국민기초생활 수급자 | 비수급 차(차)상위계층 | | 비고 |
|---|---|---|---|---|
| 총 적립금 (3년 후) | 360만 원 + 이자 | 720만 원 + 이자 | 1,440만 원 + 이자 | 매월 적립 시 |
| 본인 저축액(선택) | 5만 원 | 10만 원 | 10만 원 | 20만 원 | 매칭 지원금은 시비와 서울사회복지공동모금회 등 민간후원금으로 지원됨 |
| 매칭 지원금 | 5만 원 | 10만 원 | 10만 원 | 20만 원 | |

자신이 부하게 된 이유를 자신의 노력으로만 간주하고 하나님의 은혜를 생각하지 않는다면 가난을 일하지 아니하고 게으르게 삶을 산 때문이라고 평가하는 잘못을 범할 수 있다. 예를 들어, 자연적인 천재지변이나 질병, 전쟁, 자신 또는 타인이 범한 실수나 사고 등 다양한 이유로 자신의 노력과 무관하게 상황이 전개될 수도 있다. 성경은 개인적인 노력과 하나님의 축복을 동시에 강조하고 있다는 것이다. 즉, 부한 자들은 자신의 부한 상태를 전적으로 자신이 노력한 결과로만 이해해서는 안 되며, 그 노력이 가능하게 된 것, 그 노력이 열매를 맺게 된 것, 늦은 비, 이른 비와 같이 시기적절하게 이루어진 모든 인과성조차 하나님의 축복[10]에 의하여 가능하게 된 것으로 보는 것이 타당할 것이다. 그러므로 하나님을 경외하게 하신 사실을 알고 감사하는 성도는 하나님을 경외함, 믿음을 기반으로 성실하고 정직하게 자신의 손으로 수고하여 정당한 부를 획득하려고 할 것이다. 나아가 자신의 노력과 그 열매가 자신으로부터가 아닌 하나님으로부터 비롯된 것을 알기에 가난한 자를 비난하려 하기보다 가난하고 측은한 그 상태를 불쌍하게 여길 것이고, 적절한 도움을 통하여 그들의 현재의 형편을 개선할 수 있는 방안을 찾아보려 할 것이다. 이와 관련하여 구약성경은 가난한 자와 부한 자를 지으신 이가 여호와이심을 기억하고(잠 22:2), 가난한 자와 궁핍한 자를 구원하여 악인들의 손에서 건질 것을 당부하셨다(시 82:4). 그리고 가난한 자를 불공평하게 판결하여 가난한 백성의 권리를 박탈하며 과부에게 토색하고 고아의 것을 약탈하는 자에게 화가 있다고 말씀하셨다(사 10:2). 구약성경이 무엇보다도 사람에 대한 가치관의 변혁을 이룰 것을 말씀하시고 있는 사실은 매우 중요하다. 가난한 자도 부유한 자도 하나

---

10. 하나님의 축복은 결코 물질적인 것에 한정되는 것이 아니며, 하나님이 허락하신 축복의 근본적인 사실은 하나님을 알게 하시고 경외하며 살게 하신 것이다(눅 4:8, 예수께서 대답하여 이르시되 기록된 바 주 너의 하나님께 경배하고 다만 그를 섬기라 하였느니라).

님의 형상으로 창조된 하나님의 피조물로서, 비록 타락한 존재이나 누구나 하나님의 은혜에 힘입어 하나님 나라의 주역으로서의 역할을 할 수 있는 가능성이 있으니 어느 누구도 하나님 앞에 차별받아서는 안 되는 존재인 것이다. 부와 가난을 근거로 개인을 평가하는 것이 아니라 하나님의 형상을 따라 창조된 하나님의 피조물이라는 점에서 그 고귀함을 인정하고, 현재의 어려움으로부터 도움을 받고 나아가 영생의 길로 인도받을 수 있도록 지속적이고 일관성 있는 이웃 사랑을 베푸는 것이 믿는 자의 행할 도리라고 밝히고 있다. 그와 같은 심정으로 가난한 자를 대한다면 그들의 고통을 신원하여 주려 하고 고아와 과부의 문제를 개선할 수 있는 길을 찾으려 노력할 것이며, 어떤 방법이 그들의 자립생활을 가능하게 할 것인가를 진지하게 고민할 것이다. 요컨대 구약성경은 가난의 문제를 가진 개인을 비난하지 않고 그들에게서 하나님의 형상을 볼 수 있는 눈을 열 것을 말씀하시고, 하나님의 창조물로서 차별 없는 사랑으로 그들의 필요를 돌아보며 구조적인 문제를 개선할 수 있는 구체적인 실현방안을 생각해 볼 것을 말씀하시고 있다.

## 2) 신약성경

신약성경에서는 보다 구체적으로 부가 제자의 도를 실행하는 데 걸림돌이 될 수 있지만(막 10:17-31; 눅 12:22-34), 동시에 교회와 이웃의 가난한 자들을 돕는 자원이 될 수 있음(행 2:44-47)을 밝혔다. 그러면서 부가 가져올 수 있는 부정적 역할을 믿음으로 극복하고 하나님 나라의 확장을 위해 뜻있게 사용할 수 있는 방안을 강구할 것을 말씀하였다.

부에 대한 집착은 하나님의 나라를 열망하고, 복음을 증거하며, 교회와 이웃을 돌보고, 그리스도를 본받아 섬기며 살려는 제자의 도를 행하는 데 문제를 가져올 수 있다.[11] 그러나 부와 세상에 대한 일차적 집착

---

11. 초대교회 교부인 클레멘스 알렉산드리누스(Clemens Alexandrinus)는 본문에 대

을 넘어 하나님의 말씀과 성령의 감화를 통하여 거듭나는 경험을 하고 자신의 삶에 대한 목적이 하나님을 영화롭게 하고 복음을 증거하며 그리스도를 본받아 살려는 강한 성령의 인도하심 아래 있는 것을 체험할 경우, 물질을 자신의 소욕을 따라 사용하지 아니하고 교회 안과 밖의 성도와 이웃의 필요를 채우고 하나님 나라를 확장하는 유용한 도구로 사용할 수 있는 능력 안에 살 수 있다. 실제로 성령의 강림을 경험한 초대교회 성도들은 물질에 대한 집착을 버리고 자신의 소유물이 교회의 필요에 따라 쓰여야 한다는 태도를 견지하고 사도들 앞에 내놓아 적절히 사용될 수 있도록 한 것을 볼 수 있다(행 2:44-47).

## 4. 교회에 주는 시사점과 실천과제

　예수님 당시에 비하여 절대빈곤층의 정도와 상황은 나아졌다고 할 수 있지만, 세계 인구의 약 13%는 하루 1달러 이하로 생활하고 있으며 우리나라의 경우도 전체 가구의 7.3%가 국민기초생활 수급대상 가구에 해당하는 것으로 나타나 가난의 문제는 여전히 미해결 과제로 남아 있다. 빈곤계층의 삶의 개선을 위한 일차적 책임은 국가에 있다. 그러

---

한 해석에서 부에 대한 집착과 간절함이 있는 자들은 하나님의 영광을 위해 온전히 마음을 드릴 수 없다고 하였다(Christian Classics Ethereal Library, Clemens Alexandrinus on the Salvation of the Rich Man, 'who is the rich man that shall be saved?'(http://www.ccel.org/ccel/schaff/anf02.vi.v.html#_Mark_10_17_10_31)). 부에 대한 집착으로 모든 관심을 집중하고 불의한 방법을 통하여 부를 축적하는 삶을 산다면 가난한 사람들을 차별하고 부당하게 대우하는 일을 쉽게 행할 수 있다. 반면 하나님을 두려워하고 경외하며 부가 하나님 나라에 쓰이기를 간구하는 사람들은 가난한 사람들을 동일한 하나님의 형상을 따라 창조된 자들로 보며, 구원에 참여하여 하나님 나라의 일꾼으로 아름답게 사역할 수 있는 미래를 바라볼 수 있을 것이다.

므로 국가는 국가조세정책을 통하여 마련된 세수로 다양한 사회복지정
책을 실행함으로써 빈곤계층이 최소한의 생계대책뿐만 아니라 스스로
양질의 삶을 살아갈 수 있는 실질적 열매를 맺도록 해야 한다. 그러나
이러한 국가적 노력에도 불구하고 삶의 질은 쉽게 개선되지 않는 현실
을 마주하게 된다. 따라서 지역사회에 거주하는 빈곤계층의 곤궁한 삶
의 형편을 직접 목격하는 교회는 그리스도의 사랑을 실천하고 하나님
나라를 확장시키는 데 기여해야 하는 본질적 사명과 함께 지역사회의
한 구성원으로서도 이런 문제를 외면할 수 없는 것이다. 구약성경이 빈
곤층에 대한 차별 없는 사랑과 고아·과부와 같은 불가피한 빈민을 위
한 아낌없는 부조를 말씀하고, 신약성경에서 이웃에 대한 제자의 도를
실천하기 위하여 교회 내의 자원을 적절하게 사용할 것을 강화하는 가
르침은 모두 교회의 적극적 역할과 참여를 기대하는 것이다.

교회는 교회 내 자원을 적절하게 사용하여 지역사회와 이웃의 곤궁
한 형편을 적극적으로 돌아보되, 부의 부당한 사용을 막고 가난을 이유
로 사회구조적인 차별적 상황을 개선하는 데도 적극적인 역할을 하는
것이 마땅하다. 교회 안과 밖의 빈곤문제를 개선하기 위하여 아낌없는
사랑의 실천을 결행하되(마 5:42; 롬 12:20), 가난한 자들이 사회의 차별
과 소외로부터 피해를 받지 않도록 노력해야 한다(갈 2:10; 약 2:3). 아울
러 교회는 성도들의 마음을 담아(행 2:44-47) 조직적이고 전문적인 활
동을 통하여 교회의 노력 성과가 극대화될 수 있도록 해야 한다. 초대
교회에서 12사도들이 복음을 전하는 일에 전념하기 위하여 성령과 지
혜가 충만하여 칭찬받는 사람 일곱을 택하여 그들에게 전문적으로 구
제를 담당하도록 배려한 것처럼(행 6:3), 교회 내 인적자원을 적절하게
배분하여 교회의 구제 사역이 전문화될 수 있도록 조직하고 지역사회
를 위한 복지사역을 전담하도록 하는 것이 적절할 것이다.

기존의 가난에 대한 접근 중 가난의 책임을 모두 개인에게 돌린다든
지, 환경적이고 구조적인 원인에만 초점을 두는 것은 적절하지 않아 보

인다. 예상하기 힘들고 불가피한 상황에서 빈곤 상태에 이르게 되기도 하고 현 사회에 차별적 구조도 존재하기 때문에 어느 하나로 가난의 모든 원인을 설명하기는 어렵다. 오히려 성경에 나타나는 제안에서 볼 수 있는 것처럼 가난한 사람들도 하나님의 은혜로 복음 안에서 새롭게 변화될 수 있는 존재로 보고, 현재의 긴급한 필요를 채워 주고, 자립할 수 있는 방안을 함께 고민하며 실질적인 대안 마련을 위해 교회가 적극적으로 참여하여야 할 것이다. 이와 같이 그들이 복음의 아름다운 열매를 맺도록 돕는 것은 개인과 사회에 무한 책임을 묻고 그 결과를 내놓을 것을 강요하는 듯한 복지정책의 문제점을 개선할 수 있는 방안이 될 것이다.

하나님은 가난한 사람들을 향하여 마음을 완악하게 하지 말고,[12] 불쌍히 여기며,[13] 그들의 형편을 실제로 돌아볼 것[14]을 말씀하셨다. 거듭난 성도들에게 지속적으로 가난한 자들을 기억할 것,[15] 과거의 불의한 삶을 돌이킨 증거를 가난한 사람들을 돌아보는 자신의 노력에서 점검할 것[16]을 명령하신 것이다. 지금은 말씀을 근거로 이웃을 돌아보는 교회의 노력과 열정이 열매를 맺어야 할 때다.

---

12. 네 하나님 여호와께서 네게 주신 땅 어느 성읍에서든지 가난한 형제가 너와 함께 거주하거든 그 가난한 형제에게 네 마음을 완악하게 하지 말며 네 손을 움켜쥐지 말고 반드시 네 손을 그에게 펴서 그에게 필요한 대로 쓸 것을 넉넉히 꾸어 주라 (신 15:7-8).
13. 가난한 자를 불쌍히 여기는 것은 여호와께 꾸어 드리는 것이니 그의 선행을 그에게 갚아 주시리라(잠 19:17).
14. 기록된 바 그가 흩어 가난한 자들에게 주었으니 그의 의가 영원토록 있느니라 함과 같으니라(고후 9:9).
15. 다만 우리에게 가난한 자들을 기억하도록 부탁하였으니 이것은 나도 본래부터 힘써 행하여 왔노라(갈 2:10).
16. 도둑질하는 자는 다시 도둑질하지 말고 돌이켜 가난한 자에게 구제할 수 있도록 자기 손으로 수고하여 선한 일을 하라(엡 4:28).

# 참고문헌

강은정, 노정미, 김효진, 임성은, 방미란(2008). 드림스타트의 건강영향평가. 보건사
    회연구원.
드림스타트홈페이지(2010.9.2). 서산시드림스타트센터 '큰 호응', 사교육비 절
    감 '드림스타트사업' 인기. http://dreamstart.kr/board/board_view.asp?
    boardtype=2&idx=5530&intpage=1&keyfield=&keyword=.
보건복지가족부(2009). 2008년 국민기초생활보장 수급자 현황. http://team.mw.
    go.kr/blss/board/boardView.jsp?no=374&pg=1&search_content=
    &search_item=0&order=11&table_name=blss_data&menu_cd=B_02_0
    5&menu_div=B_02&ctx=003.
손병덕(2009). 칼빈과 복지. 칼빈과 21세기(전광식 엮음). 서울: 부흥과개혁사.
전영준(2009). 근로장려세제의 근로의욕 증진효과. 월간노동리뷰. 2009년 8월호,
    pp. 55-68.
한국보건사회연구원 기초보장연구실(2010). 국민기초생활보장 수급가구비율. http://
    kosis.kr/OLAP/Analysis/stat_OLAP.jsp?tbl_id=DT_331N_A00001&org_id=
    331&vwcd=MT_ZTITLE&path=보건·사회·복지〉복지〉한국복지패널조
    사〉가구 및 가구원 특성&oper_YN=Y&item=&key word=국민기초생활&lang_
    mode=kor&list_id=&olapYN=N.
행정안전부(2010). 희망근로. http://www.mopas.go.kr/gpms/2010 hope_30.html.


Biddle, B. J. (2001). *Social Class, Poverty, and Education*. New York: Routledge
    Falmer.
Blackledge, P. (2006). *Reflections on the Marxist Theory of History*.
    Manchester University Press.
Bronfenbrenner, U. (1979). *The Ecology of Human Development: Experiments
    by Nature and Design*. Cambridge, MA: Harvard University Press.
Chen, S., & Ravallion, M. (2008). *The developing world is poorer than
    we thought, but no less successful in the fight against poverty*.
    Development Research Group, World Bank, USA.
Christian Classics Ethereal Library. (1857). Clemens Alexandrinus on the

Salvation of the Rich Man, who is the rich man that shall be saved? http://www.ccel.org/ccel/schaff/anf02.vi.v.html#_Mark_10_17_10_31.

Davies, J. B., Sandstrom, S., Shorrocks, A., & Wolff, E. N. (2008). *The World Distribution of Household Wealth*. Wold Institute for Development Economics Research.

Freedman, S., Friedlander, D., Hamilton, G., Rock, J., Mitchell, M., Nudelman, J., Schweder, A., & Storto, L. (2000). *Evaluating Alternative Welfare-to-Work Approaches: Two-Year Impacts for Eleven Programs*. Washington, DC: U.S. Department of Health and Human Services and U.S. Department of Education.

Jencks, C. (1996). Can we replace welfare with work? In M. R. Derby (Ed.), *Reducing poverty in America,* pp. 69-81. Thousand Oaks: Sage.

Jeremias, J. (1998). *Jerusalem in the time of Jesus.* 한국신학연구소번역실 역 (1998). 예수 시대의 예루살렘/신약성서 시대의 사회경제사 연구. 서울: 한국신학연구소.

Gwartney, J. & McCaleb, T. B. (1985). Have Antipoverty Programs Increased Poverty. *Cato Journal, 5*(1), 1-16.

Lewis, O. (1998). The culture of poverty. *Society, 35*(2), 7-9. doi:10.1007/BF02838122.

Murray, C. (1984). *Losing Ground.* New York: Basic.

O'Connor, A. (2001). *Poverty Knowledge.* Princeton: Princeton University Press.

The Personal Responsibility and Work Opportunity Reconciliation Act of 1996, PRWORA, Pub.L. 104-193, 110 Stat. 2105, enacted August 22, 1996. http://thomas.loc.gov/cgi-bin/query/z?c104:H.R.3734.ENR.

제 / 3 / 장
# 한국교회 사회봉사 및 기독교 인구의 전국 매핑과
# 교회 부흥을 위한 사회복지적 과제연구

 ## 1. 한국교회 사회봉사의 문제

　한국 기독교사에서 한국 개신교회의 시작은 사회복지를 빼고는 말하기 어려울 정도로 사회복지적 활동과 그 맥을 같이하였다. 1884년 9월 20일에 제물포항을 통해 입국한 북장로교회 소속 호러스 알렌(Horace N. Allen) 선교사는 19세기 말 우리나라 의료적 수준의 열악함과 국민건강의 문제를 파악하고 의료선교 활동을 목적으로 1885년 2월 25일에 한국 최초의 병원인 광혜원(廣惠院, 후에 제중원(濟衆院))을 설립하였다. 이는 일반 서민들이 복음을 쉽게 접할 수 있는 계기가 되었다.[1] 미국 장로교 선교회는 1904년에 세브란스 병원을 설립하였다. 그리고 감리교회 선교부는 1885년 9월 진료를 시작하고 1886년에 시병원(施病院)을 설립하였고, 1987년에는 보구여관(保救女館)이라는 부인전용 병원을 설립하였다.[2] 알렌을 비롯한 선교사들은 19세기 초 우리나라의 고질적인 전염병이던 천연두, 콜레라, 이질뿐만 아니라 식민지 통치하의 대표적

---

1. 김영재, 한국교회사(서울: 개혁주의 신행협회, 1992), p. 67.
2. 같은 책.

인 사회 병폐로 알려진 담배와 술, 도박을 퇴치하는 시민사회 활동에 매우 적극적이었고, 그 실효성도 뛰어났던 것으로 알려져 있다.[3]

뿐만 아니라 1886년에 미국 장로교회의 호러스 언더우드(Horace G. Underwood) 선교사는 고아들을 교육하면서 경신학교(儆新學校)를 설립하였으며, 감리교 헨리 아펜젤러(Henry G. Apenzeller)는 교육사업에 투신하여 당시 한국사회의 개화운동을 주도하는 등 교육을 통한 사회혁신에 노력하였다. 천주교까지 합하면 1909년까지 전국에 950개가 넘는 기독교학교가 세워졌다. 그 가운데 650개 학교는 장로교에서, 200개 학교는 감리교에서, 그리고 나머지는 천주교에서 주도하여 학교 설립 등을 통해 교육선교사업의 전초기지를 만들었다.[4]

나아가 1800년대 초기에 기독교와 천주교는 근대적 사회복지시설인 고아원, 양로원, 맹아학교를 세워 사회복지적 선교활동을 시작하였다. 이는 복음증거의 기초 활동이 하나님 사랑과 함께하는 것이라 이해하고 가난한 한국의 문제들을 복음 전파와 함께 해결해야 할 과제로 생각하였기 때문이었다.[5] 이러한 사회복지 선교의 발판이 선교 초기로부터 비교적 단단하게 형성되었기에 기독교와 천주교의 사회복지 활동은 보육, 양로, 장애인 문제의 민간단체 활동 부문에서 주도적인 역할을 담당할 수 있었다.

이 같은 노력으로 1900년대 초에 기독교에 대한 인식은 '하나님에 대한 회개와 이웃 사랑'이라고 이해될 정도였다.[6] 그리고 기독교의 정신

3. A. D. Clark, *A History of the Church in Korea*. Seoul: The Christian Literature Society of Korea(1971), pp. 90-91; L. G. Paik, *The History of Protestant Missions in Korea 1832-1910*(Seoul: Yonsei University Press, 1970).
4. 류상열, 사회복지역사(서울: 학지사, 2003); 김영재, 한국교회사(서울: 개혁주의 신행협회, 1992).
5. 심흥보, 한국천주교사회복지사(서울: 한국천주교중앙협의회, 1998).
6. 이만열, 한말 기독교와 민족운동(서울: 평민사, 1979), p. 91.

에서는 복음선포와 함께 이웃의 복리 증진이 마땅히 시도되어야 함을 깊이 자각하게 만들어 일반 대중의 기독교에 대한 긍정적 자양분을 충분히 제공하였다. 결국 이러한 '기독교의 긍정적 자양분'이 한국교회 부흥의 기틀을 마련하였다고 평가할 수 있을 것이다. 교회 성장학의 학문적 논의에서도 중요하게 다뤄지는 '섬김(servanthood)'[7] '인간과 사회의 용납(receptivity of men and societies)'[8] '변화된 사람들이 사회를 변화시킨다'[9] 등은 이러한 맥락에서 교회 부흥을 다루고 있는 것이라 이해된다.

이와 같이 한국교회 부흥의 중요한 부분을 담당했던 한국의 민간 사회복지 활동의 주도권은 기독교와 천주교가 거의 100년 이상을 쥐고 있었다고 할 수 있다. 그것은 교회가 행하는 사회봉사가 '하나님 형상의 회복' '하나님 나라 구현을 위한 성도의 헌신' '예수 그리스도의 이웃 사랑 실천 명령'에 기인하고, 그리스도인의 생활실천을 향한 성경의 본질적 가르침의 부분이 될 뿐만 아니라 피선교지의 다양한 복지적 욕구에 부응함으로써 기독교 복음전파에 대한 긍정적 인식을 심으려는 선교적 노력에 기인한 것이라 볼 수 있다.

그러나 한국교회 부흥의 자양분 역할을 한 사회복지 활동을 보면 특별히 한국의 민간 사회복지 분야에서 지난 20여 년 동안의 상황이 많이 달라지고 있음을 알 수 있다. 지난 1980년대 중반까지 한국의 사회복지 시설(기관)의 약 90% 이상은 기독교(60%)와 천주교(30%) 주도로 이루어졌다.[10] 그러나 2004년 조사[11]에 의하면 일반 민간 주도와 불교, 천주교

---

7. C. P. Wagner, *Leading Your Church to Growth*(Ventura, California: Regal Books, 1984), p. 83.

8. D. A. McGavran, *Understanding Church Growth*(Grand Rapids, Michigan: William B. Eerdmans Publishing Company, 1970), pp. 245–265.

9. T. Yamamori & E. L. Lawson, *Introducing Church Growth: A Textbook in Missions*(Cincinnati, OH: A Division of Standard Publishing, 1975), pp. 243–245.

10. 박종삼 외, 사회복지학개론(서울: 학지사, 2003).

11. 손병덕, 기독교 사회복지(서울: 예장출판사, 2005).

를 제외한 기독교회 주도의 공식적 민간 사회복지 활동은 약 20% 정도에 불과할 정도로 현저하게 줄어들었다.

불교의 경우 1980년대 중반까지는 거의 미미한 사회복지사업 기여도를 보였다. 하지만 사회복지 활동을 포교활동의 일환으로 해석하며 전문인 양성과 종단에 기반한 복지재단 설립을 기초로 복지관 위탁, 장애인시설 설립, 재활시설 참여, 상담기관 증설 등 매우 활발한 사회봉사 활동을 전개하고 있다.[12]

기독교계는 2005년 이래 '기독교 사회복지 EXPO'를 개최하는 등 과거 사회복지 활동을 주도했던 면면을 되찾으려는 시도를 하고 있다. 그렇지만 현재의 미흡한 기독교회의 사회복지 활동을 재고하고 교회 부흥의 자양분을 제공하는 기틀을 다시 마련하려면 교회의 사회복지 활동의 구체적 현황 파악과 함께 현재 이루어지고 있는 교회 사회봉사의 문제점을 비판적으로 분석하는 작업이 필요하다. 이러한 작업은 사회를 향한 교회의 실천적 노력을 재고하여 부족한 부분을 찾고 개선하는 작업을 통해 다시금 교회 부흥을 위한 교회 내외의 사랑과 헌신에 넘치는 시도가 진행되도록 하는 데 적극적으로 기여할 것이다.

이 장에서는 이상의 연구목적을 달성하기 위하여 다음과 같이 논의를 전개할 것이다.

먼저 민간 사회복지 분야에서 수행되고 있는 한국교회의 사회복지 실천 현황을 구체적으로 살펴본다. 필자는 2005년 2월에 예장출판사에서 출간한 『기독교 사회복지』에서 한 장을 할애하여 한국교회의 교단적 사회복지 활동을 보건복지부 자료를 근거로 분석한 바 있고, 2005년 11월에는 전국 800여 교회의 사회봉사 현황에 대해 표집조사를 한 바 있었다. 이런 경험을 토대로 2006년 보건복지부에서 발간한 교단별 사회복지 현황을 추가적으로 사용하여 한국교회의 교단별 사회봉사 현황

---

12. 종교사회복지포럼 편, 시민사회와 종교사회복지(서울: 학지사, 2003).

을 면밀하게 조사하되, 다른 종교와 비교한 통계도 함께 제시할 것을 계획하였다. 여기서 기독교 인구는 통계청의 전국 대상 자료를 사용하였고, 교회의 총회·지역별 분포를 위하여 장로교, 성결교, 감리교, 침례교, 성공회, 순복음 등 주요 교단을 조사하되 각 총회의 최근 자료를 근거로 하였다. 천주교와 불교(조계종/천태종)도 조사대상에 포함되었다.

수집된 통계 자료는 지리정보시스템(GIS), 포토샵 활용기법을 사용해 전국 교회의 총회·지역별 분포도를 지역별로 도식화하여 기독교와 타 종교의 사회봉사 현황의 전국 지도와 전국 교회 총회별 지역 교인 수에 따른 전국 지도를 만든다.

## 2. 한국 종교인구 및 사회복지시설 증감 현황

### 1) 한국 종교인구의 증감

한국 종교인구의 증감을 조사하기 위해서 기독교, 천주교, 불교 등 한국 종교의 역동성이 어떻게 전개되어 왔는가를 살펴보는 것은 의미가 있을 것이다. 통계청이 5년마다 실시하는 인구주택총조사는 최근 10년간 한국 종교인구의 증감을 보여 준다. 여기에서는 통계청의 조사를 기독교, 천주교, 불교, 기타 종교로 단순화하여 그 증감의 정도를 제시한다. 우리나라의 전체 인구는 1995년 4,455만 3,710명에서 2005년 4,704만 1,434명으로 약 5.6% 증가하였다. 전체 인구는 소폭 증가한 데 비하여 각 종교인구의 변화는 매우 다양하게 전개되어 왔다(〈표 3-1〉 참조).

먼저 기독교 인구는 1995년 876만 336명에서 2005년 861만 438명으로 1.7% 감소하였다. 그 증감 폭은 서울과 전국 광역시·도별 차이가

〈표 3-1〉 1995년 대비 2005년 종교인구 증감 현황

| | 1995년 총인구 | 2005년 총인구 | 증감 | 1995년 기독교 | 2005년 기독교 | 증감 | 1995년 천주교 | 2005년 천주교 | 증감 | 1995년 불교 | 2005년 불교 | 증감 | 1995년 기타종교 | 2005년 기타종교 | 증감 |
|---|---|---|---|---|---|---|---|---|---|---|---|---|---|---|---|
| 서울 | 10,217,177 | 9,762,546 | 4.7↓ | 2,675,580 | 2,222,831 | 20.4↓ | 886,166 | 1,382,264 | 56↑ | 2,714,528 | 1,683,642 | 61.2↓ | 22,212 | 47,119 | 112.1↑ |
| 부산 | 3,809,618 | 3,512,547 | 8.5↓ | 424,631 | 364,592 | 16.5↓ | 179,940 | 261,410 | 45.3↑ | 438,860 | 1,361,906 | 210.3↑ | 5,900 | 25,864 | 330.8↑ |
| 대구 | 2,445,288 | 2,456,016 | 0.4↓ | 284,002 | 255,593 | 11.1↓ | 165,429 | 240,230 | 45.2↑ | 292,659 | 827,958 | 183↑ | 4,119 | 13,761 | 234.1↑ |
| 인천 | 2,304,176 | 2,517,680 | 9.3↑ | 593,716 | 563,433 | 5.4↑ | 207,738 | 345,843 | 66.5↑ | 599,741 | 355,171 | 68.9↓ | 6,894 | 13,279 | 52.6↑ |
| 광주 | 1,257,063 | 1,413,644 | 12.5↑ | 273,156 | 278,884 | 2.1↑ | 114,848 | 183,787 | 60↑ | 278,906 | 210,776 | 32.3↑ | 5,892 | 6,427 | 9.1↑ |
| 대전 | 1,270,873 | 1,438,551 | 13.2↑ | 268,633 | 295,330 | 9.9↑ | 83,281 | 153,867 | 84.8↑ | 274,845 | 320,788 | 16.7↑ | 2,212 | 4,435 | 100.5↑ |
| 울산 | | 1,044,934 | | | 99,571 | | | 66,991 | | | 418,410 | | | 7,340 | |
| 경기 | 7,637,942 | 10,341,006 | 35.4↑ | 1,807,931 | 2,260,594 | 25↑ | 589,865 | 1,286,104 | 118↑ | 1,832,773 | 1,775,623 | 3.2↑ | 34,124 | 45,755 | 34.1↑ |
| 강원 | 1,465,279 | 1,460,770 | 0.3↓ | 238,030 | 227,437 | 4.7↓ | 75,275 | 132,936 | 76.6↑ | 242,425 | 340,506 | 40.5↑ | 8,680 | 7,161 | 21.2↑ |
| 충북 | 1,395,460 | 1,453,872 | 4.2↑ | 211,596 | 219,742 | 3.8↑ | 86,951 | 143,284 | 64.8↑ | 215,882 | 349,259 | 61.8↑ | 4,581 | 4,604 | 0.5↑ |
| 충남 | 1,765,021 | 1,879,417 | 6.5↑ | 337,978 | 367,536 | 8.7↑ | 83,827 | 171,586 | 104.7↑ | 344,301 | 392,508 | 14↑ | 16,710 | 10,081 | 65.8↑ |
| 전북 | 1,900,558 | 1,778,879 | 6.8↓ | 502,474 | 467,454 | 7.5↓ | 113,918 | 202,959 | 78.2↑ | 534,621 | 272,559 | 96.1↑ | 14,553 | 8,141 | 78.8↓ |
| 전남 | 2,066,109 | 1,815,174 | 13.8↓ | 422,237 | 396,183 | 6.6↓ | 88,465 | 157,333 | 77.8↑ | 432,311 | 306,143 | 41.2↑ | 37,750 | 24,404 | 54.7↓ |
| 경북 | 2,672,498 | 2,594,719 | 3.0↓ | 327,964 | 299,636 | 9.5↓ | 104,002 | 184,100 | 77↑ | 334,881 | 885,035 | 164.3↑ | 25,128 | 21,213 | 18.5↓ |
| 경남 | 3,841,553 | 3,040,993 | 26.3↑ | 350,173 | 259,439 | 35↓ | 139,882 | 178,689 | 27.7↑ | 364,362 | 1,234,326 | 238.8↑ | 19,955 | 24,299 | 6.7↑ |
| 제주 | 505,095 | 530,686 | 5.1↑ | 42,235 | 38,183 | 10.6↑ | 31,143 | 54,764 | 72.6↑ | 43,906 | 175,866 | 300.6↑ | 2,217 | 3,777 | 70.4↑ |
| 계 | 44,553,710 | 47,041,434 | 5.6↑ | 8,760,336 | 8,616,438 | 1.7↑ | 2,950,730 | 5,146,147 | 74.4↑ | 8,945,001 | 10,940,521 | 22.3↑ | 210,927 | 267,660 | 26.9↑ |

* 2005 인구주택총조사에서는 1995년의 조사와 달리 개신교(기독교) 인구에 제7일안식일교, 모르몬교, 대종교, 통일교, 여호와의 증인, 구원파, 영생교, 안상홍증인교 등 유사 기독교 인구를 기독교 인구에 다수 편입하였다.
이 장의 조사에서는 불교 인구에 원불교, 천태종, 대종교 인구를 편입하였다.
출처: 통계청(1995). 1995 인구주택총조사; 통계청(2005). 2005 인구주택총조사.

심하다. 예를 들어, 경남과 서울, 부산, 대구는 감소 폭이 커서 경남은 −35%, 서울 −20.4%, 부산 −16.5%, 대구 −11%를 기록하고 있다. 반면 경기, 대전, 충남은 각각 25%, 9.9%, 8.7% 증가한 것으로 드러났다. 그러나 그간 경기도의 인구가 35% 이상, 대전은 13.2% 증가한 것을 감안하면 기독교 인구의 성장은 매우 저조한 것임을 알 수 있다.

천주교의 지난 10년간 변화는 매우 괄목할 만하다. 전체적으로 74%의 기록적인 성장을 보이고 있으며, 전국적으로도 고른 성장분포를 나타내고 있다. 기독교의 감소 폭이 큰 서울, 부산, 대구, 인천, 강원, 전북, 전남, 경북, 경남, 제주의 모든 지역에서 천주교 인구는 최소 27.7%에서 최고 104.7%의 증가율을 보이고 있다.

불교 인구의 성장 정도도 적지 않은데, 1995년 894만 5,001명에서 2005년 1,094만 521명으로 22.3% 증가하였다. 불교 인구는 서울, 인천, 광주, 전남에서 32.3~68.9%의 비교적 높은 감소세가 감지된 반면, 기독교가 약세를 보이고 있는 부산, 대구, 강원, 충북, 전북, 경북, 경남, 제주 지역에서는 40.4~300.6%의 기록적인 증가세를 보이고 있다.

기타 종교의 성장도 눈여겨볼 만하다. 기독교 인구가 감소세인데 반해, 기타 종교는 전체적으로 26.9%의 증가세를 보이고 있고 서울, 부산, 대구, 대전 등 주요 도시에서 100.5~330.8%의 높은 성장률을 보이고 있다.

한편 청장년 및 노령 종교인구의 증감 현황을 살펴보면 다음과 같다 (〈표 3-2〉 참조). 먼저 1999~2005년 사이에 16~39세 청장년의 총인구는 10.9% 감소하였는데, 기독교와 불교 인구는 각각 24.3%, 22.9%로 총인구 감소율의 두 배 이상 감소하였다. 반면 천주교 인구는 48.8%의 높은 증가율을 보인 것으로 드러났다.

노령 종교인구의 경우는 노령화 현상에 따라 총인구에서 65세 이상 노령인구가 65.3% 성장하였다. 기독교와 불교는 각각 68.4%, 68.2%

증가하여 총인구와 비슷한 성장률을 보인 데 비하여 천주교는 176.7%의 기록적인 성장세를 보였다.

〈표 3-2〉 청장년 및 노령 종교인구 증감 현황

|  | 1999년 총인구 | 2005년 총인구 | 1999년 기독교 인구 | 2005년 기독교 인구 | 1999년 천주교 인구 | 2005년 천주교 인구 | 1999년 불교 인구 | 2005년 불교 인구 |
|---|---|---|---|---|---|---|---|---|
| 15~39세 | 20,669,885 | 18,643,560 | 4,177,668 | 3,360,004 | 1,340,528 | 1,994,129 | 4,522,884 | 3,677,902 |
| 증감 | 10.9% ⇩ | | 24.3% ⇩ | | 48.8% ⇧ | | 22.9% ⇩ | |
| 65세 이상 | 2,640,205 | 4,365,218 | 453,399 | 763,439 | 176,269 | 487,684 | 856,877 | 1,441,291 |
| 증감 | 65.3% ⇧ | | 68.4% ⇧ | | 176.7% ⇧ | | 68.2% ⇧ | |

\* 통계청은 개신교(기독교) 인구에 영생교 등 유사 기독교 인구를 다수 편입하였음을 유의하여야 한다. 이 장의 조사에서는 불교 인구에 원불교, 천태종, 대종교, 대순진리회 인구를 편입하였다.
출처: 통계청(1999). 1999 인구주택총조사; 통계청(2005). 2005 인구주택총조사.

## 2) 전국 사회복지시설의 증감 현황

지난 10년간 종교인구의 변화와 함께 종교의 사회문제 관심도를 반영하는 사회복지시설이 얼마나 증감되어 왔는지 그 변화 정도를 살펴보는 것은 매우 중요하다. 종교법인 간 비교조사를 위하여 2002~2006년 비교추적이 가능한 사회복지시설 조사에는 종합사회복지관, 아동복지시설(어린이집 제외), 노인요양시설, 노인복지관, 장애인복지관을 포함하였다. 그 외 부랑인시설과 미신고 복지시설은 2005년에 한정하였으며 어린이집은 불교에서만 조사하였다.

## (1) 기독교 사회복지시설 증감

먼저 전국에 산재한 종합사회복지관은 2002년 354개소에서 2006년 394개소로 11% 증가한 것으로 파악되었다(〈표 3-3〉 참조). 그중 기독교계 사회복지법인이 운영하는 종합사회복지관은 서울, 인천, 경기, 충

〈표 3-3〉 2002년 대비 2006년 현재 기독교 사회복지시설 증감 현황

| | 종합사회복지관 | | | | 아동복지시설 | | | | 양로원/요양원/실버타운 | | | | 노인센터/노인종합복지관/노인회관 | | | | 장애인복지관 | | | | 전체 사회복지시설 증감 | | | |
|---|---|---|---|---|---|---|---|---|---|---|---|---|---|---|---|---|---|---|---|---|---|---|---|---|
| | '02 | '06 | % | 증감 | '02 | '06 | % | 증감 | '02 | '06 | % | 증감 | '02 | '06 | % | 증감 | '02 | '06 | % | 증감 | '02 | '06 | % | 증감 |
| 서울 | 14 | 17 | 21 | ⇧ | 4 | 6 | 50 | ⇧ | 4 | 6 | 50 | ⇧ | 5 | 5 | 0 | ⇨ | 4 | 5 | 25 | ⇧ | 31 | 39 | 25.1 | ⇧ |
| 부산 | 1 | 1 | 0 | ⇨ | 1 | 1 | 0 | ⇨ | 7 | 7 | 0 | ⇨ | 1 | 1 | 0 | ⇨ | 0 | 0 | 0 | ⇨ | 10 | 10 | 0 | ⇨ |
| 대구 | 1 | 1 | 0 | ⇨ | 10 | 10 | 0 | ⇨ | 3 | 2 | -50 | ⇩ | / | / | | / | 0 | 0 | 0 | ⇨ | 14 | 13 | -7.6 | ⇩ |
| 인천 | 2 | 3 | 50 | ⇧ | 2 | 2 | 0 | ⇨ | 9 | 9 | 0 | ⇨ | / | / | | / | 0 | 0 | 0 | ⇨ | 13 | 14 | 7.6 | ⇧ |
| 광주 | 2 | 2 | 0 | ⇨ | 1 | 3 | 200 | ⇧ | 0 | 0 | 0 | ⇨ | 0 | 1 | 100 | ⇧ | 0 | 0 | 0 | ⇨ | 3 | 6 | 100 | ⇧ |
| 대전 | 4 | 4 | 0 | ⇨ | 5 | 5 | 0 | ⇨ | 1 | 10 | 900 | ⇧ | 2 | 2 | 0 | ⇨ | 0 | 0 | 0 | ⇨ | 12 | 21 | 75 | ⇧ |
| 울산 | / | / | | / | / | / | | / | 0 | 1 | 100 | ⇧ | | | | | 0 | 0 | 0 | ⇨ | 0 | 1 | 100 | ⇧ |
| 경기 | 5 | 6 | 20 | ⇧ | 2 | 2 | 0 | ⇨ | 13 | 14 | 7.7 | ⇧ | 4 | 5 | 25 | ⇧ | 2 | 2 | 0 | ⇨ | 26 | 29 | 11.2 | ⇧ |
| 강원 | 1 | 1 | 0 | ⇨ | 3 | 3 | 0 | ⇨ | 2 | 3 | 50 | ⇧ | / | / | | / | 1 | 1 | 0 | ⇨ | 7 | 8 | 14.2 | ⇧ |
| 충북 | 0 | 1 | 100 | ⇧ | 2 | 2 | 0 | ⇨ | 2 | 3 | 50 | ⇧ | | | | | 0 | 0 | 0 | ⇨ | 4 | 6 | 50 | ⇧ |
| 충남 | 2 | 2 | 0 | ⇨ | 1 | 1 | 0 | ⇨ | 4 | 5 | 25 | ⇧ | 1 | 1 | 0 | ⇨ | 1 | 1 | 0 | ⇨ | 9 | 10 | 11.1 | ⇧ |
| 전북 | 2 | 2 | 0 | ⇨ | 4 | 6 | 50 | ⇧ | 6 | 6 | 0 | ⇨ | / | / | | / | 0 | 0 | 0 | ⇨ | 12 | 14 | 16.7 | ⇧ |
| 전남 | 2 | 3 | 50 | ⇧ | 11 | 11 | 0 | ⇨ | 9 | 10 | 11.1 | ⇧ | 0 | 1 | 100 | ⇧ | 0 | 0 | 0 | ⇨ | 22 | 25 | 13.6 | ⇧ |
| 경북 | / | / | | / | 3 | 3 | 0 | ⇨ | 4 | 5 | 25 | ⇧ | 0 | 1 | 100 | ⇧ | 0 | 0 | 0 | ⇨ | 7 | 9 | 28.1 | ⇧ |
| 경남 | / | / | | / | 7 | 7 | 0 | ⇨ | 3 | 4 | 33.3 | ⇧ | 0 | 1 | 100 | ⇧ | 0 | 0 | 0 | ⇨ | 10 | 12 | 20 | ⇧ |
| 제주 | 1 | 5 | 400 | ⇧ | 1 | 1 | 0 | ⇨ | 2 | 8 | 50 | ⇧ | 0 | 0 | 0 | ⇨ | 0 | 0 | 0 | ⇨ | 4 | 14 | 250 | ⇧ |
| 계 | 33 | 47 | 42.4 | ⇧ | 57 | 63 | 11 | ⇧ | 69 | 93 | 47.6 | ⇧ | 11 | 18 | 64 | ⇧ | 8 | 9 | 11.5 | ⇧ | 178 | 230 | 36.3 | ⇧ |

출처: 보건복지부(2003, 2006). 전국종합사회복지관현황; 보건복지부(2001, 2006). 아동복지시설일람표; 보건복지부(2003, 2006). 노인복지시설현황.

북, 전남, 제주가 각각 증가하였고, 전국적으로는 33개소에서 47개소로 다소 높은 증가세(42.4%)를 보였다.

아동복지시설은 2002년 57개소였던 것이 2006년 63개소로 증가하였고(11% 증가), 양로원/요양원/실버타운과 노인종합복지관은 각각 47.6%, 64% 증가하였다. 장애인복지관은 4년 동안 전국적으로 단 한 곳을 위탁 운영하는 데 그쳐 11.5%의 증가율을 기록했다.

전체 기독교 사회복지시설은 2002년 178개소에서 2006년 230개소로 약 36.3% 증가되어 온 것으로 밝혀졌는데, 이는 2002년부터 2006년까지 종합복지관, 아동복지시설, 노인복지시설, 장애인복지관의 전체 증가율[13] 46.8%에는 상당 부분 미치지 못하는 것이었다. 이것은 기독교계의 사회복지시설 위탁운영에 대한 관심이 적지 않은 데도 실제 성과는 기대에 상당히 못 미치는 것을 보여 준다.

## (2) 천주교 사회복지시설 증감

천주교는 사회복지시설 전반에 걸친 증감세를 보였다. 종합사회복지관의 경우 2002년 33개소에서 2006년 38개소로 늘었고, 아동복지시설도 2002년 18개소에서 2006년 27개소로 대폭 늘었다. 양로원/요양원/실버타운 및 노인센터/노인종합복지관/노인회관의 경우는 전국적으로 각각 102%와 322%의 기록적인 증가율을 보인 것으로 파악되었다(〈표 3-4〉 참조).

---

13. 종합복지관은 2002년 353개소에서 2006년 394개소로, 아동복지시설은 271개소에서 281개소로, 노인복지시설은 524개소에서 1,028개소로, 그리고 장애인복지관은 95개소에서 122개소로 늘어나, 총 1,244개소에서 1,826개소로 46.8% 증가하였다(보건복지부(2003, 2006). 전국종합복지관현황, 전국아동복지시설현황, 노인복지시설현황, 장애인복지관현황).

〈표 3-4〉 2002년 대비 2006년 현재 천주교 사회복지시설 증감 현황

| | 종합사회복지관 | | | | 아동복지시설 | | | | 양로원/요양원/실버타운 | | | | 노인센터/노인종합복지관/노인회관 | | | | 장애인복지관 | | | | 전체 사회복지시설 증감 | | | |
|---|---|---|---|---|---|---|---|---|---|---|---|---|---|---|---|---|---|---|---|---|---|---|---|---|
| | '02 | '06 | % | 증감 | '02 | '06 | % | 증감 | '02 | '06 | % | 증감 | '02 | '06 | % | 증감 | '02 | '06 | % | 증감 | '02 | '06 | % | 증감 |
| 서울 | 8 | 9 | 13 | ⇧ | 8 | 8 | 0 | ⇨ | 3 | 7 | 133.3 | ⇧ | 4 | 7 | 75 | ⇧ | 4 | 5 | 25 | ⇧ | 27 | 36 | 33.3 | ⇧ |
| 부산 | 4 | 5 | 25 | ⇧ | 3 | 4 | 33 | ⇧ | 3 | 3 | 0 | ⇨ | 0 | 3 | 300 | ⇧ | 0 | 0 | 0 | ⇨ | 10 | 15 | 50 | ⇧ |
| 대구 | 6 | 6 | 0 | ⇨ | 1 | 4 | 300 | ⇧ | 1 | 1 | 0 | ⇨ | 0 | 1 | 100 | ⇧ | 0 | 0 | 0 | ⇨ | 8 | 12 | 50 | ⇧ |
| 인천 | 1 | 2 | 100 | ⇧ | 1 | 1 | 0 | ⇨ | 1 | 3 | 200 | ⇧ | 1 | 1 | 100 | ⇧ | 2 | 2 | 0 | ⇨ | 5 | 9 | 80 | ⇧ |
| 광주 | / | / | | / | / | 1 | 100 | ⇧ | 1 | 6 | 500 | ⇧ | 1 | 1 | 0 | ⇨ | 1 | 1 | 0 | ⇨ | 3 | 11 | 83.3 | ⇧ |
| 대전 | 1 | 1 | 0 | ⇨ | 1 | 1 | 0 | ⇨ | 0 | 1 | 100 | ⇧ | / | / | | / | 0 | 1 | 100 | ⇧ | 2 | 4 | 100 | ⇧ |
| 울산 | / | / | | / | / | / | | / | 0 | 9 | 900 | ⇧ | | | | | 0 | 1 | 100 | ⇧ | 0 | 10 | 1,000 | ⇧ |
| 경기 | 2 | 3 | 50 | ⇧ | 1 | 1 | 0 | ⇨ | 8 | 18 | 62.5 | ⇧ | 1 | 1 | 0 | ⇨ | 2 | 2 | 0 | ⇨ | 14 | 25 | 78.5 | ⇧ |
| 강원 | 2 | 2 | 0 | ⇨ | / | / | | / | 3 | 11 | 266.7 | ⇧ | 0 | 2 | 200 | ⇧ | 0 | 1 | 100 | ⇧ | 5 | 16 | 220 | ⇧ |
| 충북 | / | / | | / | / | / | | / | 5 | 7 | 40 | | 1 | 4 | 300 | ⇧ | 1 | 1 | 0 | ⇨ | 7 | 12 | 57 | |
| 충남 | 0 | 1 | 100 | ⇧ | 1 | 1 | 0 | ⇨ | 4 | 4 | 0 | ⇨ | 1 | 3 | 200 | ⇧ | 1 | 1 | 0 | ⇨ | 7 | 10 | 43 | ⇧ |
| 전북 | 3 | 3 | 0 | ⇨ | / | / | | / | 2 | 2 | 0 | ⇨ | 0 | 1 | 100 | ⇧ | 0 | 1 | 100 | ⇧ | 5 | 7 | 40 | ⇧ |
| 전남 | 4 | 4 | 0 | ⇨ | 1 | 1 | 0 | ⇨ | 2 | 3 | 50 | ⇧ | 0 | 2 | 200 | ⇧ | 1 | 1 | 0 | ⇨ | 8 | 11 | 37.5 | ⇧ |
| 경북 | 2 | 2 | 0 | ⇨ | 0 | 1 | 100 | ⇧ | 7 | 10 | 42.9 | ⇧ | 1 | 4 | 300 | ⇧ | 1 | 2 | 100 | ⇧ | 11 | 19 | 72.7 | ⇧ |
| 경남 | / | / | | / | 1 | 1 | 0 | ⇨ | 2 | 6 | 200 | ⇧ | 0 | 6 | 600 | ⇧ | 1 | 2 | 100 | ⇧ | 4 | 15 | 275 | ⇧ |
| 제주 | / | / | | / | / | / | | / | 1 | 1 | 0 | ⇨ | 0 | 2 | 200 | ⇧ | 0 | 0 | 0 | ⇨ | 1 | 3 | 200 | ⇧ |
| 계 | 33 | 38 | 15 | ⇧ | 18 | 27 | 28 | ⇧ | 43 | 87 | 102.3 | ⇧ | 9 | 38 | 322 | ⇧ | 14 | 21 | 50 | ⇧ | 117 | 207 | 76.9 | ⇧ |

출처: 보건복지부(2003, 2006). 전국종합사회복지관현황; 보건복지부(2001, 2006). 아동복지시설일람표; 보건복지부(2003, 2006). 노인복지시설현황.

장애인복지관의 경우도 전국적으로 14개소에서 21개소로 50% 증가세를 보였다. 전체적으로는 117개소에서 207개소로 76.9%가 증가하여 전체 사회복지기관 증가율인 46.8%를 훨씬 뛰어넘었다. 흥미롭게도 천주교의 사회복지시설 증가율인 76.9%는 지난 10년 동안의 종교인구 증가율(74.4%)과 상당히 유사한 양상을 보였다.

### (3) 불교 사회복지시설 증감

기독교와 천주교에 비하여 사회복지시설 운영 참여의 기반이 약한 불교는 최근 종교의 기반이 사회적 지지를 얻어내는 것에 있다는 것에 착안하여 종교의 사회적 영향력 확대에 상당한 관심과 실질적 노력을 기울여 왔다.[14] 종단적으로 사회복지시설 위탁운영에 적극적으로 참여할 뿐만 아니라 승가 대학생들과 포교사들에게 사회복지 과목을 이수케 하는 교육적 기반의 확충도 활발히 전개하고 있다. 이와 같은 노력에 힘입어 불교는 사회복지시설 전반에 걸쳐 기록적인 증가세를 보이고 있다(〈표 3-5〉 참조).

종합사회복지관의 경우 2002년 27개소였던 것이 2006년 60개소로 222% 증가하였고, 아동복지시설도 2002년 9개소에서 2006년 13개소로 44% 증가하였다. 양로원/요양원/실버타운의 경우도 2002년 44개소에서 2006년 116개소로 164%나 증가하였다. 노인센터/노인종합복지회관/노인회관의 경우는 2002년 8개소에서 2006년 32개소로 300% 증가하는 괄목할 만한 성과를 보였다. 그리고 장애인복지관의 경우도 2002년 6개소에서 2006년 12개소로 늘어 100% 성장률을 나타냈다(〈표 3-5〉 참조). 전체 불교 사회복지시설은 2002년 94개소에서 2006년 233개소로 147.7% 증가하여, 전체 사회복지시설 증가율인 46.8%를 약 5배 가까이 뛰어넘었다(〈표 3-5〉 참조). 불교 인구가 1995년 대비 2005년에 22.3% 증가한 것은 종교의 사회적 지지기반 확충을 목표로 하는 사회복지시설 운영참여 확대와 무관하지 않은 것으로 보인다. 불교는 지리적으로 사회와 분리되어 있는 경향이 강했으나 사회복지시설 운영을 통하여 사회 일반과의 간극을 줄이려는 노력을 의욕적으로 해 왔다. 그리하여 위의 조사가 보여 주는 것처럼 기록적 증가세를 보여 왔는데, 이러한 성과들은 사회 전반에 걸쳐 사찰과 사회 일반의 이질감을 줄이고 동질성

---

14. 이혜종, 불교사회복지의 방향(불교사회복지연구원 학술세미나, 2001).

을 확보하는 데 상당 부분 일조한 것으로 평가된다.

〈표 3-5〉 2002년 대비 2006년 현재 불교 사회복지시설 증감 현황

| | 종합사회복지관 | | | | 아동복지시설 | | | | 양로원/요양원/실버타운 | | | | 노인센터/노인종합복지관/노인회관 | | | | 장애인복지관 | | | | 전체 사회복지시설 증감 | | | |
|---|---|---|---|---|---|---|---|---|---|---|---|---|---|---|---|---|---|---|---|---|---|---|---|---|
| | '02 | '06 | % | 증감 | '02 | '06 | % | 증감 | '02 | '06 | % | 증감 | '02 | '06 | % | 증감 | '02 | '06 | % | 증감 | '02 | '06 | % | 증감 |
| 서울 | 5 | 22 | 340 | ⇧ | 4 | 4 | 0 | ⇨ | 1 | 6 | 500 | ⇧ | 4 | 14 | 250 | ⇧ | 1 | 3 | 200 | ⇧ | 15 | 49 | 226 | ⇧ |
| 부산 | 5 | 6 | 20 | ⇧ | / | / | | / | 3 | 5 | 67 | ⇧ | 0 | 1 | 100 | ⇧ | 0 | 0 | 0 | / | 8 | 12 | 50 | ⇧ |
| 대구 | 1 | 2 | 100 | ⇧ | / | / | | / | 2 | 8 | 300 | ⇧ | 0 | 2 | 200 | / | / | / | | / | 3 | 12 | 300 | ⇧ |
| 인천 | 0 | 1 | 100 | ⇧ | / | / | | / | 0 | 2 | 200 | ⇧ | 1 | 1 | 0 | ⇨ | / | / | | / | 1 | 4 | 300 | ⇧ |
| 광주 | 2 | 2 | 0 | ⇨ | / | / | | / | 0 | 3 | 300 | ⇧ | 0 | 1 | 100 | ⇧ | 0 | 1 | 100 | ⇧ | 2 | 7 | 250 | ⇧ |
| 대전 | 1 | 4 | 300 | ⇧ | 0 | 2 | 200 | ⇧ | 2 | 3 | 50 | ⇧ | 1 | 2 | 100 | ⇧ | 1 | 1 | 0 | ⇨ | 5 | 12 | 140 | ⇧ |
| 울산 | / | / | 67 | / | 0 | 1 | 100 | ⇧ | 0 | 2 | 200 | ⇧ | 0 | 1 | 100 | ⇧ | / | / | | / | 0 | 4 | 400 | ⇧ |
| 경기 | 3 | 5 | 33 | ⇧ | 1 | 1 | 0 | ⇨ | 13 | 20 | 54 | ⇧ | 0 | 2 | 200 | ⇧ | / | / | | / | 17 | 28 | 64.7 | ⇧ |
| 강원 | 3 | 4 | 0 | ⇧ | 1 | 2 | 100 | ⇧ | 4 | 7 | 75 | ⇧ | / | / | | / | 0 | 1 | 100 | ⇧ | 8 | 14 | 75 | ⇧ |
| 충북 | 1 | 1 | 0 | ⇨ | 0 | 1 | 100 | ⇧ | 1 | 2 | 100 | ⇧ | / | / | | / | / | / | | / | 3 | 5 | 66.7 | ⇧ |
| 충남 | 1 | 1 | 0 | ⇨ | / | / | | / | 1 | 5 | 400 | ⇧ | 0 | 2 | 200 | ⇧ | / | / | | / | 2 | 8 | 300 | ⇧ |
| 전북 | 0 | 5 | 500 | ⇧ | 0 | 1 | 100 | ⇧ | 1 | 19 | 1800 | ⇧ | 0 | 3 | 300 | ⇧ | / | / | | / | 1 | 28 | 2,700 | ⇧ |
| 전남 | 1 | 1 | 0 | ⇨ | / | / | | / | 3 | 7 | 133 | ⇧ | 2 | 2 | 0 | ⇨ | 1 | 1 | 0 | ⇨ | 7 | 11 | 57.1 | ⇧ |
| 경북 | 3 | 4 | 33 | ⇧ | 2 | 2 | 0 | ⇨ | 7 | 13 | 86 | ⇧ | / | / | | / | 1 | 3 | 200 | ⇧ | 13 | 22 | 69.2 | ⇧ |
| 경남 | 1 | 1 | 0 | ⇨ | 1 | 1 | 0 | ⇨ | 5 | 12 | 140 | ⇧ | 0 | 1 | 100 | ⇧ | 1 | 1 | 0 | ⇨ | 8 | 24 | 200 | ⇧ |
| 제주 | / | / | | / | / | / | | / | 1 | 2 | 100 | ⇧ | / | / | | / | / | / | | / | 1 | 2 | 100 | ⇧ |
| 계 | 27 | 60 | 222 | ⇧ | 9 | 13 | 44 | ⇧ | 44 | 116 | 164 | ⇧ | 8 | 32 | 300 | ⇧ | 6 | 12 | 100 | ⇧ | 94 | 233 | 147.8 | ⇧ |

출처: 보건복지부(2003, 2006). 전국종합사회복지관현황; 보건복지부(2001, 2006). 아동복지시설일람표; 보건복지부(2003, 2006). 노인복지시설현황; 사회복지법인 대한불교조계종사회복지재단, http://www.mahayana.or.kr; 사회복지법인 진각복지재단, http://jgo.or.kr; 원불교 사회복지지원정보센터, http://www.wonfare.or.kr.

〈표 3-6〉 2002년 대비 2006년 현재 불교 운영 어린이집, 청소년수련관, 자원봉사센터, 기타 전국 사회복지시설

| | 어린이집 | | | | 청소년수련관 | | | | 자원봉사센터 | | | | 기타(세탁소/쉼터/외국인 재활센터/전화상담센터) | | | |
|---|---|---|---|---|---|---|---|---|---|---|---|---|---|---|---|---|
| | '02 | '06 | % | 증감 | '02 | '06 | % | 증감 | '02 | '06 | % | 증감 | '02 | '06 | % | 증감 |
| 서울 | 72 | 103 | 43 | ⇧ | 2 | 2 | 0 | ⇨ | 0 | 2 | 200 | ⇧ | 5 | 11 | 120 | ⇧ |
| 부산 | 9 | 12 | 33 | ⇧ | 1 | 2 | 100 | ⇧ | | | | | / | / | / | / |
| 대구 | 3 | 5 | 67 | ⇧ | | | | / | 2 | 2 | 0 | ⇨ | 4 | 7 | 75 | ⇧ |
| 인천 | | | | / | 0 | 1 | 100 | ⇧ | | | | | 1 | 2 | 100 | ⇧ |
| 광주 | 2 | 5 | 150 | ⇧ | / | / | / | | 0 | 1 | 100 | ⇧ | / | / | / | |
| 대전 | 0 | 2 | 200 | ⇧ | | | | | | | | | | | | |
| 울산 | 0 | 2 | 200 | ⇧ | | | | | | | | | | | | |
| 경기 | 6 | 16 | 167 | ⇧ | 0 | 1 | 100 | ⇧ | | | | | 2 | 3 | 50 | ⇧ |
| 강원 | 7 | 10 | 43 | ⇧ | / | / | / | | 0 | 1 | 100 | ⇧ | 0 | 4 | 400 | ⇧ |
| 충북 | 1 | 5 | 400 | ⇧ | 0 | 2 | 200 | ⇧ | 2 | 5 | 150 | ⇧ | / | / | | ⇧ |
| 충남 | 0 | 2 | 200 | ⇧ | | | | | | | | | | | | |
| 전북 | 1 | 3 | 200 | ⇧ | | | | | | | | / | 0 | 11 | 1,100 | ⇧ |
| 전남 | 2 | 2 | 0 | ⇨ | | | | | | | | | | | | |
| 경북 | 5 | 7 | 40 | ⇧ | | | | | | | | | 0 | 1 | 100 | ⇧ |
| 경남 | 7 | 9 | 29 | ⇧ | 0 | 1 | 100 | ⇧ | 0 | 1 | 100 | ⇧ | / | / | | / |
| 제주 | 1 | 3 | 200 | ⇧ | / | / | / | | 0 | 1 | 100 | ⇧ | 1 | 1 | 0 | ⇨ |
| 계 | 116 | 186 | 60 | ⇧ | 3 | 9 | 200 | ⇧ | 4 | 13 | 225 | ⇧ | 13 | 40 | 208 | ⇧ |

출처: 사회복지법인 대한불교조계종사회복지재단, http://www.mahayana.or.kr; 사회복지법인 진각복지재단, http://jgo.or.kr; 원불교 사회복지지원정보센터, http://www.wonfare.or.kr; 천주교 66개 어린이집.

## (4) 기독교 · 천주교 · 불교 부랑인시설과 미신고시설 운영참여 현황

부랑인시설은 2006년 현재 전국적으로 38개소가 있는데, 기독교가 3개소(7.9%), 천주교가 10개소(26.3%), 불교가 2개소(5.2%)를 운영하고 있는 것으로 조사되었다(〈표 3-7〉 참조). 미신고시설은 전체 1,096개소 중 기독교가 577개소(56.6%), 천주교가 243개소(22.1%), 불교가 43개소

〈표 3-7〉 2006년 현재 부랑인시설 현황

| | 기독교 | 초교파 | 천주교 | 불교 | 일반 | 총계 |
|---|---|---|---|---|---|---|
| 서울특별시 | | | 1 | | 1 | 2 |
| 부산광역시 | | | 1 | | | 1 |
| 대구광역시 | | | | | | 0 |
| 인천광역시 | | | | | 1 | 1 |
| 광주광역시 | | | | | 1 | 1 |
| 대전광역시 | | | | | 1 | 1 |
| 울산광역시 | | | | | | 0 |
| 경기도 | | | 3 | | 2 | 5 |
| 강원도 | | | 1 | 1 | 1 | 3 |
| 충청북도 | | | 1 | | 1 | 2 |
| 충청남도 | | | | | 1 | 1 |
| 전라북도 | | 2 | 1 | 1 | | 4 |
| 전라남도 | | 1 | | | 5 | 6 |
| 경상북도 | | | 1 | | 1 | 2 |
| 경상남도 | 2 | 1 | 1 | | 3 | 7 |
| 제주도 | 1 | | | | 1 | 2 |
| 계 | 3(7.9%) | 4(10.5%) | 10(26.3%) | 2(5.2%) | 19(50%) | 38(100%) |

출처: 보건복지부(2005). 2005년 부랑인시설현황.

(3%)를 운영하고 있는 것으로 나타났다(〈표 3-9〉 참조).

　미신고시설은 인권문제와 사회복지서비스의 질적인 문제 때문에 정부의 신고시설 전환 요구가 강하여 2006년 10월까지 조건부 신고시설 전환 중인 곳을 제외하고 모두 폐쇄되었다. 2004년 조사에 의하면 전국적으로 1,096개소가 산재되어 있었는데, 그중 295개소만이 종교 주체가 존재하는 시설이었으나(〈표 3-8〉 참조) 실제로는 미신고시설 대부분이 종교적인 배경을 가지고 있는 것으로 나타났다(〈표 3-8〉 참조). 전체 미신고시설 중 기독교 배경을 가지고 있는 기독교 미신고시설의 경우

52%에 달하였고, 천주교 미신고시설은 22% 정도 되었다. 천주교 미신고시설이 지역교구의 감독하에 운영되고 있는 데 비해 기독교 미신고시설은 일반적으로 지역교회와의 연계 없이 개인적으로 운영되기 때문에 인적·물적 기반이 매우 약하다. 이에 기독교 배경을 가지고 있는 미신고 사회복지시설의 문제는 매우 심각하다 하겠다. 따라서 기독교 신앙에 바탕을 둔 미신고시설의 경우 신고시설로 전환하였다 하더라도 정상적인 사회복지시설로서의 면모를 갖추어 사회적 지지를 높일 수 있도록 지역교회의 지속적인 관심이 요구된다.

〈표 3-8〉 미신고 사회복지시설 전국 현황

| 구분 | 총계 | 노인 | 모자 | 부랑인 | 아동 | 장애인 | 정신 | 결핵 | 한센병 |
|------|------|------|------|--------|------|--------|------|------|--------|
| 개인 | 728 | 350 | 6 | 13 | 65 | 277 | 16 | | 1 |
| 법인 | 62 | 21 | 1 | 3 | 19 | 17 | 1 | | |
| 종교단체 | 295 | 126 | 7 | 20 | 43 | 94 | 2 | 3 | |
| 사회단체 | 3 | 1 | | | 2 | | | | |
| 기타 | 8 | 1 | | 1 | 2 | 4 | | | |
| 계 | 1,096 | 499 | 14 | 37 | 131 | 392 | 19 | 3 | 1 |

출처: 보건복지부(2004). 미신고복지시설 실태조사 현황, p. 5.

〈표 3-9〉 미신고 사회복지시설의 종교 주체 현황

| | 일반 | 기독교 | 천주교 | 불교 | 기타 종교 | 총계 |
|------|------|--------|--------|------|-----------|------|
| 시설 수 | 186 | 577 | 243 | 43 | 53 | 1,096 |
| 비율(%) | 16.9% | 52.6% | 22.1% | 3% | 4.8% | 100% |

출처: 보건복지부(2004). 2004 전국 미신고복지시설실태조사현황; 이재모(2004). 사회복지 민간부문에서 교회 사회복지 활동의 역할과 정체성. 사회복지정책 심포지엄자료. 서울가톨릭사회복지회·한국천주교사회복지위원회, p. 11.

## 3) 전국 광역시 · 도별 종교인구 증감 및 사회복지시설 증감 비교

### (1) 서울특별시 종교인구 변화 및 사회복지시설 증감 비교

서울특별시의 기독교 인구는 1995년 226만 7,580명에 비해 2005년 20.4% 감소한 222만 2,831명으로 조사되었다. 이는 서울특별시의 총인구가 4.7% 감소한 것과 비교할 때 심각한 수준의 감소라고 할 수 있다. 한편 천주교 인구는 56% 증가하였고, 불교 인구는 61% 감소한 것으로 나타났다.

사회복지시설은 기독교가 25.1% 증가하였고, 천주교와 불교는 각각 33.3%, 226% 증가하였다. 사회복지시설이 늘어났음에도 기독교 인구는 줄어든 것으로 보인다. 이는 종교의 사회봉사적 이미지에 민감한 젊은 층의 변화가 기독교의 사회복지시설 참여 증가와 무관하지 않다는 사실을 보여 준다. 실제로 20~29세 젊은 층의 경우 1995년 131만 811명이었던 것이 2005년 166만 5,111명으로 27% 증가한 것으로 나타났다. 따라서 서울시에서 사회복지시설에 대한 기독교의 꾸준한 참여는 젊은 층의 종교 선호도에 영향을 끼쳐 결과적으로 기독교 청년의 증가를 가져왔다고 볼 수 있는 개연성이 있다. 불교의 경우도 20~29세 젊은 층은 28.2%만 감소하여, 사회복지사업에 참여한 결과 전체 감소율(61%)이 상당히 줄어드는 데 기여하였다고 판단된다.

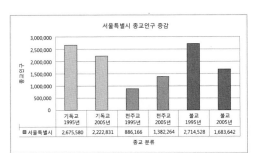
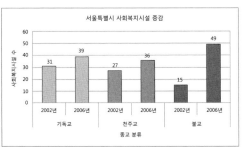

[그림 3-1] 서울특별시 종교인구 변화 및 사회복지시설 증감

### (2) 부산광역시 종교인구 변화 및 사회복지시설 증감 비교

1995년과 2005년 사이 부산광역시의 총인구는 8.5% 감소한 데 비하여 기독교 인구는 16.5%로 총인구 감소율의 두 배 가까이 감소 추세를 보였다. 그러나 천주교 인구와 불교 인구는 폭발적 증가를 보여 천주교는 45%, 불교는 210.3% 증가하였다.

흥미롭게도 부산 지역의 종교계 사회복지시설 증감도 종교인구 변화와 비슷한 양상을 띠고 있는데, 기독교의 경우 사회복지시설 증감이 없었고 천주교와 불교는 50%씩 시설이 증가하는 단면을 보였다.

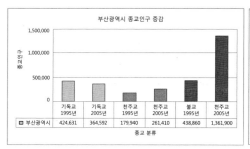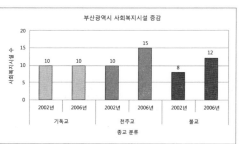

[그림 3-2] 부산광역시 종교인구 변화 및 사회복지시설 증감

### (3) 대구광역시 종교인구 변화 및 사회복지시설 증감 비교

1995~2005년 사이 대구광역시의 총인구는 0.4% 늘어난 것으로 나타났다. 반면 기독교 인구는 11.1%나 감소하였고, 천주교와 불교 인구는 각각 45.3%, 183% 증가하였다.

종교계 사회복지시설의 증감도 이와 비슷하여, 기독교는 사회복지시설이 7.6%나 감소한 데 비하여 천주교는 50%, 불교는 300% 증가하였다.

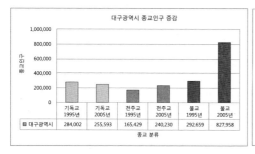

[그림 3-3] 대구광역시 종교인구 변화 및 사회복지시설 증감

## (4) 인천광역시 종교인구 변화 및 사회복지시설 증감 비교

인천광역시의 1995~2005년 총인구는 9.3% 증가하였다. 반면 기독교 인구는 5.5% 감소하였고, 천주교 인구는 66.5% 증가하였다. 불교 인구는 서울시에서와 마찬가지로 68.9%가 감소한 것으로 나타났다.

종교계의 사회복지시설 증감은 기독교는 거의 비슷한 수준을 유지하였고, 천주교는 80%, 불교는 300% 증가를 보였다.

서울시 종교인구 변화에서 살펴본 것처럼, 인천광역시 기독교 인구 중 20~29세 젊은 층은 23.5%나 감소하여 사회봉사에 대한 기독교의 참여 감소가 젊은 층에게도 상당히 부정적으로 작용한 것으로 생각된다. 불교의 경우는 불교 전체 인구가 68.9% 감소하였으나, 20~29세 젊

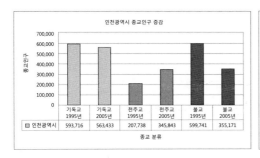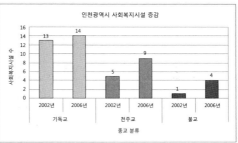

[그림 3-4] 인천광역시 종교인구 변화 및 사회복지시설 증감

은 층의 불교 인구는 인천광역시에서 12.5%만 감소하였다. 이로써 젊은 층의 불교에 대한 관심요건이 불교의 사회봉사 참여에 의해 상당 부분 할애되고 있음을 볼 수 있다.

### (5) 광주광역시 종교인구 변화 및 사회복지시설 증감 비교

광주광역시의 1995~2005년 총인구는 12.5% 증가하였다. 기독교 인구도 2.1% 소폭 증가하였고, 천주교 인구는 60%나 증가하였다. 대도시 지역의 감소세가 두드러진 불교 인구는 광주에서도 상당하여 32.3%나 감소하였다.

사회복지시설은 각각 기독교 100%, 천주교 83.9%, 불교 250% 증가한 것으로 조사되었다. 기독교계의 사회복지시설 증가 정도에 비해 기독교 인구의 증가가 크게 못 미치지만 긍정적 역할을 하였다고 볼 수 있을 것이다. 기독교 인구 중 청년층(20~29세)은 지난 10년간 18.5% 증가하여 전체 증가 2.1%를 크게 앞지르는 양상을 보였다. 광주시의 불교 전체 인구는 32.3% 감소하였으나 20~29세 청년층의 불교 인구는 10.7% 감소한 것으로 나타나, 불교계의 사회복지 참여가 젊은 층의 불교에 대한 긍정적 평가를 이끌어 내는 데 다소 기여하였다고 판단된다.

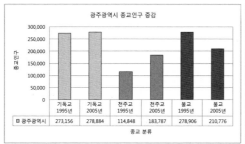
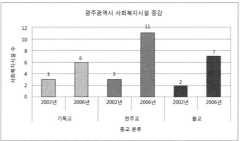

[그림 3-5] 광주광역시 종교인구 변화 및 사회복지시설 증감

### (6) 대전광역시 종교인구 변화 및 사회복지시설 증감 비교

1995~2005년 대전의 총인구는 13.2% 증가하였다. 그리고 기독교 인구는 9.9%, 천주교 인구는 84.8%, 불교 인구는 16.7% 증가한 것으로 나타났다.

사회복지시설은 기독교가 75% 성장하였고, 천주교는 100%, 불교는 140% 각각 성장하였다. 대전 지역이 사회복지시설의 증가가 두드러졌고 기독교 인구의 증가도 경기도 다음으로 높았던 것을 감안한다면 사회봉사에 대한 기여와 기독교 인구의 증가의 상관관계를 충분히 유추할 수 있다. 아울러 불교 인구의 성장 폭도 불교 사회복지시설 증가와 무관하지 않을 것이다.

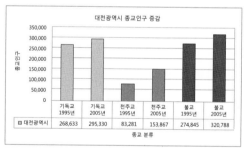
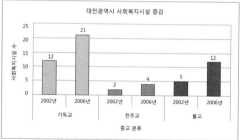

[그림 3-6] 대전광역시 종교인구 변화 및 사회복지시설 증감

### (7) 경기도 종교인구 변화 및 사회복지시설 증감 비교

1995~2005년 경기도의 총인구는 35.4% 성장하였다. 같은 기간 기독교 인구는 전국에서 가장 높은 25%의 성장률을 보였고, 천주교 인구는 118% 증가하였다. 반면 불교 인구는 3.2% 소폭 감소한 것으로 조사되었다.

사회복지시설은 기독교가 11.2% 증가하였고, 천주교가 78.5%, 불교가 64.7% 증가하였다. 종교인구 증가 그래프와 사회복지시설 증가 그래프의 경우 기독교와 천주교는 상당히 비슷한 양상을 보였다. 불교 인구의 경우 서울 불교 인구의 큰 폭의 감소와 비교한다면 매우 소폭의 감소에 해당하며, 특별히 20~29세 젊은 층에서 526%의 기록적 성장을 보인 것은 사회봉사에 대한 불교계의 노력과 무관하지 않은 것으로 여겨진다.

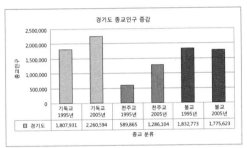 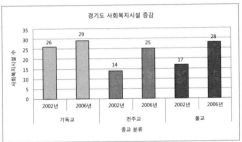

[그림 3-7] 경기도 종교인구 변화 및 사회복지시설 증감

## (8) 강원도 종교인구 변화 및 사회복지시설 증감 비교

1995~2005년 강원도의 총인구는 0.3% 감소하였다. 같은 기간 기독교 인구는 이보다 15배나 높은 4.7% 감소하였고, 반면 천주교 인구는 76.6%, 불교 인구는 40.5% 각각 증가하였다.

사회복지시설의 경우 기독교가 10년 동안에 단 1개소의 증설이 있었는 데 비하여, 천주교는 15개소를 증설 혹은 위탁 운영하여 220% 증가하였고, 불교는 75% 증가율을 보였다. 강원도에서도 천주교와 불교의 사회복지시설 운영 활성화가 두드러졌고, 기독교는 상당히 침체된 양상을 보였다. 이러한 양상은 종교인구에도 그대로 반영되어 오직 기독교만이 감소 추세를 보였다.

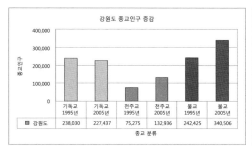

[그림 3-8] 강원도 종교인구 변화 및 사회복지시설 증감

## (9) 충청북도 종교인구 변화 및 사회복지시설 증감 비교

충청북도에서는 1995~2005년에 총인구가 4.2% 증가하였고, 기독교 인구는 3.8%, 천주교 인구는 64.8%, 불교 인구는 61.8% 증가하였다.

사회복지시설 부문은 기독교가 2개소의 사회복지시설을 증설하는 데 그친 반면, 천주교는 57%, 불교는 66.7% 사회복지시설의 증설 혹은 위탁운영 추세를 보였다.

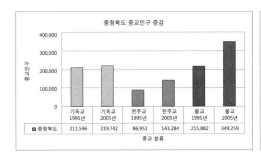
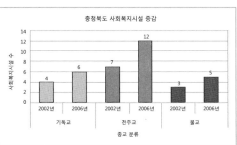

[그림 3-9] 충청북도 종교인구 변화 및 사회복지시설 증감

## (10) 충청남도 종교인구 변화 및 사회복지시설 증감 비교

1995년과 2005년 사이 충청남도 총인구는 6.5% 증가한 것으로 조사 되었다. 기독교 인구도 8.7% 성장하였고, 천주교 인구는 104.7%, 그리고 불교 인구는 14% 성장하였다.

사회복지시설 부문은 기독교가 1개소 증설한 데 그친 반면, 천주교는 43%, 불교는 300% 증설한 것으로 조사되었다.

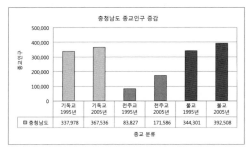 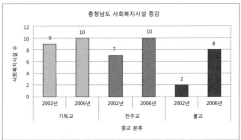

[그림 3-10] 충청남도 종교인구 변화 및 사회복지시설 증감

### (11) 전라북도 종교인구 변화 및 사회복지시설 증감 비교

전라북도는 1995년과 2005년 사이에 총인구가 6.8% 줄었다. 같은 기간에 기독교 인구는 7.5% 감소하였으나, 천주교 인구는 78.2% 성장하였고, 불교 인구는 96.1%의 높은 성장을 보였다. 인구 감소에도 불구하고 천주교 인구와 불교 인구의 높은 성장세는 눈여겨볼 만하다.

이런 종교인구 증감 현황과 비슷하게, 사회복지시설의 증감에서도 기독교는 지난 10년 동안 2개소 증설에 그친 반면, 천주교와 불교는 각각 40%, 2,700%의 사회복지시설 증설 혹은 위탁운영 실적을 기록하였다.

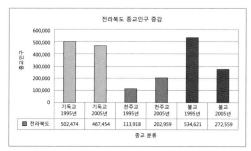 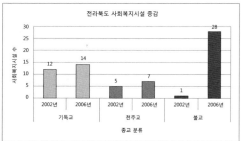

[그림 3-11] 전라북도 종교인구 변화 및 사회복지시설 증감

## (12) 전라남도 종교인구 변화 및 사회복지시설 증감 비교

1995년과 2005년 사이에 전라남도의 총인구는 13.8%나 감소하였다. 기독교 인구도 같은 기간 동안 6.6% 감소하였고, 불교 인구도 41.2%로 크게 감소하였다. 그러나 천주교 인구는 77.8%의 성장을 기록하였다.

같은 기간 동안 사회복지시설 부문의 증감에서 기독교는 3개소를 늘려 13.6%의 성장세를 보였다. 이에 비해 천주교는 37.5%, 불교는 51.1% 성장하였다.

전라남도는 기독교가 운영하는 사회복지시설이 천주교와 불교 사회복지시설을 합한 것과 비슷할 정도로 기독교계의 역할이 두드러진 지역이다. 따라서 불교 사회복지시설의 증가율은 높으나 실질적인 증가 수는 기독교 사회복지시설에 비하여 상당히 낮다는 사실을 기억할 필요가 있다.

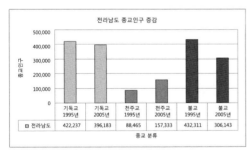

[그림 3-12] 전라남도 종교인구 변화 및 사회복지시설 증감

## (13) 경상북도 종교인구 변화 및 사회복지시설 증감 비교

1995년과 2005년 사이 경상북도의 총인구는 3% 감소하였다. 기독교 인구는 9.5% 감소하여 총인구 감소율보다 3배 이상 감소하였다. 천주교 인구는 77% 증가하였고, 불교는 164.3%의 고도 성장률을 보였다.

사회복지시설은 기독교가 지난 10년 동안 2개소를 증설하는 데 그쳤으나, 천주교는 275%, 불교는 69.2%의 성장을 보였다.

경상북도의 기독교 인구의 열세와 감소 추세 양상은 대구광역시와 비슷한데, 사회복지시설의 운영도 천주교와 불교의 노력에 비하여 훨씬 뒤떨어지고 있다.

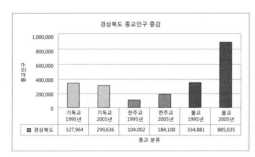 

[그림 3-13] 경상북도 종교인구 변화 및 사회복지시설 증감

## (14) 경상남도, 울산광역시 종교인구 변화 및 사회복지시설 증감 비교

1995년과 2005년 사이 경상남도의 총인구는 26.3% 감소한 것으로 나타났다. 이러한 감소세는 울산이 1997년 광역시로 승격함에 따라 약 30%의 인구 감소분이 존재하는 것으로 이해할 수 있다. 이런 상황과 함께 기독교 인구는 35% 감소하였으나, 천주교 인구는 27.7% 증가하였고, 불교 인구는 238%로 기록적으로 증가하였다.

같은 기간 동안 사회복지시설의 증감에서 울산광역시의 증감분을 감안할 때 기독교는 11.5%의 시설운영 증가가 있었고, 천주교는 525%, 불교는 250% 각각 증가하였다. 이는 기독교계가 울산광역시와 경상남도의 사회복지시설 운영과 사회봉사적 노력에 관심을 덜 보이는 사이 천주교계와 불교계의 약진이 매우 두드러진 것으로 파악되고, 이러한 상황이 종교인구 증감에도 반영된 것으로 이해된다.

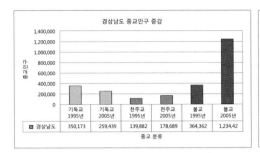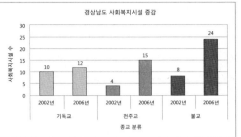

[그림 3-14] 경상남도 종교인구 변화 및 사회복지시설 증감

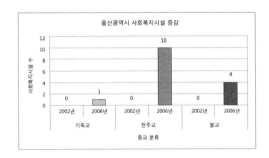

[그림 3-15] 울산광역시 사회복지시설 증감

## (15) 제주도 종교인구 변화 및 사회복지시설 증감 비교

1995년과 2005년 사이에 제주도의 총인구는 5.6% 증가하였다. 반면 기독교 인구는 1.7% 감소하였고, 천주교와 불교 인구는 각각 74.4%, 300.6% 증가하였다.

사회복지시설 부문에서는 같은 기간에 기독교는 250%, 천주교는 200%, 그리고 불교는 100% 증가하였다. 천주교와 불교는 사회복지시설의 증가와 종교인구의 증가가 비교적 비슷한 양상을 보였다. 그러나 기독교는 전국의 다른 지역에 비하여 제주도에서 사회복지시설 참여 증가가 두드러지는데도 기독교 인구 증가와 연계되지 않고 있다. 이것은 청년층 종교인구 중 기독교 인구가 1995년 대비 2005년에 61% 이상 감소한 것을 고려하면 어느 정도 이해할 수 있다. 즉, 기독교회가 사회복지시설 운영 참여에 노력을 기울이고 있으나, 그런 노력들이 청년층 (사회 일반)으로부터 긍정적인 평가를 얻어내는 데는 아직 유효하지 못하다고 생각할 수 있다.

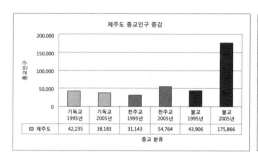 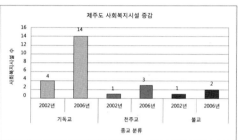

[그림 3-16] 제주도 종교인구 변화 및 사회복지시설 증감

## 4) 교회의 사회적 지지기반으로서의 교회 사회봉사(사회복지시설 운영 참여)

그리스도인의 봉사적·실천적 삶은 신앙인의 필연적인 거듭남의 외적 증거라 볼 수 있고, 교회의 사회봉사와 사회복지시설 운영 참여는 거듭난 사회복지 전문인들을 포함하고 있는 교회의 시대적 요청에 부응하는 것이라 할 수 있다. 거듭난 그리스도인의 당연한 봉사적 삶의 모습이 전문적 사회복지 실천의 역량으로 모아진다면 교회의 사회적 지지기반은 자연스럽게 확보할 수 있을 것이다.

향후 선진복지 역량강화를 위해서는 사회복지시설의 확대가 필연적이므로 전국적으로 다양한 형태의 사회복지시설의 증편은 예고된 사실이라 할 수 있다. 교회는 사회적 지지기반 확대의 필요성 때문만이 아니라 그 본질적 사명의 일부분으로서 사회봉사의 기회를 지속적으로 만들고 찾아야 할 것이다. 이러한 필요충분조건을 고려하고 교회인구 감소 지역을 염두에 두면서 향후 증편될 사회복지시설의 필요성을 동시에 생각한다면 기독교의 사회적 역량강화와 궁극적인 교회 부흥을 이끌어 내는 데 기여할 단초를 마련할 수 있을 것이다.

### (1) 기독교 인구 감소 지역, 교회 수를 고려한 사회복지시설 부족 지역의 운영 · 설립 참여

전국 광역시 · 도별 사회복지시설 부족 지역을 산출하려면 인구 만 명당 사회복지시설 수를 살펴보고 전국 평균 이하 지역이 어디인지 보는 것이 도움이 될 것이다. 사회복지시설 수가 전국평균 이하인 곳은 〈표 3-10〉에서 볼 수 있는 것처럼 기독교 인구가 감소한 서울, 부산, 대구, 대전, 울산, 강원도, 전라남도 등으로, 향후 사회복지시설의 증편이 기본적으로 필요한 지역이다. 나아가 10~29세 기독교 인구가 현저히 감소한 경북, 서울, 강원도, 제주, 전남, 대구, 부산(〈표 3-11〉 참조)은 모두 사회복지시설 수가 부족한 곳(전체 16곳 중 하위 9곳)이기에 선교적 전략에서도 우위에 두고 교회들이 노력할 필요가 있다. 뿐만 아니라 인구 만 명당 사회복지시설이 가장 많은 곳은 제주도의 0.47개소밖에 되지 않기 때문에(〈표 3-12〉 참조) 사실상 전국적인 사회복지시설의 증설이 필요한 것으로 이해된다. 기독교계는 기독교 인구 감소 지역과 사회복지시설의 부족 지역을 서로 비교하여 사회복지시설 운영에 대한 참여를 계획할 수 있을 것이다.

특별히 예장총회의 경우 전국 교회 분포가 경기, 서울, 전남, 전북에 몰려 있는 양상이고 그 밖의 지역은 현저하게 그 수가 떨어진다(〈표 3-13〉 참조). 우선 교회의 역량이 높다고 할 수 있는 경기, 서울, 전남은 사회복지시설의 수가 전국적으로 매우 부족한 지역으로 분류된다. 따라서 교회들의 선교적 참여와 계획이 동반된다면 이웃을 돌보는 사역의 전문 분야에 적극적인 참여가 가능할 것으로 보인다. 전국적으로 교회

분포 수가 상대적으로 적은 제주, 울산, 강원, 대구, 부산, 경남, 경북 지역은 기독교 인구 증감에 있어 기독교계 전체의 취약 지역(〈표 3-10〉〈표 3-11〉 참조)이다. 따라서 지역사회 속에 깊이 뿌리 내린 애정을 가진 교회들이 되어 폭발적인 선교부흥운동이 가능하도록 하기 위해 선교적 측면에서 이웃을 위하는 사회복지 시설 및 기관의 운영 참여에 적극성을 띨 필요가 있다. 지역교회들이 사회복지적 활동을 잘해 낼 수 있도록 교회와 총회의 전문적인 도움이 요청된다.

〈표 3-10〉 1995년 대비 2005년 기독교 인구 증감 전국 지도

| 순위 | 광역시·도 | 증감 정도 | 증감 표시 |
|---|---|---|---|
| 1 | 경기도 | +25 | ⇧ |
| 2 | 대전광역시 | +9.9 | ⇧ |
| 3 | 충청남도 | +8.7 | ⇧ |
| 4 | 충청북도 | +3.9 | ⇧ |
| 5 | 광주광역시 | +2.1 | ⇧ |
| 6 | 강원도 | -4.7 | ⇩ |
| 7 | 인천광역시 | -5.4 | ⇩ |
| 8 | 전라남도 | -6.6 | ⇩ |
| 9 | 전라북도 | -7.5 | ⇩ |
| 10 | 경상북도 | -9.5 | ⇩ |
| 11 | 제주도 | -10.6 | ⇩ |
| 12 | 대구광역시 | -11.1 | ⇩ |
| 13 | 부산광역시 | -16.5 | ⇩ |
| 14 | 서울특별시 | -20.4 | ⇩ |
| 15 | 경상남도 | -35 | ⇩ |
| 16 | 울산광역시* | | |

| 1995~2005년 기독교 인구 증감 | |
|---|---|
| 20% 이상 증가 | |
| 9~19.9% 증가 | |
| 1~8.99% 증가 | |
| -1~-19.9% 감소 | |
| -20~35% 감소 | |

* 울산광역시는 1997년 광역시로 승격되어 1995년 자료가 존재하지 않는다.

〈표 3-11〉 1995~2005년 20~29세 기독교 인구 증감 전국 지도

| 1995~2005년 20~29세 기독교 인구 증감 |
| --- |
| −10% 이하 |
| −20% 이하 |
| −30% 이하 |
| −40% 이하 |
| −50% 이상 |

| 순위 | 광역시·도 | 1995년 기독교 20~29세 청년인구 | 2005년 기독교 20~29세 청년인구 | 증감 정도 | 증감 표시 |
| --- | --- | --- | --- | --- | --- |
| 1 | 경기도 | 320,372 | 318,981 | −4.6 | ⇩ |
| 2 | 대전광역시 | 53,109 | 47,933 | −10.7 | ⇩ |
| 3 | 충청남도 | 56,065 | 47,911 | −17 | ⇩ |
| 4 | 광주광역시 | 54,840 | 45,566 | −20.3 | ⇩ |
| 5 | 인천광역시 | 103,018 | 83,444 | −23.4 | ⇩ |
| 6 | 충청북도 | 39,055 | 31,007 | −25.9 | ⇩ |
| 7 | 전라북도 | 89,008 | 6,920 | −28.6 | ⇩ |
| 8 | 경상북도 | 60,006 | 40,446 | −32.4 | ⇩ |
| 9 | 서울특별시 | 555,693 | 408,649 | −35.9 | ⇩ |
| 10 | 강원도 | 41,988 | 30,573 | −37.3 | ⇩ |
| 11 | 제주도 | 8,374 | 5,196 | −39 | ⇩ |
| 12 | 전라남도 | 67,712 | 43,167 | −43.2 | ⇩ |
| 13 | 대구광역시 | 62,681 | 40,628 | −45.8 | ⇩ |
| 14 | 부산광역시 | 87,480 | 59,301 | −47.5 | ⇩ |
| 15 | 경상남도 | 65,715 | 33,266 | −49.4 | ⇩ |
|  | 전체 | 1,665,116 | 1,242,988 | −33.9 | ⇩ |

* 20~29세 총인구는 1995~2005년 사이 15.1% 감소하였다.

〈표 3-12〉 전국 사회복지시설 분포지도

|  |  | 2005년 총인구 | 인구 만 명당 사회복지시설 수 |
|---|---|---|---|
|  | 전체 | 47,041,434 | 0.474 |
| 1 | 제주도 | 1,438,551 | 0.4504 |
| 2 | 광주광역시 | 1,778,879 | 0.3926 |
| 3 | 충청남도 | 1,815,174 | 0.3923 |
| 4 | 전라북도 | 530,686 | 0.3714 |
| 5 | 경상남도 | 3,040,993 | 0.342 |
| 6 | 경상북도 | 1,879,417 | 0.34 |
| 7 | 충청북도 | 1,413,644 | 0.3113 |
| 8 | 인천광역시 | 2,594,719 | 0.3107 |
| 9 | 전라남도 | 2,517,680 | 0.3082 |
| 10 | 대구광역시 | 1,044,934 | 0.2924 |
| 11 | 대전광역시 | 2,456,016 | 0.2828 |
| 12 | 부산광역시 | 1,453,872 | 0.2471 |
| 13 | 강원도 | 1,460,770 | 0.2417 |
| 14 | 경기도 | 3,512,547 | 0.1158 |
| 15 | 서울특별시 | 10,341,006 | 0.1156 |
| 16 | 울산광역시 | 9,762,546 | 0.3117 |

| 인구 만 명당 사회복지시설 수 | |
|---|---|
| 0.1~0.199 | |
| 0.2~0.29 | |
| 0.3~0.39 | |
| 0.4 이상 | |

〈표 3-13〉 대한예수교 장로회(합동) 전국 광역시 · 도별 교회 현황

| 교회 수 | |
|---|---|
| 299 이하 | |
| 300~499 | |
| 500~999 | |
| 1,000 이상 | |

## (2) 광역시 · 도 사회복지시설 부족 지역의 세부 구분

다음 사항은 광역시 · 도의 사회복지시설이 인구 만 명당 사회복지
시설 1개소의 평균 수준에 미달하는 지역을 정리하였다. 따라서 전국
광역시 · 도 중에서 아래 평균 이하 지역은 사회복지시설의 증설이 요
청되는 곳이므로 향후 지역사회복지사업을 계획할 때 기초 자료로 사
용할 수 있을 것이다.

### ① 서울특별시 사회복지시설 수 평균 이하 지역

| 서울특별시 | 성동구 | 0.06 |
|---|---|---|
| | 광진구 | 0.03 |
| | 중랑구, 서초구 | 0.05 |
| | 평균 | 0.18 |

출처: 건설교통부 국토지리정보원(2007). 인구 만 명당 사회복지시설 수.
http://nationalatlas.ngii.go.kr/atlas/ngiatlas/ngiatlas.html

서울의 경우 성동구, 광진구, 중랑구, 서초구가 사회복지시설의 서울
평균에 못 미치는 것으로 조사되었다.

### ② 부산광역시 사회복지시설 수 평균 이하 지역

| 부산광역시 | 동구 | 0.19 |
|---|---|---|
| | 부산진구 | 0.07 |
| | 남구 | 0.17 |
| | 북구 | 0.15 |
| | 해운대구 | 0.21 |
| | 사하구 | 0.24 |
| | 사상구 | 0.15 |
| | 평균 | 0.32 |

출처: 건설교통부 국토지리정보원(2003). 인구 만 명당 사회복지시설 수.
http://nationalatlas.ngii.go.kr/atlas/ngiatlas/ngiatlas.html

부산의 경우 동구, 부산진구, 남구, 북구, 해운대구, 사하구, 사상구 등 거의 모든 지역이 사회복지시설의 증편이 필요한 지역으로 조사되었다. 지난 10년간 기독교 인구의 광범위한 감소를 고려할 때, 부산광역시는 교회들의 관심이 매우 필요한 지역이라 할 수 있다.

### ③ 대구광역시 사회복지시설 수 평균 이하 지역

| | | |
|---|---|---|
| 대구광역시 | 서구 | 0.29 |
| | 북구 | 0.21 |
| | 달성구 | 0.08 |
| | 평균 | 0.35 |

출처: 건설교통부 국토지리정보원(2007). 인구 만 명당 사회복지시설 수.
http://nationalatlas.ngii.go.kr/atlas/ngiatlas/ngiatlas.html

대구는 서구, 북구, 달성구가 대구 지역 사회복지시설의 평균 이하 지역으로 나타났다. 대구 지역의 기독교 인구 감소가 큰 만큼 이들 지역에 대한 특별한 관심이 요청된다.

### ④ 인천광역시 사회복지시설 수 평균 이하 지역

| | | |
|---|---|---|
| 인천광역시 | 남구 | 0.22 |
| | 동구 | 0.13 |
| | 남동구 | 0.14 |
| | 계양구 | 0.06 |
| | 평균 | 0.31 |

출처: 건설교통부 국토지리정보원(2007). 인구 만 명당 사회복지시설 수.
http://nationalatlas.ngii.go.kr/atlas/ngiatlas/ngiatlas.html

수도권이면서도 전반적인 사회복지시설 증편의 요청 지역이라 할 수 있는 인천광역시에서는 동구, 남구, 남동구, 계양구 등이 평균 이하 지역으로 나타났다.

⑤ 광주광역시 사회복지시설 수 평균 이하 지역

| 광주광역시 | 북구 | 0.06 |
|---|---|---|
| | 서구 | 0.48 |
| | 광산구 | 0.29 |
| | 평균 | 0.51 |

출처: 건설교통부 국토지리정보원(2007). 인구 만 명당 사회복지시설 수.
http://nationalatlas.ngii.go.kr/atlas/ngiatlas/ngiatlas.html

광주는 서구, 북구, 광산구 등이 사회복지시설 평균 수에 상당히 못
미치는 지역으로 나타났다.

⑥ 대전광역시 사회복지시설 수 평균 이하 지역

| 대전광역시 | 유성구 | 0.35 |
|---|---|---|
| | 중구 | 0.37 |
| | 대덕구 | 0.37 |
| | 평균 | 0.46 |

출처: 건설교통부 국토지리정보원(2007). 인구 만 명당 사회복지시설 수.
http://nationalatlas.ngii.go.kr/atlas/ngiatlas/ngiatlas.html

대전광역시의 경우도 중구, 유성구, 대덕구가 향후 사회복지시설의
증편이 시급히 요청되는 지역이다.

⑦ 울산광역시 사회복지시설 수 평균 이하 지역

| 울산광역시 | 중구 | 0.34 |
|---|---|---|
| | 남구 | 0.06 |
| | 동구 | 0.16 |
| | 평균 | 0.35 |

출처: 건설교통부 국토지리정보원(2007). 인구 만 명당 사회복지시설 수.
http://nationalatlas.ngii.go.kr/atlas/ngiatlas/ngiatlas.html

울산광역시는 1995년 총인구조사 이후 1997년 광역시로 승격되어 기독교 인구의 증감을 통계적으로 파악하기 어려우나, 경상도 지역의 전반적 감소를 고려할 때 감소해 온 지역으로 분류할 수 있을 것이다. 따라서 중구, 남구, 동구 등 사회복지시설 부족 지역에 대한 교회의 참여가 활발히 전개되기를 기대한다.

⑧ 경기도 사회복지시설 수 평균 이하 지역

| | | |
|---|---|---|
| | 수원시 | 0.31 |
| | 성남시 | 0.15 |
| | 시흥시 | 0.37 |
| | 안산시 | 0.34 |
| | 광명시 | 0.16 |
| 경기도 | 군포시 | 0.32 |
| | 의왕시 | 0.59 |
| | 하남시 | 0.29 |
| | 용인시 | 0.47 |
| | 김포시 | 0.41 |
| | 평균 | 0.50 |

출처: 건설교통부 국토지리정보원(2007). 인구 만 명당 사회복지시설 수.
http://nationalatlas.ngii.go.kr/atlas/ngiatlas/ngiatlas.html

예상 외로 경기도 지역이 사회복지시설의 증편 요구가 많을 것으로 전망되는데, 자료에 나타난 것처럼 수원, 성남, 안양, 의정부, 부천, 광명, 안산, 고양, 구리, 남양주, 시흥, 군포, 의왕, 하남, 용인, 파주, 김포, 화성, 연천군 등 매우 광범위하게 사회복지시설의 증설이 필요한 것으로 나타났다.

특별히 경기도는 전국적인 인구 감소에도 불구하고 인구 유입이 가장 큰 곳이기에 사회복지시설도 가장 크게 증가할 것으로 예상된다.

⑨ 강원도 사회복지시설 수 평균 이하 지역

| | | |
|---|---|---|
| 강원도 | 춘천시 | 0.84 |
| | 원주시 | 0.93 |
| | 동해시 | 0.51 |
| | 태백시 | 0.39 |
| | 평창군 | 0.68 |
| | 철원군 | 0.63 |
| | 고성군 | 0.65 |
| | 평균 | 0.95 |

출처: 건설교통부 국토지리정보원(2007). 인구 만 명당 사회복지시설 수.
http://nationalatlas.ngii.go.kr/atlas/ngiatlas/ngiatlas.html

기독교 인구의 큰 감소 지역인 강원도의 경우에도 동해, 속초, 삼척, 횡성, 영월, 평창, 정선, 철원, 양구, 고성 등 비교적 많은 지역이 사회복지시설 증편이 요청된다.

⑩ 충청북도 사회복지시설 수 평균 이하 지역

| | | |
|---|---|---|
| 충청북도 | 청주시 | 0.39 |
| | 충주시 | 0.92 |
| | 증평군 | 0.32 |
| | 평균 | 0.96 |

출처: 건설교통부 국토지리정보원(2007). 인구 만 명당 사회복지시설 수.
http://nationalatlas.ngii.go.kr/atlas/ngiatlas/ngiatlas.html

충청북도는 청주, 충주, 증평 등이 사회복지시설의 평균 이하 지역으로 분류되었다.

⑪ 충청남도 사회복지시설 수 평균 이하 지역

| | | |
|---|---|---|
| 충청남도 | 천안시 | 0.5 |
| | 아산시 | 0.66 |
| | 서산시 | 0.26 |
| | 계룡시 | 0.26 |
| | 부여군 | 0.64 |
| | 태안군 | 0.32 |
| | 당진군 | 0.36 |
| | 평균 | 0.74 |

출처: 건설교통부 국토지리정보원(2007). 인구 만 명당 사회복지시설 수.
http://nationalatlas.ngii.go.kr/atlas/ngiatlas/ngiatlas.html

충청남도는 천안, 아산, 서산, 계룡, 부여, 태안, 당진 등이 사회복지
시설 평균 이하 지역으로 나타났다.

⑫ 전라북도 사회복지시설 수 평균 이하 지역

| | | |
|---|---|---|
| 전라북도 | 전주시 | 0.69 |
| | 무주군 | 0.75 |
| | 순창군 | 0.93 |
| | 부안군 | 0.48 |
| | 평균 | 1.09 |

출처: 건설교통부 국토지리정보원(2007). 인구 만 명당 사회복지시설 수.
http://nationalatlas.ngii.go.kr/atlas/ngiatlas/ngiatlas.html

전라북도의 경우에는 전주, 무주, 순창, 부안 등 지역이 사회복지시
설의 증설이 필요하다.

⑬ 전라남도 사회복지시설 수 평균 이하 지역

| | 광양시 | 0.21 |
|---|---|---|
| | 여수시 | 0.67 |
| | 순천시 | 0.48 |
| | 고흥군 | 0.63 |
| 전라남도 | 구례군 | 0.35 |
| | 완도군 | 0.53 |
| | 영암군 | 0.48 |
| | 보성군 | 0.39 |
| | 화성군 | 0.69 |
| | 평균 | 0.77 |

출처: 건설교통부 국토지리정보원(2007). 인구 만 명당 사회복지시설 수.
http://nationalatlas.ngii.go.kr/atlas/ngiatlas/ngiatlas.html

　　전라남도의 경우는 광양, 구례, 고흥, 보성, 화순, 완도, 영암 등이 향후 사회복지시설 증대가 예상되는 지역이라고 볼 수 있다.

⑭ 경상북도 사회복지시설 수 평균 이하 지역

| | 포항시 | 0.35 |
|---|---|---|
| | 구미시 | 0.13 |
| | 경산시 | 0.33 |
| 경상북도 | 양양군 | 0.52 |
| | 청도군 | 0.43 |
| | 울진군 | 0.37 |
| | 평균 | 0.57 |

출처: 건설교통부 국토지리정보원(2007). 인구 만 명당 사회복지시설 수.
http://nationalatlas.ngii.go.kr/atlas/ngiatlas/ngiatlas.html

　　기독교 인구 감소 폭이 큰 경상북도의 경우 포항, 구미, 경산, 양양, 청도, 영덕, 울진 등 광범위한 지역에 걸쳐 사회복지시설의 증편 가능성이 있으므로 기독교계의 관심이 요청된다.

⑮ 경상남도 사회복지시설 수 평균 이하 지역

| | | |
|---|---|---|
| | 창원시 | 0.35 |
| | 진주시 | 0.36 |
| | 진해시 | 0.42 |
| | 통영시 | 0.44 |
| 경상남도 | 김해시 | 0.27 |
| | 거제시 | 0.37 |
| | 함안군 | 0.45 |
| | 거창군 | 0.16 |
| | 평균 | 0.51 |

출처: 건설교통부 국토지리정보원(2007). 인구 만 명당 사회복지시설 수.
http://nationalatlas.ngii.go.kr/atlas/ngiatlas/ngiatlas.html

경상남도의 경우에도 창원, 진주, 진해, 통영, 김해, 함안, 거창 등 많은 지역이 사회복지시설 평균 이하 지역으로 분류되었다. 따라서 향후 사회복지시설의 증편 가능성이 많으므로 이 지역에 대한 관심도 필요하다 할 것이다.

⑯ 제주도 사회복지시설 수 평균 이하 지역

| | | |
|---|---|---|
| 제주도 | 남제주군 | 0.27 |
| | 평균 | 0.96 |

출처: 건설교통부 국토지리정보원(2007). 인구 만 명당 사회복지시설 수.
http://nationalatlas.ngii.go.kr/atlas/ngiatlas/ngiatlas.html

제주도의 경우는 남제주군만 사회복지시설 수 평균 이하 지역으로 분류되었다. 제주도는 기독교계의 사회복지시설 운영에 대한 관심이 높아지고 있음에도 기독교 인구의 감소가 크기 때문에 보다 활발한 사회봉사 참여를 통한 사회적 지지기반의 확충이 필요하다.

## 3. 종교인구 증감과 사회복지시설 운영실적이 주는 시사점

이상에서 1995년부터 2005년까지 한국의 종교인구 증감 정도를 광역시·도별, 연령대별로 조사하였고, 2002년부터 현재까지 전국 사회복지시설의 변화를 광역시·도별로 살펴보았다. 뿐만 아니라 전국 광역시·도의 종교인구 증감과 사회복지시설의 종교계 운영실적의 추이를 비교·분석하였다. 이러한 논의에서는 다음과 같은 시사점을 도출할 수 있다.

### 1) 기독교 인구 변화

지난 10년간 기독교 인구의 변화는 외형적으로 단순히 1.7% 감소에 그친 것 같으나, 사실 이 수치는 유사 기독교 인구까지 편입·조사된 것이므로 기독교 인구의 실제 감소 폭은 그보다 훨씬 크다는 점을 유의할 필요가 있다. 기독교 인구의 성장 폭이 큰 경기도(25%)나 대전(9.9%)도 경기도(35.4%), 대전(13.2%)의 자연 증가 폭에 훨씬 못 미치고 있으며, 특히 서울(20.4%), 부산(16.5%), 대구(11.1%), 경남(35%), 경북(9.5%), 전북(7.5%), 제주(10.6%) 등의 감소율은 심각한 수준에 있다. 이것은 기독교계의 반성과 노력이 따라야 함을 잘 말해 주고 있다. 또한 15~39세의 청장년층 총인구가 10.9% 줄어든 데 비해, 기독교 인구는 24.3%가 줄어들었고 천주교는 48.8% 증가하였다는 사실도 중요하게 다루어져야 한다.

기독교가 이와 같이 약세를 보이고 있는 반면, 천주교와 불교 인구는 괄목할 만한 성장을 이루어 오고 있음은 주목할 만하다. 불교 인구는 전체적으로 22.3%의 성장을 이룩하였는데, 부산(210%), 대구(183%), 강원(40.5%), 충북(61.8%), 전북(96.1%), 경북(164.3%), 경남(238.8%), 제주(300.6%)의 기록적인 성장에 따른 결과다. 비록 서울을 비롯한 일부 지역의 감소가 눈에 띄기는 하나, 그 지역들의 젊은 층의 감소는 일반적 감소에 현저하게 못 미치는 수준이기에 젊은 층의 불교에 대한 관심이 높아지고 있음을 알 수 있다.

무엇보다 천주교의 약진은 종교인구의 증가에 있어 중심적인 양상을 보였다. 지난 10년간 전체적으로 74.4%의 고도성장을 이루었고 어느 광역시·도에 치우치지 않고 고른 성장을 하고 있다는 사실도 눈에 띈다. 가장 적게 성장한 지역은 대구(45.2%)였고, 가장 많이 성장한 지역은 충남(104.7%)이었다.

## 2) 종교계의 사회복지시설 및 위탁 현황

사회에 대한 영향력 및 인지도 향상에 지대한 역할을 하는 종교계의 사회복지시설 운영 및 위탁 현황에 대한 조사에 따르면 2002년과 2006년 사이 기독교가 전체적으로 36.3% 증가하였고, 천주교는 76.9%, 불교는 117.8% 각각 증가하였다. 이로써 기독교에 비하여 천주교와 불교의 노력이 매우 증대된 것을 알 수 있다. 구체적으로 살펴보면, 기독교계는 종합복지관 12.4%, 아동복지시설 11%, 장애인복지관 11.5%로 비교적 낮은 증가를 보였고, 노인종합복지관/노인센터/노인회관의 위탁운영 비율은 64%나 증가하였다. 공교롭게도 65세 이상 기독교 인구의 지난 10년간 증가율은 68%로, 노인시설 위탁 운영 증가와 비슷한 수준이었다.

천주교의 사회복지시설 위탁운영 증가율은 전 시설에 걸쳐 고르게 증가하였는데, 종합복지관(15%), 아동복지시설(28%), 장애인복지관(50%), 양로원/요양원/실버타운(102.3%), 노인센터/노인종합복지관/노인회관(322%)의 순으로 나타났다. 불교계의 사회복지시설에 대한 운영 노력은 매우 지대하였다. 지난 4년간 종합복지관은 222%, 아동복지시설은 11%, 양로원/요양원/실버타운은 164%, 노인센터/노인종합복지관/노인회관은 300%, 그리고 장애인복지관은 100% 증가한 것으로 드러났

다. 이처럼 불교계의 사회복지 참여에 대한 관심과 노력은 남다르게 전
개되고 있었다. 불교계는 그 외에도 어린이집 운영이 116개소에서 186
개소로 60% 늘어났고, 청소년수련관 200%, 자원봉사센터 225%, 쉼터/
외국인재활센터 208% 등 사회복지계 전반에 걸쳐 의욕적으로 참여하
고 있는 것으로 조사되었다. 기독교와 천주교의 근대 사회복지계 참여
역사가 복음전파와 거의 역사를 같이하고 있는 반면, 불교는 그 역사가
짧음에도 불구하고 이미 기독교와 천주교의 사회복지 활동 범위와 비
슷한 양상을 보였다. 불교계는 불교 사회복지가 불교정신에서 필연적
으로 시행되어야 할 부분이라고 이해하고[15] 불교의 사회적 책임 강화
에 왕성한 노력을 기울이고 있다. 그리하여 향후 사회복지계를 향한 불
교의 진출은 더욱 활성화될 것으로 전망된다.

한편 여러 가지 문제 발생의 사각지대인 미신고 사회복지시설 1,096개
소의 운영에서는 불교의 참여가 3%의 미약한 수준인 반면 기독교(주로
개인)의 참여는 52.6%에 이르러 교계의 관심이 필요하다. 천주교는
22.1%이나 교구의 감독을 받고 운영되기 때문에 기독교의 문제와는 다
른 양상을 보인다.

## 3) 종교인구 증감 및 사회복지시설 증감

전국 광역시 · 도별 종교인구 증감 및 사회복지시설 증감에 대한 비
교조사에서는 광역시 · 도의 종교인구 증감과 사회복지시설 증감이 매
우 유사한 면을 보여 주고 있어 중요하게 부각될 필요가 있다. 즉, 종교
인구가 증가한 지역에서 종교계가 운영하는 사회복지시설도 동시에 증
가하는 경향이 있다. 기독교 인구의 감소 폭이 큰 부산, 대구, 경상남북

---

15. 임해영, 寺刹의 地域社會福祉事業 活性化方案 硏究－曹溪宗 소속 寺刹의 福祉事
業 實態調査를 中心으로(동국대학교 불교대학원 사회복지전공 석사학위논문,
2002).

도의 경우 기독교의 사회복지시설 참여도가 천주교나 불교의 참여도에 비하여 현저하게 떨어지며 거의 성장이 없는 것으로 나타났다. 이는 기독교계가 사회적 지지도를 끌어올리는 데 있어 사회복지(봉사) 참여가 중요하다는 사실을 인식하게 하였다.

종교인구 증감과 사회복지시설 증감이 반비례하는 지역도 몇몇 있으나, 그런 지역들의 경우 20대 젊은 층의 종교인구 증감 폭이 일반적인 증감 폭과 다르게 작용한다는 점에서 종교계의 사회복지시설 운영참여가 긍정적 역할을 한다는 사실을 알 수 있다. 즉, 기독교의 사회복지시설이 25% 늘어난 서울의 경우 기독교 인구가 20%나 감소하였으나 20대 젊은 층의 기독교 인구는 27% 증가하여 교회의 사회복지 참여가 젊은 층을 중심으로 긍정적 기여를 하고 있다고 판단할 수 있다. 불교의 경우에도 서울의 불교 인구가 61%나 감소한 반면 20대 젊은 층은 28% 감소에 그쳐, 서울의 경우 4년간 226% 늘어난 불교계의 사회복지 참여가 젊은 층의 지지 증대에 중요한 역할을 했다고 할 수 있다.

### 4) 기독교 인구 감소 지역과 사회복지시설 부족 지역

전국 광역시·도별로 사회복지시설이 부족한 지역 가운데 기독교 인구가 감소한 지역을 동시에 고려하여 교회 사회복지시설 운영 및 봉사의 확대를 기획하는 것도 효율적인 방법이 될 것으로 전망된다. 특히 광역시의 구별, 도의 시·군·구별로, 사회복지시설 수가 평균 이하인 지역의 경우 정부와 지자체의 주도하에 사회복지시설의 증편이 예상되므로, 지역 교회와 총회의 관심이 모아진다면 자연스러운 사회봉사와 교회 사회복지 참여를 통해 교회의 지역사회 역량 강화와 지역사회 지지도를 높여 궁극적인 교회 부흥의 기반을 조성할 수 있을 것이다.

봉사하고 섬기는 그리스도인과 교회는 사회 일반으로부터 사랑과 관심의 대상이 될 수밖에 없음에도, 최근 기독교회의 사회에 대한 봉사적 참여에 관한 통계들은 천주교와 불교 등 여타 종교계에 비하여 적거나 그 성장 속도가 느리다는 사실을 보여 주고 있다. 사회적 지지기반이 약한 종교는 성장을 기대하기가 어려울 것이다.

　여러 가지 부정적 현실에도 불구하고 사회봉사와 실천이 기독교의 본질적 자산이라는 점은 매우 고무적이다. 기독교의 아름다운 전통인 교회의 사회를 향한 사회봉사와 실천을 확대할 때, 그런 땀과 노력들은 교회 부흥의 자양분으로서의 역할을 해낼 수 있을 것이다.

## 참고문헌

건설교통부 국토지리정보원(2003). 인구 만 명당 사회복지시설 수. http://nationalatlas.
　　ngii.go.kr/atlas/ngiatlas/ngiatlas.html.
교회성장연구소(2005). 불신자들이 호감가는 교회: 교회성장연구소 제3차 연구보고서.
　　서울: 교회성장연구소.
김영재(1992). 한국교회사. 서울: 개혁주의 신행협회.
류상열(2003). 사회복지역사. 서울: 학지사.
박종삼, 유수현, 노혜련, 배임호, 박태영, 허준수, 김교영(2003). 사회복지학개론.
　　서울: 학지사.
보건복지부(2001). 2001년 아동복지시설일람표.
보건복지부(2003). 2003년 노인복지시설현황.
보건복지부(2003). 2003년 전국종합사회복지관현황.
보건복지부(2004). 2004 전국 미신고복지시설실태조사현황.
보건복지부(2005). 2005년 전국종합사회복지관현황.
보건복지부(2006). 2006년 노인복지시설현황.
보건복지부(2006). 2006년 아동복지시설일람표.
사회복지법인 대한불교조계종사회복지재단. http://www.mahayana.or.kr.
사회복지법인 진각복지재단. http://jgo.or.kr.
손병덕(2003). 교회성장 요인으로서의 서울 경기지역 개(個)교회의 사회복지사
　　업 참여 연구. 총신대논총, 제22집, 가을특별호.

손병덕(2004). 칼빈의 개혁주의 사회복지 실천과 현대 기독교 사회복지의 과제. 신학지남, 제70권 4집, pp. 159-172.

손병덕(2005). 기독교사회복지. 서울: 예장출판사.

손병덕(2005). 청소년 문제와 교회복지적 접근, 파이디온 30주년 기념논문집. 서울: 디모데출판사.

심흥보(1998). 한국천주교사회복지사. 서울: 한국천주교중앙협의회.

원불교 사회복지지원정보센터. http://www.wonfare.or.kr.

이만열(1979). 한말 기독교와 민족운동. 서울: 평민사.

이재모(2004). 사회복지 민간부문에서 교회 사회복지 활동의 역할과 정체성. 사회복지정책심포지엄자료. 서울가톨릭사회복지회, 한국천주교사회복지위원회, p. 11.

이혜종(2001). 불교사회복지의 방향. 불교사회복지연구원 학술세미나.

임해영(2002). 寺刹의 地域社會福祉事業 活性化方案 硏究－曹溪宗 소속 寺刹의 福祉事業 實態調査를 中心으로. 동국대학교 불교대학원 사회복지전공 석사학위논문.

종교사회복지포럼 편(2003). 시민사회와 종교사회복지. 서울: 학지사.

한국기독교사회복지학회 엮음(2004). 기독교 사회복지 총론. 서울: 신흥메드사이언스.

홍영기, 손병덕, 김동춘(2005). 불신자들을 섬기는 교회: 한국교회 사회봉사에 대한 연구. 서울: 교회성장연구소.

Clark, A. D. (1971). *A History of the Church in Korea*. Seoul: The Christian Literature Society of Korea.

Lawson, E. L. (1975). *Introducing Church Growth: A Textbook in Missions*. Cincinnati, OH: A Division of Standard Publishing.

McGavran, D. A. (1970). *Understanding Church Growth*. Grand Rapids, MI: William B. Eerdmans Publishing Company.

Paik, L. G. (1970). *The History of Protestant Missions in Korea 1832-1910*. Seoul: Yonsei University Press.

Wagner, C. P. (1984). *Leading Your Church to Growth*. Ventura, CA: Regal Books.

Yamamori, T., & Lawson, E. L. (1975). *Introducing Church Growth: A Textbook in Missions*. Cincinnati, OH: A Division of Standard Publishing, pp. 243-245.

# 지역사회의 사회복지적 문제와 교회의 역할

제 / 4 / 장
# 교회의 지역사회 욕구 및 자원조사

교회가 위치하는 지역사회는 가족과 지역에서 발생하는 빈곤, 가족 문제, 범죄 등 다양한 수준의 사회복지적 문제를 경험하고 있다. 이러한 문제들은 공공부조, 사회보험, 사회적 서비스 등 공공의 공식적 사회복지 체계를 통하여 기본적으로 보호해야 하지만 여전히 존재하는 사각지대에 대하여 민간 중심의 지역사회복지 향상을 통하여 지역주민의 삶의 질을 개선해야 하는 지역사회복지 실천을 요청한다. 교회는 사회복지 역사 초기단계라고 할 수 있는 1600년대부터 영국의 교구 중심으로 지역사회 보호를 위한 실천 초석을 놓은 바 있으며, 1800년대 후반 미국의 교회 중심 Friendly Visitors, Charity organization movement가 근대 사회복지의 태동을 가능하게 한 이래 세계의 교회들은 지역을 돌아보고 가난하고 병든 사람들을 돌보아 왔다. 사회봉사조직을 만들어 보다 효과적인 봉사를 꾀하기도 하고, 사회봉사를 위한 시설을 세워 장애인·노인·위기대상·노숙자를 위한 시설보호를 실천하기도 하며, 사회복지법인 설립 후 지역사회복지시설 위탁운영에 참여하여 전문사회복지 실천을 실시하기도 한다. 이처럼 교회의 지역사회복지 실천은 지역의 문제를 개선하고, 소외계층의 보호와 지원을 강화하며, 지역주민들의 삶의 질 향상에 참여하며, 지역사회 민간사회복지조직 간 체계적인 연계를 구축함으로써 지역의 아픔과 고통을 함께하는 그리스도인의 참된 가치실현에 이바지할 수 있다.

　교회가 지역사회복지를 실천하려 할 때 교회가 가지고 있는 역량이 무엇인지, 지역사회에서 교회가 기여할 수 있는 부분은 무엇인지를 사정하는 것은 지역사회 개입을 위해 필수적으로 선행되어야 하는 과제이나, 많은 경우 이러한 사정과정은 생략되고 지역의 단순한 요청이나 막연한 선택으로 봉사와 교회개입이 진행되는 상황이 자주 발생한다. 만약 지역주민의 상황을 관찰하는 과정을 거치지 않을 경우 문제의 본질적인 파악이나 교회의 대처 능력, 교회 내 가용자원의 파악과 교회 구성원의 동기 부여 측면에서 적극적인 결과를 가져오기 어렵게 된다. 따라서 지역사회복지 실천을 계획하고 개입하려 할 때 지역사회 사정과 프로그램 기획과정은 반드시 선행되어야 한다.


## 1. 지역사회 욕구사정 및 욕구조사방법 종류

　교회가 지역사회주민을 위하여 서비스를 개발하려 한다면 지역사회 주민들이 원하는 것을 확인하는 작업이 필요하다. 이때 지역주민들의 욕구를 파악하는 '지역사회 욕구사정'[1]이 적절한 역할을 할 수 있는데,

---

1. 지역사회에서 주민을 위한 민간 사회복지 프로그램을 가장 잘 운영하고 있는 사회복지관의 운영 규정 제1장 4조와 제2장 6조에 나타난 바와 같이 욕구조사는 지역서비스를 계획할 때 가장 중요하게 고려되어야 한다. 1장 4조에 의하면 "사회복지관은 지역사회의 특성과 지역주민의 문제나 욕구를 신속하게 파악·반영하여 지역사회의 문제를 해결하고, 이에 따른 서비스를 제공하여야 하며……"라고 되어 있다. 그리고 운영규정 제2장 제6조(사업의 종류)에서는 욕구조사가 사업계획 수립 또는 기존사업의 수정을 위한 사전 단계로서 강조되고 있는데, 즉 "사회복지관에서는 지역사회의 특성과 지역주민의 복지욕구에 대한 조사결과를 바탕으로……", 그 지역의 클라이언트의 욕구에 맞는 프로그램을 개발하고 전달하는 것을 원칙으로 하고

욕구사정은 교회가 행하려 하는 지역과 서비스 대상의 특성을 파악하고, 어떤 서비스가 필요한지에 관한 정보를 제공해 줌으로써 교회는 욕구사정에 따라 서비스를 준비하고 우선순위를 정할 수 있도록 돕는다. 지역사회 욕구사정을 위한 방법에는 지표조사, 주요 정보제공자조사, 서비스제공자조사, 지역사회 자원조사, 공청회, 사회조사가 각각 포함될 수 있다(〈표 4-1〉 참조).

## 1) 지표조사

국민의 일반적인 생활수준을 객관적으로 판단할 수 있도록 조사한 통계자료를 사용하는 것으로서 인구부문, 소득 · 소비부문, 고용 · 노사관계부문, 교육부문, 보건부문, 주택 · 환경부문, 사회부문, 문화 · 여가부문으로 2차 자료를 찾을 수 있다. 통계청 홈페이지를 통하여 교회가 관심을 두는 지역의 특성을 파악할 수 있는데, 사용할 수 있는 주요 지표는 인구 · 가구[2] 및 보건 · 사회 부문[3]이 해당된다. 인구부문에서는 매 5년마다 수행하는 인구주택 총조사 자료를 근거로 지역의 연령별, 성별, 종교별, 가족관계별, 혼인상태, 외국인, 직업별, 경제활동별, 근로장소별, 장애인 및 노인인구 상황을 파악할 수 있으며 가장 최근 자료는 2005년 자료가 존재한다. 2010년 센서스가 실시됨으로써 2011년에는 2010년 최신 데이터를 사용할 수 있다. 보건 · 사회분야 통계를 통하여 65세 이상 고령자, 사망원인, 청소년, 여성의 삶 통계검색이 가능하며 특히 2009년 사회조사 보고서는 복지,[4] 문화와 여가,[5] 소득과 소비,[6] 노

---

있다(법제처, 사회복지사업법 시행규칙, 2004. 9. 6 개정, 사회복지관의 설치 · 운영기준 등에 관한 사항 및 사회복지관사업).

2. 통계청, http://www.kosis.kr/ups/ups_01List.jsp?grp_no=1002.

3. 통계청, http://www.kosis.kr/ups/ups_01List.jsp?grp_no=1005.

4. 사회보험료 부담에 대한 인식(가구주), 향후 늘려야 할 공공시설, 향후 늘려야 할 복지서비스, 장애인 차별에 대한 인식, 장애인에 대한 견해, 장애인 관련 시설 설립

동,[7] 사회참여[8]에 대한 주요 사회지표를 포함하고 있다. 2009년 사회지표 통계 중 복지 분야는 생활여건 변화에 대한 인식, 정부예산 대비 사회복지예산 비율, 사회보험료 부담에 대한 인식, 건강보험 부담액 및 건강보험 급여액, 공적연금 가입자, 공적연금 수급자, 공적연금 평균급여액, 사회복지 전담공무원 수, 기초생활보장 수급자 및 의료급여 수급자 비율, 최저생계비, 종별 지역사회복지관 수, 노인복지 생활시설 수 및 생활자, 65세 이상 인구의 거동불편 여부 및 생계수단, 노인이 겪는 가장 어려운 문제, 60세 이상 받고 싶은 복지서비스, 자녀 양육실태, 소년소녀가장 가구 수, 보육시설 및 보육 아동 수, 장애인 등록률 및 의무고용 준수율, 장애인 취업자 및 취업희망 장애인 비율 등 지역사회의 위기대상과 복지환경에 대한 주요 지표들을 파악할 수 있다.

### 2) 주요 정보 제공자 조사

사회복지 관련 전문가 및 주요 정보 제공자의 주관적 견해로 지역의 사회복지현안에 대하여 의견을 수집하는 방법으로서, 일반집단 중 서

---

에 대한 견해, 장애인 복지사업의 충분 정도, 우선적으로 확대 실시하여야 할 장애인 복지사업, 노후 준비방법(18세 이상 가구주), 노인들이 겪는 가장 어려운 문제(60세 이상), 생활비 마련방법(60세 이상), 현재 자녀와 동거 여부(60세 이상), 향후 자녀와 동거 의향 및 살고 싶은 곳(60세 이상), 받고 싶은 복지서비스(60세 이상) 관련 통계를 포함하고 있다.

5. 신문 구독, 독서 인구, 레저시설 이용자, 문화예술 및 스포츠 관람, 주말이나 휴일의 여가 활용, 주말이나 휴일의 여가활동을 함께하는 사람, 앞으로 하고 싶은 여가활동, 여가활용 만족 여부 및 불만족 이유, 국내 관광여행 횟수, 해외여행 경험 및 횟수를 포함한다.

6. 소득 만족도, 장래 소득에 대한 기대, 소득분배에 대한 견해, 소비생활 만족도.

7. 직업선택요인, 청년이 선호하는 직장(15~29세), 여성취업에 대한 견해, 여성취업 장애요인, 임금체불, 맞벌이부부(가구주).

8. 주관적 만족감, 사회적 관계망, 계층의식(가구주), 본인세대 및 다음세대 계층이동(가구주), 후원(기부) 인구 및 후원 횟수, 단체참여, 자원봉사활동.

비스의 자격 요건, 즉 소득, 연령, 건강, 성별 등의 변수나 서비스의 이용수준, 혹은 지리적 변수, 즉 시, 군, 구, 동 등으로 층화해 나눈 집단을 대상으로 정보를 수집하는 것을 말한다(〈표 4-1〉 참조). 지역교회에서는 동별, 읍·면 단위로 층화하여 통반장, 아파트주민대표자회의, 동·읍·면사무소 사회복지 담당자, 지역사회복지관 사회복지사 등을 대상으로 정보를 수집하는 것이 가능하다.

### 3) 서비스 제공자 조사

사회복지서비스를 시행하는 종합사회복지관, 노인복지관, 장애인복지관, 보호시설, 청소년시설, 아동복지시설, 건강가정지원센터, 다문화가정센터 등 사회복지기관을 통하여 시행한 서비스 분석 및 주요서비스 대상에 관한 일반적 정보를 수집할 수 있다(〈표 4-1〉 참조).

### 4) 지역사회 및 교회 내 자원조사

사회복지 관련 문제에 관하여 지역주민과 관련자의 의견을 수집한다. 기본적으로는 지역사회에 존재하는 사회복지 관련 기관 및 협회, 사회복지 지원을 목적으로 하는 기업복지재단, 지역자활센터를 대상으로 기관현황(기관명, 연락처, 주소, 홈페이지, 직원 수, 시설규모, 프로그램 및 서비스 종류, 자원봉사자 수)을 파악한다(〈표 4-1〉 참조). 이와 동시에 교회 내 봉사를 수행할 서비스 자원의 남녀·연령별·전문봉사별 인력을 파악하고 서비스를 위해 준비해야 할 지식과 기술, 지역사회 자원개발을 위해 초점을 두어야 할 내용을 분석하는 작업을 필요로 한다.

### 5) 공청회

사회복지 관련 문제에 관하여 지역주민과 관련자의 의견을 수집하기 위한 방안(〈표 4-1〉 참조)으로서 비공개로 진행할 수 없고, 표결할 수도 없으며 다만 목적된 주제를 놓고 자유로운 의견교환이 주요 과제가 된다.

**〈표 4-1〉 지역사회 욕구조사방법 및 장단점 분석**

| 유형 | 방법 | 강점 | 약점 |
|---|---|---|---|
| 지표조사 | 국민의 일반적인 생활수준을 객관적으로 판단할 수 있도록 조사된 통계자료를 사용하는 것으로서 인구부문, 소득·소비부문, 고용·노사관계부문, 교육부문, 보건부문, 주택·환경부문, 사회부문, 문화·여가부문, 공안부문으로 2차 자료를 찾을 수 있다. | 2차 자료를 사용하여 표적집단의 특성을 확인하고, 지역 간, 집단 간 비교가 가능하며 비교적 적은 비용으로 자료를 수집할 수 있다는 장점이 있다. | 프로그램 기획자가 목적하는 표적집단의 욕구를 구체적으로 파악하는 데는 한계가 있다. |
| 주요 정보 제공자 조사 | 사회복지 관련 전문가 및 주요 정보 제공자의 주관적 견해로 지역의 사회복지 현안에 대하여 의견을 수집한다. | 방대한 사회복지 문제 중 지역현안에 대한 범위를 좁힐 수 있고 정보 수집비용이 저렴하다. | 사회복지 관련 전문가의 이해수준에 따라 주관적 견해가 표출될 수 있는 가능성이 존재한다. |
| 서비스 제공자 조사 | 사회복지서비스를 시행하는 기관을 통하여 시행한 서비스 분석 및 주요 서비스 대상에 관한 일반적 정보를 수집한다. | 관련 자료를 얻기 용이하고, 적은 비용으로 정보 수집이 가능하다. | 해당기관이 수행하는 서비스에 대한 정보만 존재하므로 표적집단 정보 수집에는 한계가 있다. |
| 지역사회 자원조사 | 지역사회 내 존재하는 자원 및 자원을 가진 기관에 관한 정보를 수집한다. | 지역사회의 인적·물적 자원 역량의 확인이 가능하며, 네트워킹 가능성을 탐색할 수 있다. | 일반적 정보만 수집 가능하므로 실제 네트워킹하기 어려운 점이 있다. |
| 공청회 | 사회복지 관련 문제에 관하여 지역주민과 관련자의 의견을 수집한다. | 지역주민의 주된 욕구를 파악할 수 있고, 관련 기관의 관심 방향을 탐색할 수 있다. | 일부 이익집단의 편향된 의견이 표출되어 객관적 정보를 얻기 어렵다. |
| 사회조사 | 사회복지 프로그램을 수행하기 위하여 표적집단의 일반적 특성과 욕구를 파악한다. | 지역주민의 자세한 욕구를 파악할 수 있다. | 조사수행을 위한 사전지식이 요구되며, 비용이 많이 드는 단점이 있다. |

## 6) 지역사회 설문조사

　사회복지 프로그램을 수행하기 위하여 표적집단의 일반적 특성과 지역주민의 주관적 욕구를 파악하기 위하여 가장 널리 사용하는 방법으로서 주로 설문조사가 활용된다. 지역사회 중심의 욕구는 지역사회 특성에 기초한 문제 인식과 정도, 그리고 문제해결의 우선순위, 필요한 서비스 또는 정책 등을 파악하는 것을 의미하는데 복지영역별 욕구, 대상별 욕구로 구분할 수 있다(〈표 4-2〉 참조). 복지영역별 욕구는 각 욕구의 정도와 그에 따른 문제의 우선순위, 그리고 지역사회서비스의 인지도, 접근성, 심각성, 기대하는 정책 또는 서비스 욕구가 해당되며, 대상별 욕구는 주여론자 층의 지역사회 참여를 통하여 복지대상자에 대한 문제의 심각성, 기대하는 정책, 그리고 서비스 욕구가 해당된다. 주요 대상은 아동, 청소년, 장애인, 여성, 노인으로 구분할 수 있다.

〈표 4-2〉 복지영역별 및 대상별 욕구

| 욕구 | | 내용 |
|---|---|---|
| 복지<br>영역별<br>욕구 | 주택 및<br>거주지<br>관련 욕구 | • 소비편익시설의 접근성(이용 가능성)<br>• 타 지역과의 비교(낙후성)<br>• 거주환경의 만족도 |
| | 교통 관련<br>욕구 | • 교통시설의 접근성과 편리성<br>• 문제 파악과 문제 심각성 |
| | 여가 및<br>문화 관련<br>욕구 | • 여가시간과 여가내용<br>• 문제원인과 문제의 심각성<br>• 문화활동육성사업(정책 대안) |
| | 사회복지<br>관련 욕구 | • 사회복지제도와 관련 기관의 인지도(접근성)<br>• 사회복지기관의 역할(인지도, 접근성)<br>• 지역복지 욕구<br>• 지역복지협의체 필요성과 목적 인지도<br>• 주민자치센터의 역할<br>• 복지활성화를 대안(정책제언) |
| | 지역활동과<br>자원봉사활<br>동 욕구 | • 지역사회활동 또는 자원봉사활동의 참여도, 참여하지 않은 이유<br>• 희망 참여활동 |

〈계속〉

| 대상별<br>욕구 | 노인 | • 어르신 문제 관련 욕구와 심각성<br>(건강, 경제, 심리적 고립, 가족갈등, 여가문화, 사회활동 등) 어르신을 위한 프로그램 욕구 참여 희망 프로그램 |
|---|---|---|
| | 미취학아동 | • 미취학아동 문제 관련 욕구와 심각성(보육자, 보육의 질, 보육시설 부족, 양육비용, 보육시설 부적응, 다양한 프로그램 부족) 희망 프로그램 보육 사업 방향 |
| | 취학아동 | • 취학아동 문제 관련 욕구와 심각성(문화공간 부족, 학습부진, 학교 부적응, 가족갈등, 유해한 매스미디어, 방과후 보육) 희망 프로그램<br>• 방과후 보육의 필요성 |
| | 청소년 | • 청소년 문제 관련 욕구와 심각성(성적, 성격, 이성, 가족 갈등, 학교 부적응, 폭력과 비행, 흡연, 음주, 약물 등) 희망 프로그램 |
| | 장애인 | • 장애인 문제 관련 욕구와 심각성(경제적, 취업, 의료적, 자녀교육, 부양가족 돌봄, 차별로 인한 심리적 문제, 가족 간의 불화, 일상생활의 어려움, 문화활동 부족) 희망 프로그램 욕구 |
| | 여성 | • 여성문제 관련 욕구와 심각성(경제적 문제, 일과 가정 양립, 취업, 자녀교육, 가족갈등, 부양가족문제, 사회활동 부족, 차별로 인한 심리사회적 문제) 희망프로그램 욕구<br>• 취업 희망 프로그램 |

출처: 정무성, 김교성, 손병덕(2005: 141).

## 2. 욕구조사 설계

### 1) 욕구조사 목적, 범위, 내용추정, 참여자와 책임자 선정

교회가 지역사회주민을 대상으로 욕구조사를 실시하려 할 때 욕구조사의 목적과 범위, 그리고 내용을 엄밀하게 정하고 욕구조사 참여자와 책임자를 선정하는 것이 필요하다. 예를 들어, 교회가 위치한 지역사회 내 노인을 위한 추가 프로그램 욕구를 조사하려 한다면 현재 운용하고 있는 프로그램의 만족 여부와 추가 서비스 욕구조사가 목적이 되며, 교회가 위치한 읍 · 면 · 동을 포함한 교통편이 용이한 반경 내 노인과 그

가족이 대상이 될 수 있다.

## 2) 욕구조사기법, 표본추출 및 분석방법 결정

욕구조사기법, 표본추출 및 분석방법을 결정해야 하는데 이때 욕구의 심각성에 따라 우선순위의 결정이 필요하다. 조사기법으로는 개별자기기입식 조사(individual self-administered survey)가 주로 사용되나 노인의 특성을 고려한다면 면접방식으로 조사자로 하여금 질문을 읽어주고 답을 기입하도록 하는 방식이 적절하다. 표본추출방법은 무작위추출방법이 가장 신뢰도를 높일 수 있고 분석방법은 일반적인 통계기법을 사용한다(〈표 4-3〉 참조).

〈표 4-3〉 욕구조사 설계방법

| | |
|---|---|
| 조사 대상 | 교회 내 시설 및 프로그램 이용자, 잠재적 이용자<br>2010년 10월 기준 60세 이상 노인 |
| 조사 지역 | 교회 위치 반경 10km 이내 4개 동 |
| 표본 크기 | 층화 1단 집락추출을 통해 동별 100명 총 400명(남여 50%) |
| 표본추출 방법 | 조사구 내 남녀의 성비, 평균 연령 등을 보조층화지표로 이용하여 추출 |
| 조사 방법 | 일대일 개별면접 설문조사(face-to-face Interview survey) |
| 자료처리 | 검증이 완료된 설문지는 데이터로 입력 |
| 분석방법 | SPSS 통계 프로그램을 이용하여 분석 |

## 3) 욕구사정 질문의 예

욕구사정에서 사용되는 설문 내용은 목적하는 서비스의 주 대상이 되는 지역주민의 욕구에 부합하는 것이어야 한다. 예를 들어, 서비스 대상이 노인이라면 노인의 일반적 특성, 지역노인이 가지는 서비스 욕구의 관점에서 설문 내용을 구성할 수 있다.

## (1) 일반적 특징

- 성별   ① 남자   ② 여자
- 출생년도 (          )년
- 현 거주지  ① 교회 위치 구 (              )동
  　　　　　② 기타 (            )구
- 교육 정도 ① 무학 ② 국졸 ③ 중졸 ④ 고졸 ⑤ 대졸 ⑥ 대학원졸
  　　　　　⑦ 기타(적을 것:                    )
- 종교  ① 기독교  ② 불교  ③ 천주교  ④ 무교
  　　　⑤ 기타(적을 것:                )
- 보호형태  ① 일반  ② 기초생활수급자  ③ 국가유공자
  　　　　　④ 기타(적을 것:                )
- 혼인 상황  ① 기혼(배우자 있음) ② 사별  ③ 이혼  ④ 별거
  　　　　　⑤ 기타(적을 것:                )
- 거주지 형태  ① 자가  ② 전세  ③ 월세  ④ 영구임대  ⑤ 자녀집
  　　　　　　⑥ 기타(적을 것:                )
- 가족 구성  ① 독거(혼자 거주)  ② 노인 부부 거주
  　　　　　③ 노인(혼자)+자녀 가구 거주
  　　　　　④ 노인 부부+자녀 가구 거주
  　　　　　⑤ 기타(적을 것:                )
- 건강상태

| 항목 | 질병명 | 예 | 아니오 |
|---|---|---|---|
| 순환기 질환 | 1) 고혈압 | | |
| | 2) 뇌졸중(중풍) | | |
| | 3) 고지혈증 | | |
| | 4) 협심증/심근경색증 | | |
| 내분비계 | 5) 당뇨병 | | |
| | 6) 갑상선 질환 | | |

〈계속〉

| | | | |
|---|---|---|---|
| 근골격계 | 7) 골관절염 또는 류머티스 관절염 | | |
| | 8) 골다공증 | | |
| | 9) 요통, 좌골 신경통 | | |
| 호흡기계 | 10) 만성기관지염, 폐기종 | | |
| | 11) 천식 | | |
| | 12) 폐결핵, 결핵 | | |
| 감각기 질환 | 13) 백내장 | | |
| | 14) 녹내장 | | |
| | 15) 만성 중이염 | | |
| 암 | 16) 위암 | | |
| | 17) 간암 | | |
| | 18) 대장암 | | |
| | 19) 폐암 | | |
| | 20) 유방암 | | |
| | 21) 자궁경부암 | | |
| | 22) 기타 암(          ) | | |
| 소화기 질환 | 23) 위십이지장궤양, 위염 | | |
| | 24) 간염 | | |
| | 25) 간경변 | | |
| 요생식기 | 26) 만성 신부전 | | |
| | 27) 전립선 비대증 | | |
| | 28) 요실금 | | |
| | 29) 성병(매독 등) | | |
| 기타 | 30) 빈혈 | | |
| | 31) 피부병 | | |
| | 32) 우울증 | | |
| | 33) 골절, 탈골 및 사고 후유증 | | |
| 기타 질환 | 34) 질병 명_____ | | |

출처: 보건복지가족부(2008: 1024).

• 소득

| 소득 종류 | 소득 유무 | 소득 금액 | |
|---|---|---|---|
| 근로 및 사업소득 | 있음 | 없음 | 월평균 총_____만 원 |
| 금융소득 | 있음 | 없음 | 월평균 총_____만 원 |
| 부동산소득 | 있음 | 없음 | 월평균 총_____만 원 |
| 국민연금, 장애수당, 경로연금 | 있음 | 없음 | 월평균 총_____만 원 |
| 용돈 | 있음 | 없음 | 월평균 총_____만 원 |

출처: 보건복지가족부(2008: 991) 수정 보완.

## (2) 지역사회 노인서비스 욕구 질문(안)

• 교회 혹은 교회기반 복지시설서비스 중점사업 순위

① 지역노인이 편리하고 쉽게 이용하는 휴식시설

② 지역노인을 위한 교육과 취미 여가 프로그램 제공

③ 노인 및 가족의 심리적 문제나 어려움 등을 해결해 주는 상담사업

④ 거동이 불편한 노인을 보호해 주는 주간보호 및 재가복지사업
　　(도우미 파견, 봉사원 파견 등)

⑤ 노인 취업알선과 일자리 제공

⑥ 노인 건강 향상을 위한 예방프로그램(건강예방교실, 한방, 치과, 안과진료 등)

• 취업 및 소일거리 참여 여부

① 참여　　　　　② 비참여

• 취업 및 소일거리 희망근로시간

① 매일 8시간　　　② 월~금 8시간

③ 주2~3회 8시간　　④ 주2~3회 2~3시간

• 노인심리상담 프로그램 중점사업 순위

① 심리/생활상담　　② 법률/세무상담

③ 건강/영양상담　　④ 노인학대상담

⑤ 기타(적을 것: 　　　　　　　　　　　　)

• ○○교회 내 사회교육 프로그램 이용빈도

① 매일　　　　　　② 주 4~5회

③ 주 2~3회　　　　④ 주 1회

⑤ 월 2~3회

• ○○교회 사회교육 프로그램에 참여 이유

① 건강 증진 및 체력 유지를 위해서

② 시간 활용 및 취미 여가생활을 위해서

③ 지식과 배움의 증진을 위해서

④ 친목 도모 및 친구를 사귀려고

⑤ 기타(적을 것: 　　　　　　　　　　　　)

• 노인돌보미바우처서비스[9] 인지 여부

① 알고 있다　　　② 모르고 있다

• 참여 사회교육 프로그램 만족도

| 구분 | | 매우 만족 | 만족 | 보통 | 불만족 | 매우 불만족 |
|---|---|---|---|---|---|---|
| 서예반 | 서예기초반 | 1 | 2 | 3 | 4 | 5 |
| | 서예중급반 | 1 | 2 | 3 | 4 | 5 |
| | 사군자반 | 1 | 2 | 3 | 4 | 5 |
| 한글반 | 기초한글 | 1 | 2 | 3 | 4 | 5 |
| | 중급한글 | 1 | 2 | 3 | 4 | 5 |
| | 생활한글 | 1 | 2 | 3 | 4 | 5 |
| 생활체조 | | 1 | 2 | 3 | 4 | 5 |
| 탁구 | | 1 | 2 | 3 | 4 | 5 |

---

9. 노인돌보미바우처서비스는 가사와 간병 도움이 필요한 65세 이상 노인의 집으로 돌보미가 방문하여 도움을 드리는 서비스로, 원하는 돌보미를 선택할 수 있으며, 약간의 비용을 부담하고 이용하는 서비스다.

### (3) 일상생활 수행 능력 관련 질문(안)

- 옷을 챙겨서 입을 때 다른 사람의 도움 없이 혼자서 할 수 있는가?
- 세수, 양치질, 머리 감기를 다른 사람의 도움 없이 혼자서 할 수 있는가?
- 목욕 또는 샤워하기를 다른 사람의 도움 없이 혼자서 할 수 있는가?
- 차려놓은 음식 먹기를 다른 사람의 도움 없이 혼자서 할 수 있는가?
- 누웠다가 일어나 방 밖으로 나가기를 다른 사람의 도움 없이 혼자서 할 수 있는가?
- 화장실 출입과 대소변을 본 후 닦고 옷 입기를 다른 사람의 도움 없이 혼자서 할 수 있는가?
- 대변이나 소변을 흘리지 않고 보는 것을 다른 사람의 도움 없이 혼자서 할 수 있는가?
- 몸단장(빗질, 화장, 면도, 손/발톱 깎기)을 다른 사람의 도움 없이 혼자서 할 수 있는가?
- 집안일(실내청소, 설거지, 침구정리, 집안 정리정돈 등)을 다른 사람의 도움 없이 혼자서 할 수 있는가?
- 식사준비(음식재료를 준비하고, 요리하고, 상을 차리는 것)를 다른 사람의 도움 없이 혼자서 할 수 있는가?
- 빨래(손으로 혹은 세탁기로 세탁한 후 널어 말리는 것 포함)를 다른 사람의 도움 없이 혼자서 할 수 있는가?
- 제시간에 정해진 양의 약을 혼자서 먹을 수 있는가?
- 금전관리(용돈, 통장관리, 재산관리)를 다른 사람의 도움 없이 혼자서 할 수 있는가?
- 걸어서 다녀올 수 있는 가까운 상점, 관공서, 병원, 이웃 등을 다른 사람의 도움 없이 혼자서 할 수 있는가?
- 사야 할 물건을 결정하고 돈을 지불하고 거스름돈을 받는 것을 다른 사람의 도움 없이 혼자서 할 수 있는가?
- 다른 사람의 도움 없이 전화번호를 찾아 전화를 걸고 받을 수 있는가?
- 다른 사람의 도움 없이 버스, 전철, 택시 등의 대중교통수단 이용 혹은 직접 차를 몰아 먼 거리를 다녀올 수 있는가?

출처: 보건복지가족부(2008: 1031-1032) 수정 보완.

## 3. 지역사회 사회복지자원조사

    지역사회 사회복지서비스 대상의 욕구조사와 더불어 지역의 특성과 지역사회 구성원이 가용할 수 있는 자원을 조사하여 기존 사회복지기관이 서비스를 제공하지 않는 새로운 프로그램을 개발하거나, 필요한 경우 자원 네트워킹을 기획할 수 있도록 하는 것도 중요한 과업이 될 것이다. 예를 들어, 교회가 위치하는 읍·면·동에 있는 사회복지 관련 기관의 분포와 지역사회의 공간적 특성을 이해한다면 필요한 서비스와 지역사회와 협력할 수 있는 방안을 모색할 수 있다.

### 1) 지역사회 고령인구비율

    지역사회에 존재하는 자원조사를 위하여 동원할 수 있는 방법은 국가통계포털서비스(Korean Statistical Information Service)[10]를 활용하여 지역사회의 중요 자원을 파악하는 방법이 가능하다. 교회가 관심을 가지는 대상이 대구광역시 지역 노인이라면 국가통계포털서비스에서 e-지방지표에서 고령인구비율을 탐색하여 대구광역시 지역에서 노인을 대상으로 하는 서비스가 필요한 타당한 여부를 알 수 있다. 대구광역시의 65세 이상 고령인구비율은 북구와 달서구를 제외하고 전국 평균(9.78%)을 넘어서고 있다는 사실이 나타난다(〈표 4-4〉 [그림 4-1] 참조). 특히 중구와 남구, 동구는 매우 고령인구의 비율이 높아 노인인구를 위한 복지서비스의 계획이 적절함을 판단할 수 있다.

---

10. http://nationalatlas.ngii.go.kr.

〈표 4-4〉 **고령인구비율**(단위 %)

| 구별 | 2006년 | 2007년 | 2008년 | 2009년 |
|---|---|---|---|---|
| 대구(평균) | 8.23 | 8.87 | 9.33 | 9.78 |
| 대구 중구 | 13.40 | 14.21 | 14.87 | 15.50 |
| 대구 동구 | 9.89 | 10.72 | 11.46 | 12.00 |
| 대구 서구 | 8.40 | 9.29 | 10.08 | 10.75 |
| 대구 남구 | 11.10 | 12.03 | 12.78 | 13.52 |
| 대구 북구 | 7.01 | 7.59 | 8.00 | 8.41 |
| 대구 수성구 | 8.37 | 8.80 | 9.19 | 9.52 |
| 대구 달서구 | 6.36 | 6.79 | 7.15 | 7.44 |

| 급간 | 시작 | 끝 |
|---|---|---|
| | 39.333 | 57.077 |
| | 57.077 | 74.821 |
| | 74.821 | 92.565 |
| | 92.565 | 110.309 |
| | 110.309 | 128.054 |

**[그림 4-1] 대구광역시 노령화 지수지도:** 14세 이하의 인구에 대한 65세 이상 인구의 비율
출처: 국토해양부 국토지리정보원 국토통계지도 이용 분석자료(2010).

## 2) 지역사회 노인복지시설 수

다음으로 '노인(60세 이상) 1,000명당 노인여가복지시설 수'를 클릭하면 교회가 위치한 지역의 노인여가복지시설 현황을 알 수 있고, 대구 중구·남구 등 노인인구가 많음에도 불구하고 노인복지시설이 다른 구에 비하여 열악하므로 남구에서 노인여가시설을 통하여 실행할 수 있는 서비스를 계획하는 것이 노인을 위한 서비스 개선을 위하여 필요한 사업이 될 수 있다는 점을 알 수 있다(〈표 4-5〉 [그림 4-2] 참조).

〈표 4-5〉 대구광역시 노인(60세 이상) 만 명당 노인복지시설 수

| 구별 | 2005년 | 2006년 | 2007년 | 2008년 |
|---|---|---|---|---|
| 대구광역시(평균) | 0.09 | 0.11 | 0.12 | 0.19 |
| 중구 | 0.25 | 0.25 | 0.13 | 0.25 |
| 동구 | 0.14 | 0.21 | 0.24 | 0.33 |
| 서구 | 0.12 | 0.2 | 0.21 | 0.35 |
| 남구 | 0.06 | 0.06 | 0.11 | 0.23 |
| 북구 | 0.06 | 0.08 | 0.09 | 0.04 |
| 수성구 | 0.05 | 0.05 | 0.07 | 0.15 |
| 달서구 | 0.05 | 0.05 | 0.05 | 0.12 |

출처: 국가통계포털(2010).

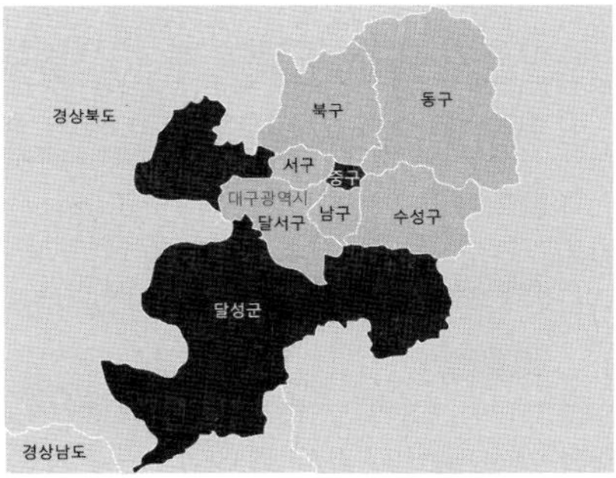

| 급간 | 시작 | 끝 |
|---|---|---|
|  | 0.043 | 0.115 |
|  | 0.115 | 0.187 |
|  | 0.187 | 0.259 |
|  | 0.259 | 0.332 |
|  | 0.332 | 0.405 |

[그림 4-2] 인구 만 명에 대한 노인복지시설 수

출처: 국토해양부 국토지리정보원 국토통계지도 이용 분석자료(2010).

## 3) 지역사회 의료기관의 종사 의사 비율

노인의 높은 다발성 질병 발생률을 고려할 때 의료기관의 종사 의사 비율이 중요할 수 있으나 대구광역시의 경우 지역 간 의료기관 종사 의사의 편차가 매우 심각함을 알 수 있다. 따라서 중구를 제외한 타 구의 모든 지역에서 의료 관련 서비스가 증대될 필요성이 있음을 파악할 수 있다(〈표 4-6〉 [그림 4-3] 참조).

〈표 4-6〉 대구광역시 인구 1,000명 당 의료기관 종사 의사 수

| 구별 | 2006년 | 2007년 | 2008년 |
|---|---|---|---|
| 대구 중구 | 17.60 | 18.08 | 20.45 |
| 대구 동구 | 2.01 | 2.02 | 2.08 |
| 대구 서구 | 1.45 | 1.50 | 1.64 |
| 대구 남구 | 4.26 | 5.63 | 5.82 |
| 대구 북구 | 1.31 | 1.43 | 1.41 |
| 대구 수성구 | 1.79 | 1.81 | 1.89 |
| 대구 달서구 | 1.59 | 1.64 | 1.71 |

출처: 국가통계포털(2010).

| 급간 | 시작 | 끝 |
|---|---|---|
| | 0.521 | 3.69 |
| | 3.69 | 6.859 |
| | 6.859 | 10.028 |
| | 10.028 | 13.197 |
| | 13.197 | 16.367 |

[그림 4-3] 대구광역시 인구 1,000명 당 의료기관 종사 의사 수

출처: 국토해양부 국토지리정보원 국토통계지도 이용 분석자료(2010).

## 4) 지역사회 문화기반시설 수

대구광역시의 문화기반시설도 지역 편중이 심한 것으로 나타났다. 예를 들어, 2008년 중구에는 인구 10만 명당 6.34개소의 문화기반시설이 존재하는 데 비하여 수성구의 경우 0.89개소에 불과하여 해당 지역주민의 문화욕구를 충족시키기 어려운 상황에 있음을 알 수 있다. 따라서 중구를 제외한 지역에 위치한 교회들이 교회를 기반으로 하는 건전한 문화활동 여건을 조성한다면 지역사회의 필요를 채우는 데 기여할

수 있을 것이다(〈표 4-7〉 [그림 4-4] 참조).

〈표 4-7〉 대구광역시 인구 십만 명당 문화기반시설 수

| 구별 | 2005년 | 2006년 | 2007년 | 2008년 |
|---|---|---|---|---|
| 대구 중구 | 6.24 | 6.36 | 6.32 | 6.34 |
| 대구 동구 | 1.16 | 1.78 | 2.38 | 2.72 |
| 대구 서구 | 0.80 | 0.82 | 1.26 | 1.31 |
| 대구 남구 | 2.78 | 1.66 | 1.68 | 1.71 |
| 대구 북구 | 0.65 | 0.64 | 1.08 | 1.30 |
| 대구 수성구 | 0.46 | 0.45 | 0.89 | 0.89 |
| 대구 달서구 | 1.01 | 1.53 | 1.69 | 1.85 |

출처: 국가통계포털(2010).

| 급간 | 시작 | 끝 |
|---|---|---|
| | 0.13 | 2.72 |
| | 2.72 | 5.311 |
| | 5.311 | 7.901 |
| | 7.901 | 10.492 |
| | 10.492 | 13.083 |

[그림 4-4] 대구광역시 인구 10만 명당 문화기반시설 수
출처: 국토해양부 국토지리정보원 국토통계지도 이용 분석자료(2010).

## 5) 지역사회 국민기초생활 수급자 비율

대구광역시의 절대빈곤계층에 해당하는 국민기초생활 수급자의 비율은 전국 평균을 웃돌며 그 가운데 중구, 남구, 동구, 서구, 달서구는 빈곤계층의 분포가 광범위하여 전반적으로 교회의 관심과 돌봄이 필요한 지역임을 알 수 있다(〈표 4-8〉 [그림 4-5] 참조). 빈곤층의 분포는 노

인인구비율이 높은 지역으로, 노인 빈곤층을 대상으로 하는 서비스의
계획이 선행되어야 한다.

〈표 4-8〉 전국 대비 대구광역시 구별 국민기초생활 수급자 비율

|  | 2005년 | 2006년 | 2007년 | 2008년 |
|---|---|---|---|---|
| 전국 | 3.05 | 3.07 | 3.08 | 2.94 |
| 대구광역시 | 3.54 | 3.68 | 3.84 | 4 |
| 중구 | 4.32 | 4.67 | 4.81 | 5.15 |
| 동구 | 3.93 | 4.1 | 4.34 | 4.58 |
| 서구 | 3.8 | 3.87 | 4.05 | 4.26 |
| 남구 | 3.6 | 3.9 | 4.37 | 4.73 |
| 북구 | 3.06 | 3.09 | 3.19 | 3.28 |
| 수성구 | 3.53 | 3.56 | 3.62 | 3.64 |
| 달서구 | 3.55 | 3.72 | 3.83 | 4.04 |

출처: 국가통계포털(2010).

| 급간 | 시작 | 끝 |
|---|---|---|
|  | 3.279 | 3.653 |
|  | 3.653 | 4.026 |
|  | 4.026 | 4.4 |
|  | 4.4 | 4.773 |
|  | 4.773 | 5.148 |

[그림 4-5] 대구광역시 국민기초생활보장수급자 비율(%)(2008)

출처: 국토해양부 국토지리정보원 국토통계지도 이용 분석자료(2010).

## 4. 지역사회 욕구 및 자원조사의 기술, 실천

이상에서 살펴본 바와 같이 지역사회에 교회가 사회복지서비스를 기여하기 위해서는 지역사회의 필요를 파악하는 것이 우선되어야 한다. 이를 위해 지역사회 욕구조사방법을 탐색해 보았다. 나아가 지역사회에 존재하는 자원을 분석하여 이미 존재하는 서비스로 인해 교회의 서비스가 중복되는 것을 피하고, 지역사회와 네트워킹할 수 있는 기반을 찾아 협력함으로써 효율적인 서비스를 수행할 수 있는 방안을 제시하였다.

지역사회에 존재하는 교회가 지역의 문제를 파악하고 지역사회와 협력하여 대안을 마련하며 문제를 개선하기 위해 서비스를 계획하는 것은 지역사회와 소통하고 지역사회의 일원임을 확인시키고 지역사회에 교회의 위상을 든든히 하여 이웃을 사랑하는 복음의 본질적 사명을 든든히 하는 데 기여할 수 있다는 사실을 재확인할 수 있었다. 교회가 실천하려는 봉사 목적에 따라 대상을 정하고, 존재하는 통계와 사회지표 자료를 활용하여 서비스 대상의 현황과 기존 자원을 파악하며 동시에 서비스 대상의 욕구에 따라 서비스 혹은 프로그램을 잘 마련한다면 매우 바람직한 서비스를 수행할 수 있을 것이다.

## 참고문헌

국가통계포털(2010). e-지방지표. http://kosis.kr/region/region_0101List.jsp?VW
　　_CD=MT_GTITLE01.
국토해양부 국토지리정보원 국토통계지도 분석자료(2010). http://nationalatlas.
　　ngii.go.kr.

법제처(2004. 9. 6 개정). 사회복지사업법시행규칙. 사회복지관의 설치 · 운영 기준 등에 관한 사항 및 사회복지관사업.

보건복지가족부(2008). 전국 노인생활실태 및 복지욕구조사, 1024.

정무성, 김교성, 손병덕(2005). 동작구 중장기 복지정책 수립을 위한 연구. 동작구 동작복지재단.

통계청(2010). 복지부문 통계지표. http://www.kosis.kr/ups/ups_01List01.jsp?grp_no =1005&pubcode=KP&type=F.

통계청(2009). 한국의 사회지표.

제 / 5 / 장

# 지역사회의 사회복지 사각지대 해소를 위한 교회 참여 방안연구

―고양시 일산서구 보건 · 의료 분야 주민 욕구, 만족도 분석과
지역교회의 역할 논의

## 1. 지역 보건 · 의료 분야와 교회

  기독교 선교 초기에는 가난한 사람들을 위한 봉사적 의료활동을 전개하였을 뿐만 아니라 나병과 같이 당시 천형으로 불린 질환을 가진 사회적 소외자들에게도 그리스도의 적극적인 사랑을 베풀었다. 오늘날 국가의 경제적 상황이 개선되고 의료기술이 발달하며 수익형 의료기관이 확대되었고, 교회가 보건 · 의료 활동을 통하여 그리스도의 사랑을 베풀고 지역사회에서 빛과 소금의 역할을 하고 있으나 선교 초기와 같이 적극적인 역할을 해내지 못하는 것은 안타까운 일이다. 그런데 교회가 위치한 지역사회에는 여전히 보건 · 의료적 문제가 산재해 있기 때문에 여전히 교회의 보건 · 의료 활동을 필요로 하고 있다. 문제는 현대교회가 지역의 보건 · 의료적 문제를 어떻게 파악하고 교회의 역할을 찾을 수 있는가다. 교회가 존재하는 최우선적 목적은 그리스도의 복음을 전파하는 것이다. 이와 함께 섬김을 통하여 그리스도의 사랑을 이웃에게 적극적으로 증거하는 삶이 구체적으로 드러날 필요가 있다.
  현대교회의 지역사회봉사는 단순 구제에 치중하는 경향이 있다. 그

러나 봉사 대상의 자활을 돕고, 삶에 대한 적극적 노력을 강구할 수 있
도록 도우며, 현재 시행되고 있는 다양한 형태의 지역사회봉사와 중복
을 피하기 위하여 시행하려는 봉사 목표에 따른 욕구·만족도 조사가
필수적이다. 즉, 지역사회의 다양한 사회복지적 문제를 파악하기 위하
여 지역의 사회복지적 욕구를 조사하는 것이 교회가 할 수 있는 일차적
노력의 방향이 되고, 그 조사를 바탕으로 교회가 할 수 있는 부분이 무
엇인지에 대한 논의가 이루어져야 한다.

　　따라서 이 장에서는 고양시 일산서구의 보건·의료 분야 주민 욕구,
만족도 분석을 통하여 지역의 보건·의료 관련 현안을 발견하고 교회
의 역할을 제안하고자 한다.

## 1) 국민건강과 건강보험

　　국민건강 개선을 위해 5년마다 국가종합계획을 수립하도록 하는 국
민건강증진법 제4조에 근거해, 정부는 2002년에 처음으로 제1차 국민
건강증진종합계획(2002~2005)을 수립한 바 있다. 그리고 2005년 12월
에는 제2차 국민건강증진종합계획(2006~2010)을 수립, 공포하면서 건
강수명 연장(2005년 67.8세 → 2010년 72.0세) 및 건강 형평성 확보를 총
괄목표[1]로 4대 분야, 24개 중점과제(〈표 5-1〉 참조), 108개 세부사업을
선정한 바 있다.

　　그러나 재원 조달의 어려움으로 인해 후속관리가 미흡하던 중 새 정
부 출범에 따라 '사전 예방적, 능동적 건강정책'의 실질적 강화를 추진
하려는 새로운 정책방향의 2008년 실행계획을 다음과 같이 수립하였다
(〈표 5-2〉 참조).

---

1. 세부목표로 ① 흡연율, ② 음주율, ③ 운동 실천율, ④ 적정체중 인구비율, ⑤ 암 검
　진율, ⑥ 고혈압 치료율, ⑦ 결핵 사망률, ⑧ 우울증 유병률, ⑨ 치아우식 경험률,
　⑩ 모유수유 실천율, ⑪ 산전 관리율, ⑫ 장애노인율의 12개 주요 건강지표를 제시
　하였다.

〈표 5-1〉 국민건강증진종합계획(HP2010)의 4대 분야, 24개 중점과제

| 건강생활 실천 확산 | 예방 중심 건강관리 | 인구집단별 건강관리 | 건강환경 조성 |
|---|---|---|---|
| • 금연<br>• 절주<br>• 운동<br>• 영양 | • 암 관리<br>• 관절염<br>• 고혈압<br>• 당뇨병<br>• 심·뇌혈관질환<br>• 과체중과 비만<br>• 예방접종 대상 전염병<br>　관리<br>• 에이즈·성병 및 혈액<br>　매개 전염병 관리<br>• 매개체 전염병 관리<br>• 식품매개 전염병 관리<br>• 신종 전염병 관리<br>• 결핵·호흡기 질환 관리<br>• 정신보건<br>• 구강보건 | • 모성보건<br>• 영유아보건<br>• 노인보건<br>• 근로자 건강 증진<br>• 학교보건 | • 건강 형평성<br>　확보 |

출처: 보건복지가족부 국민건강증진종합계획(2006-2010). 2008 실행계획, p. 3.

1. 중장기 흡연 예방 및 금연정책 수립과 저소득층 임산부·영유아 등 취약계층에 대한 보충 영양식품 지원 전국 확대 실시를 목표로 하는 건강생활 실천 확산

2. 고혈압·당뇨병 등록관리 및 심·뇌혈관 질환 대응 강화, 신종 전염병(AI, 광우병, 신종플루) 대응체계 강화를 목표로 하는 예방 중심 건강관리

3. 산모·신생아 모자보건사업 강화, 영유아 건강이상 조기 발견 및 치료 지원에 초점을 맞춘 인구집단별 건강관리

4. 어려운 이웃을 찾아가는 보건소 방문건강관리 서비스 확대, 지역 사회 기반의 자율적인 건강정책 추진,[2] 생활체육 활성화(시·

군·구 생활체육 지도자 배치, 노인전담 생활체육 지도자 배치) 등 건
강환경 조성

〈표 5-2〉 제2차 국민건강증진종합계획 총괄 및 주요 건강지표

| 총괄지표 | 2002년 | 2005년 | 2010년 |
|---|---|---|---|
| 건강수명의 연장 | 전체 66.0세 − | 전체 67.8세(2003) 남자 64.8세, 여자 70.8세 | 전체 72.0세 남자 69.7세, 여자 74.2세 |
| 건강 형평성 확보 | − | − | 사회계층별 사망률 및 건강 행태의 차이 감소 |

| | 영역 | 주요 건강지표 | | |
|---|---|---|---|---|
| | | | 2002년 | 2005년 | 2010년 |
| 1 | 금연 | 흡연율 (20세 이상 성인, 2005) | 남자 61.8% 여자 5.4%(2001) | 남자 50.3% 여자 3.1%(2005) | 남자 30.0% 여자 2.5% |
| 2 | 절주 | 고도위험 음주자 비율 | 남자 17.4% 여자 1.2%(2001) | 남자 14.9% 여자 2.5%(2005) | 남자 13.0% 여자 2.0% |
| 3 | 운동 | 운동 실천율 (주 5일 이상, 1일 총 30분 이상 중강도 운동 실천율) | − | 18.8%(2005) | 30.0% |
| 4 | 영양 | 적정체중 인구비율 (18.5≤신체질량지수<25) | 64.7%(2001) | 63.3%(2005) | 70% |

〈계속〉

---

2. 시·군·구별 건강현황을 조사·실시하여 흡연율, 비만율 등 건강지표 194종 조
   사·발표, 시·군·구별 보건사업 통합평가 실시(2008. 5-11).

| 5 | 암 관리 | 5대 암검진 권고안 이행 수검률 | – | 40.3%(2004) | 60% |
|---|---|---|---|---|---|
| 6 | 만성관리 | 고혈압 치료율 | 남자 25.2%<br>여자 39.5%<br>(2001, 30세 이상) | – | 남자 30.0%<br>여자 45.0%<br>(30세 이상) |
| 7 | 전염병관리 | 결핵 사망률 | – | 5.9/100,000명 | 5.0/100,000명 |
| 8 | 정신보건 | 우울증 유병률 | 2.2%(2001) | | 2.0% |
| 9 | 구강<br>보건 | 치아우식 경험률<br>5세(유치),<br>12세(영구치) | 5세 83.3%<br>12세 77.1%(2000) | – | 5세 67.0%<br>12세 62.0% |
| 10 | 영유아<br>보건 | 모유수유 실천율 | – | 생후 1주 59.4%<br>생후 4주 50.6% | 생후 1주 70%<br>생후 4주 70% |
| 11 | 모성<br>보건 | 표준 산전관리율 | – | 99.8%<br>(산전관리율,<br>2003) | 표준화<br>산전관리율 95% |
| 12 | 노인<br>보건 | 일상생활 동작<br>장애노인 발생률 | 10%(2001) | – | 10% |

출처: 보건복지가족부 국민건강증진종합계획(2006-2010: 13).

우리나라에서는 국민의 건강 증진을 위한 사회보험제도의 일환으로 시행되고 있는 국민건강보험이 국민의 건강문제를 해소하기 위한 핵심적 보장제도 역할을 하고 있다. 그런데 저부담 · 저급여 체계(보건복지가족부, 2008)를 유지해 온 결과, 보험료 부담 수준이 선진국의 1/3 내지 1/4 수준에 불과함에 따라 보험급여 범위와 수준도 낮은 편이었다. 최근 생활수준의 향상으로 국민의 의료 이용 행태가 변화되고, 암 등 만성질환으로 인한 질병치료와 첨단 의료기술의 발달 등으로 의료비 부담이 크게 증가됨에 따라 보장성 확대에 대한 요구도 증가하고 있다. 한편 고액 · 중증 질환자의 경우 의료비 부담이 과중하여 가계파탄 등을 초래하는 사례가 있는데, 이는 보험에 가입하였음에도 보험혜택이 적

은 데 대한 불만과 건강보험제도 자체에 대한 불신으로 이어질 가능성
도 있다. 이에 2004년 이후의 안정적 재정운용을 바탕으로 건강보험의
보장성 강화방안을 추진하고 있다(김경하 외, 2008: 36). 그러나 우리나
라 건강보험의 보장률은 2004년 기준 약 61.3%에 지나지 않아 선진국
에 비하여 낮은 수준의 보장률을 보이고 있다. 특히 암환자의 경우에는
약 49.6% 수준으로 절반에도 미치지 못하고 있어 지속적인 건강보험의
발전을 위해서는 보장 수준의 획기적인 향상이 급선무라고 할 수 있다.
그리하여 건강보험의 보장성을 선진국 수준까지 단계적으로 향상시켜
2008년까지 78% 이상의 수준으로 향상시키는 것을 목표로 하였다(〈표
5-3〉 참조). 그러나 국민건강보험공단의 자료를 보면 2008년 건강보험
보장성 비율은 62.2%로 2007년의 64.6%에 비해 2.4%p 감소한 것으로
나타나([그림 5-1] 참조) 건강보험 보장성 제고를 위한 심도 있는 노력이
요청된다.

**〈표 5-3〉 건강보험 보장 확대목표**

|  | 2005년 | 2006년 | 2007년 | 2008년 |
|---|---|---|---|---|
| 보장률 | 64% | 68% | 70% | 78% |
| 암환자 | 64.4% | 70.1% | 75% | 76% |
| 투입재정 | 1조 5천억 원 | 1조 원 | 7천억 원 | 5천억 원 |
| 집중지원 중증질환 | 3개 상병균 | 4개 상병균 | 7~8개 상병균 | 9~10개 상병균 |
| 개발비급여 보험 적용 | 항암제 등 | 식대, 초음파, PET | 기준 병실 확대 |  |
| 보험료율 인상 | 2.38% | 3.5% 이상 | 6% 이상 | 3.5% 이상 |

출처: 보건복지가족부(2007: 70).

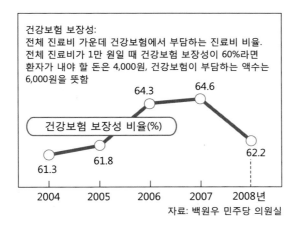

[그림 5-1] 최근 5년 건강보험보장성변화

출처: 한겨레신문(2009.10.12). 건강보험 보장성 MB정부서 '뚝'.

## 2) 노인문제와 노인장기요양보험제도

2008년도 노인인구가 전체 인구의 10.3%를 차지하는 502만 명으로 추계되고, 2018년도에는 고령사회(노인인구 14%)로의 진입이 예측됨에 따라 경로연금, 기초노령연금, 일자리 창출 등 노인생활 생태 및 복지 욕구를 증진하기 위한 정책적 노력을 기울여 왔다. 그러나 노인들의 질환 및 치매 유병률[3]이 높고(〈표 5-4〉 참조) 질환자 가족의 경제적 부담 및 경제활동 불안이 심각한 사회적 문제로 대두되었다. 이에 따라 65세 이상 노인 및 노인성 질환을 가진 65세 미만 국민 중 6개월 이상 혼자 일상생활이 어려운 자로서 장기요양등급판정위원회에서 등급판정을 받은 국민을 대상으로 노인장기요양보험이 2008년 7월부터 시행되었다.

---

3. 평균 수명은 77.5세(2003년 기준 남자 73.9세, 여자 80.8세)이나 건강수명과는 11년 가량 차이가 있어 생애 마지막은 질병에 시달리고 있는 것이 현실이다. 치매노인 수(2005년 36만 2,000명)는 매년 증가하고 있고 치매 유병률(2005년 8.3%)은 매년 증가하고 있다(보건복지가족부, 2007 보건복지가족백서, 2008, p. 184).

〈표 5-4〉 치매노인 수 추계

| 구분 | 2000년 | 2005년 | 2007년 | 2010년 | 2015년 | 2020년 |
|---|---|---|---|---|---|---|
| 65세 이상 노인 수(명) | 3,384 | 4,394 | 4,821 | 5,414 | 6,425 | 7,793 |
| 비율(%) | 7.2% | 9.1% | 9.9% | 11.0% | 12.9% | 15.6% |
| 치매노인 수(명) | 278 | 365 | 400 | 466 | 578 | 701 |
| 치매 유병률(%) | 8.2 | 8.3 | 8.3 | 8.6 | 9.0 | 9.0 |

출처: 통계청(2006). 통계청 장래인구추계 결과.

정부는 노인장기요양보험제도의 실질적 정착을 위하여 노인요양시설 확충,[4] 노인장기요양보험 전문인력 양성 제도화(요양보호사),[5] 가정봉사원 파견시설, 주간보호시설, 단기보호시설, 재가노인지원센터, 독거노인 보호를 실시해 오고 있다. 추가적으로 노인의 질병 예방 및 건강 증진을 위하여 노인의 건강검진,[6] 노인 안검진,[7] 치매 무료정밀검사 지원,[8] 전국노인건강축제 등을 실시하고 있다. 최근 실시한 보건복지가

---

4. 2009년 5월 현재 요양시설은 2,016개, 재가시설은 1만 3,815개로 2008년 7월 대비 요양시설은 44.5%, 재가시설은 117.9% 증가하였다(보건복지가족부, 2009 노인장기요양보험 시행 1년의 성과와 향후 과제, 2010, p. 4).

5. 요양보호사 교육기관은 2009년 4월 현재 총 1,137개소가 설립되어 2008년 1월 101개소와 비교하면 10배 이상 증가하였다. 요양보호사는 2009년 4월 현재 45만 명 이상 양성되었다(보건복지가족부, 2009 노인장기요양보험 시행 1년의 성과와 향후 과제, 2010, p. 5).

6. 1983년부터 국민기초생활보장 수급노인을 대상으로 노인 무료건강검진을 실시하였다. 매년 검진 대상과 건강검진 항목을 점차적으로 확대해 왔으며, 2005년부터 정부의 지방이양 방침에 따라 국고지원 예산을 분권교부세에 포함하여 지원하고 있다.

7. 2003년부터는 안과 의사의 손길이 미치기 어려운 지역의 노인을 대상으로 정밀안검사를 실시하고 있다.

8. 전국 보건소에 치매상담센터를 설치하고 치매상담 전문요원을 배치하여 치매환자의 등록, 상담·간병지도, 치료에 대한 각종 정보를 제공하고 있다. 아울러 치매 예방과 함께 환자의 조기 발견을 통한 치료 효과를 도모하고 있으며, 지역사회의 종합적인 치매관리사업을 수행하는 데 필요한 종합적인 매뉴얼을 보급하고 있다. 2006년도에는 민간단체를 활용하여 16개 치매 거점병원을 선정하고 인근 보건소와 연계한 치매 무료정밀검진사업을 시범 실시하였으며, 2007년부터 사업 주체를 보건소로 변경하여 확대 실시하고 있다.

족부의 노인장기요양보험제도 평가에 따르면 제도 시행 초기와 비교했을 때 장기요양서비스에 대한 인지도·만족도 증가로 신청자 및 인정자가 지속적으로 증가하고 있는 것으로 나타났다(〈표 5-5〉 참조).

그러나 노인장기요양보험도 현재 시행되고 있는 서비스 질의 확보, 요양보호사의 전문성 강화를 위한 관리체계 확립, 서비스 접근성 개선, 인권침해 대책 강구 등이 시급하게 개선되어야 할 과제로 남아 있다(엄기욱, 2008).

〈표 5-5〉 노인장기요양보험제도 신청자 및 이용자 현황

| 구분 | 2008년 7월 | 2008년 12월 | 2009년 5월 |
|---|---|---|---|
| 신청자 | 271,298 | 376,032 | 472,647 |
| 인정자 | 146,643 | 214,480 | 259,456 |
| 이용자 | 76,476 | 148,749 | 202,492 |
| 이용률 | 52.2% | 69.4% | 78% |

출처: 보건복지가족부(2010).

### 3) 고양시 일산서구의 인구 및 보건 · 의료 특징

정부의 이러한 국정운영 방향에 따라 고양시 일산서구는 2009년 역점시정 추진과제 중 하나를 공공 의료서비스 강화로 두고, 전염병 예방, 암·희귀·난치성 질환 의료비 지원, 임산부·영유아 건강관리, 취약계층·독거노인·장애인·암환자 등 방문건강관리서비스 제공, 정신건강, 구강보건(아동, 임산부, 의료 취약계층, 노인 등 구강질환 예방), 금연사업(금연 클리닉, 금연구역 관리, 교육 및 홍보) 등을 다각도로 실천해 왔다(고양시, 2009).

보건·의료 대상자가 되는 고양시의 총인구는 93만 8,157명(남자 46만 3,124명, 여자 47만 5,033명)이며, 고양시 일산서구에는 28만 8,725명이 거주하고 있다(2007년 12월 기준). 고양시 인구 가운데 65세 이상 인구

는 7만 9,203명으로 전체 인구의 12.47%를 차지하여 전국 평균 10.7%을 웃돌며 일산서구는 그보다 높은 12.9%다(〈표 5-6〉 참조).

고양시 전체에 950개 의료기관(고양시, 2009)이 존재하는데, 10만 명당 의료기관 수가 서울시는 75.5개소, 경기도는 53.1개소에 불과하나(오영호, 신호성, 2008) 고양시는 101개소로서 일반적 평균에 비하여는 의료기관 수가 많은 것으로 나타났다. 병상 수는 8,418개/인구 1,000명당 8.97개(고양시, 2009)로서 경기도 전체 8만 3,669개(오영호, 신호성, 2008)의 10%를 상회하고 있다. 이는 우리나라 총인구 1,000명당 병상 수 9.8개소(나라지표, 2009)에 비하여 낮은 수준임을 알 수 있다.

〈표 5-6〉 2009년 8월 고양시 구 · 동별 인구, 2007년 12월 65세 이상 인구수

| 구분 | 계(명) | 남(명) | 여(명) | 인구밀도 (명/km²) | 면적 (km²) | 세대 수 가구 | 65세 이상 인구 | |
|---|---|---|---|---|---|---|---|---|
| | | | | | | | 2006.12 | 2007.12 |
| 총계 | 938,157 | 463,124 | 475,033 | 3,381 | 267.36 | 352,296 | 69,964 | 75,203 |
| 덕양구 | 386,637 | 193,239 | 193,398 | 2,332 | 165.43 | 150,412 | 35,803 | 33,398 |
| 주교동 | 20,721 | 10,416 | 10,305 | 3,530 | 5.44 | 8,411 | 1,951 | 1,912 |
| 원신동 | 2,052 | 1,130 | 922 | 322 | 12.66 | 944 | 315 | 309 |
| 흥도동 | 4,300 | 2,361 | 1,939 | 454 | 12.02 | 2,030 | 660 | 648 |
| 성사1동 | 16,979 | 8,353 | 8,626 | 12,182 | 1.80 | 7,543 | 1,718 | 1,680 |
| 성사2동 | 13,445 | 6,643 | 6,802 | 17,813 | 0.79 | 4,837 | 1,366 | 1,286 |
| 효자동 | 7,823 | 4,179 | 3,644 | 296 | 25.13 | 3,559 | 1,111 | 1,077 |
| 신도동 | 5,835 | 3,091 | 2,744 | 1,385 | 6.84 | 2,799 | 967 | 934 |
| 창릉동 | 4,788 | 2,679 | 2,109 | 598 | 11.70 | 2,360 | 808 | 810 |
| 고양동 | 30,865 | 15,530 | 15,335 | 926 | 24.38 | 11,723 | 2,782 | 2,520 |
| 관산동 | 26,791 | 13,597 | 13,194 | 1,688 | 15.71 | 10,677 | 3,125 | 2,975 |
| 능곡동 | 20,310 | 10,205 | 10,105 | 1,406 | 13.48 | 8,023 | 1,957 | 1,866 |
| 화정1동 | 44,653 | 21,764 | 22,889 | 19,076 | 2.42 | 16,862 | 3,747 | 3,531 |
| 화정2동 | 37,403 | 18,330 | 19,073 | 21,232 | 1.83 | 12,794 | 2,430 | 2,307 |
| 행주동 | 23,949 | 12,158 | 11,791 | 3,801 | 6.26 | 10,515 | 2,201 | 2,071 |

〈계속〉

| | | | | | | | |
|---|---|---|---|---|---|---|---|
| 행신1동 | 26,322 | 12,796 | 13,526 | 24,426 | 0.96 | 9,209 | 2,068 | 1,998 |
| 행신2동 | 38,821 | 19,204 | 19,617 | 9,798 | 4.24 | 13,925 | 2,894 | 2,780 |
| 행신3동 | 49,630 | 24,346 | 25,284 | 24,486 | 1.69 | 18,493 | 3,785 | 2,853 |
| 화전동 | 7,007 | 3,845 | 3,162 | 1,239 | 7.45 | 3,504 | 1,373 | 1,340 |
| 대덕동 | 4,943 | 2,612 | 2,331 | 439 | 10.63 | 2,204 | 545 | 501 |
| 일산동구 | 261,358 | 128,061 | 133,297 | 3,784 | 59.61 | 100,066 | 17,402 | 19,435 |
| 식사동 | 6,950 | 3,558 | 3,392 | 1,151 | 6.81 | 2,714 | 595 | 584 |
| 중산동 | 43,653 | 21,329 | 22,324 | 9,487 | 3.15 | 15,813 | 2,277 | 3,287 |
| 정발산동 | 30,181 | 14,553 | 15,628 | 17,482 | 1.75 | 11,045 | 2,038 | 2,153 |
| 풍산동 | 38,117 | 18,732 | 19,385 | 2,667 | 5.68 | 13,427 | 2,021 | 2,524 |
| 백석1동 | 28,999 | 14,074 | 14,925 | 16,383 | 1.77 | 11,040 | 1,793 | 1,859 |
| 백석2동 | 22,003 | 10,668 | 11,335 | 27,503 | .80 | 10,048 | 1,618 | 1,690 |
| 마두1동 | 29,079 | 14,154 | 14,925 | 14,632 | 2.02 | 9,639 | 1,992 | 2,026 |
| 마두2동 | 18,743 | 9,028 | 9,715 | 23,363 | 0.82 | 6,264 | 1,630 | 1,675 |
| 장항1동 | 3,364 | 1,868 | 1,496 | 336 | 9.88 | 1,565 | 343 | 363 |
| 장항2동 | 25,595 | 12,329 | 13,266 | 10,253 | 2.45 | 12,466 | 1,690 | 1,782 |
| 고봉동 | 14,674 | 7,768 | 6,906 | 583 | 24.93 | 6,045 | 1,405 | 1,491 |
| 일산서구 | 288,725 | 141,249 | 147,476 | 6,836 | 42.31 | 101,210 | 21,086 | 22,370 |
| 일산1동 | 30,531 | 14,924 | 15,607 | 46,102 | 0.65 | 10,366 | 2,055 | 2,242 |
| 일산2동 | 23,112 | 11,458 | 11,654 | 25,835 | 0.89 | 9,004 | 1,639 | 1,767 |
| 일산3동 | 41,612 | 20,334 | 21,278 | 38,238 | 1.12 | 12,860 | 2,497 | 2,555 |
| 탄현동 | 42,312 | 20,737 | 21,575 | 27,647 | 1.56 | 14,426 | 2,783 | 2,921 |
| 주엽1동 | 32,932 | 15,814 | 17,118 | 35,510 | 0.97 | 11,272 | 2,908 | 3,083 |
| 주엽2동 | 34,492 | 16,438 | 18,054 | 37,543 | 0.96 | 12,520 | 3,450 | 3,631 |
| 대화동 | 35,717 | 17,399 | 18,318 | 11,406 | 3.19 | 13,650 | 2,473 | 2,629 |
| 송포동 | 18,133 | 9,074 | 9,059 | 1,344 | 13.33 | 6,139 | 1,224 | 1,316 |
| 송산동 | 29,884 | 15,071 | 14,813 | 1,300 | 19.64 | 10,973 | 2,057 | 2,226 |

출처: 통계청(2009). 고양시 구 · 동 인구(65세 이상 인구수).

고양시의 의료를 담당하는 의료기관 종사인력은 2007년 12월 말 의사, 한의사, 조산사, 간호사, 간호조무사, 의료기사, 의무기록사, 약사를 모두 포함하여 7,712명이다. 이 중 의사는 1,476명으로 의사 1인당 635명을 담당하고 있는 것으로 나타나, 서울시의 211명과 비교할 때 낮은 수준의 의료인력이 종사하고 있음을 알 수 있다.

일산서구는 의사가 392명으로서 의사 1인당 738명을 담당하고 있어 고양시 전체 평균에 비하여 낮은 수준일뿐더러, 의사는 2006년도에 비하여 19.9%나 줄어들어 의료진의 수급이 타 지역에 비하여 매우 심각한 상황에 있다(〈표 5-7〉 참조).

〈표 5-7〉 2007년 고양시 의료기관 종사인력

| | 연도 | 합계 | 상근 의사* | 비상근 의사 | 치과의사 | 한의사 | 조산사 | 간호사 | 간호 조무사 | 의료기사 |
|---|---|---|---|---|---|---|---|---|---|---|
| 고양시 | 2007 | 7,712 | 1,472 | 4 | 360 | 260 | 87 | 26 | 2,391 | 1,627 |
| | 2006 | 6,893 | 1,452 | 3 | 375 | 273 | 16 | 2,260 | 1,187 | 1,180 |
| 덕양구 | 2007 | 2,132 | 451 | 2 | 111 | 80 | 18 | 7 | 527 | 565 |
| | 2006 | 1,832 | 406 | 3 | 110 | 89 | 8 | 472 | 432 | 276 |
| 일산 동구 | 2007 | 3,336 | 630 | 2 | 112 | 89 | 56 | 9 | 1,334 | 430 |
| | 2006 | 3,098 | 577 | − | 116 | 96 | − | 1,281 | 410 | 542 |
| 일산 서구 | 2007 | 2,244 | 391 | − | 137 | 91 | 13 | 10 | 530 | 632 |
| | 2006 | 1,963 | 469 | − | 149 | 88 | 8 | 507 | 345 | 362 |

* 의료종사자만 포함.
출처: 보건복지가족부(2008b). 보건복지통계연보. 도 보건위생정책과, 덕양구 · 일산동구 · 일산서구 보건소.

일산구 전체 급여 형태별 진료실적은 진료실 인원, 지급 건수, 내원 일수, 진료 일수, 총진료비의 모든 영역에서 2006년에 비하여 매우 증가하였고, 일산구의 의료 욕구에 비하여 종사인력은 부족한 실정이다(〈표 5-8〉 참조).

〈표 5-8〉 2006년 대비 2007년 급여 형태별 진료실적 현황

| 행정구역 | 진료 구분 | 급여구분 | 2006년 | 2007년 | 증감(%) |
|---|---|---|---|---|---|
| 일산구 | 진료실 인원 | 소계 | 473,623 | 520,750 | 9.9% |
| | 지급 건수 | 소계 | 4,245,114 | 6,214,140 | 46.3% |
| | 내원 일수 | 소계 | 7,077,027 | 8,324,962 | 17.6% |
| | 진료 일수 | 소계 | 9,534,506 | 11,690,847 | 22.6% |
| | 총진료비 | 소계 | 214,304,630 | 270,506,922 | 26.2% |
| | 급여비 | 소계 | 160,472,652 | 203,742,845 | 26.9% |
| | 건당 | 진료비 | 50,483 | 43,531 | −15.9% |
| | | 급여비 | 37,802 | 32,787 | −15.2% |
| | | 내원 일수 | 1.67 | 1.34 | −24.6% |
| | | 진료 일수 | 2.25 | 1.88 | −19.6% |
| | 내원 일당 | 진료비 | 30,282 | 32,493 | 9.3% |
| | | 급여비 | 22,675 | 24,474 | 9.2% |
| | 진료 일당 | 진료비 | 22,477 | 23,138 | 9.7% |
| | | 급여비 | 16,831 | 17,428 | 9.6% |
| 덕양구 | 진료실 인원 | 소계 | 340,760 | 350,188 | 9.7% |
| | 지급 건수 | 소계 | 3,102,346 | 4,211,737 | 7.3% |
| | 내원 일수 | 소계 | 5,382,596 | 5,763,202 | 9.3% |
| | 진료 일수 | 소계 | 7,085,702 | 7,857,335 | 9.0% |
| | 총진료비 | 소계 | 164,255,287 | 192,529,523 | 8.5% |
| | 급여비 | 소계 | 124,373,189 | 146,609,131 | 8.4% |
| | 건당 | 진료비 | 52,946 | 45,713 | −15.8% |
| | | 급여비 | 40,090 | 34,810 | −15.1% |
| | | 내원 일수 | 1.74 | 1.37 | −27.0% |
| | | 진료 일수 | 2.28 | 1.87 | −21.9% |
| | 내원 일당 | 진료비 | 30,516 | 33,407 | 9.1% |
| | | 급여비 | 23,107 | 25,439 | 9.0% |
| | 진료 일당 | 진료비 | 23,181 | 24,503 | 9.4% |
| | | 급여비 | 17,553 | 18,659 | 9.4% |

출처: 국민건강보험공단 건강보험정책연구원 통계 분석팀(2009). 시·군·구별 급여 형태별 진료실적현황(건강보험)(급여비).

2006년 대비 2007년 만성질환 급여 현황을 통해서도 이와 같은 의료 분야 욕구의 성장을 볼 수 있다(〈표 5-9〉참조). 고혈압, 당뇨, 치주질환, 관절염, 정신질환, 전염병, 간질환 전체에 걸쳐 만성질환은 급격한 증가 추세에 있다(〈표 5-10〉참조).

**〈표 5-9〉일산구 2006년 대비 2007년 만성질환 급여 현황**

| 구분 | | 인원/건수/일수 | 2006년 | 2007년 | 증감(%) |
|---|---|---|---|---|---|
| 일산구 | 고혈압<br>(I10~I15) | 진료실 인원 | 41,014 | 53,759 | 31.0% |
| | | 지급 건수 | 244,493 | 362,045 | 48.0% |
| | | 내원 일수 | 311,550 | 413,633 | 32.7% |
| | | 진료 일수 | 402,839 | 685,211 | 70.0% |
| | | 총진료비 | 4,974,672 | 6,569,112 | 32.0% |
| | | 급여비 | 3,498,370 | 4,655,060 | 33.0% |
| | 당뇨<br>(E10~E14) | 진료실 인원 | 15,860 | 21,229 | 33.8% |
| | | 지급 건수 | 90,537 | 136,989 | 51.3% |
| | | 내원 일수 | 125,702 | 173,149 | 37.7% |
| | | 진료 일수 | 312,279 | 445,987 | 42.8% |
| | | 총진료비 | 3,177,853 | 4,492,624 | 41.3% |
| | | 급여비 | 2,108,084 | 3,022,793 | 43.3% |
| | 치주질환<br>(K00~K01,<br>K03~K08) | 진료실 인원 | 137,702 | 157,283 | 14.2% |
| | | 지급 건수 | 304,770 | 431,307 | 41.5% |
| | | 내원 일수 | 459,232 | 524,291 | 14.1% |
| | | 진료 일수 | 460,721 | 526,591 | 14.2% |
| | | 총진료비 | 9,900,833 | 11,500,532 | 16.1% |
| | | 급여비 | 6,845,096 | 7,971,755 | 16.4% |
| | 관절염<br>(M00~M19,<br>M22~M25) | 진료실 인원 | 35,372 | 49,445 | 39.7% |
| | | 지급 건수 | 103,453 | 231,763 | 24.0% |
| | | 내원 일수 | 207,917 | 317,699 | 52.8% |
| | | 진료 일수 | 233,451 | 369,497 | 58.2% |
| | | 총진료비 | 5,800,435 | 9,195,506 | 58.5% |
| | | 급여비 | 4,305,061 | 6,818,590 | 58.3% |

〈계속〉

| | | | | | |
|---|---|---|---|---:|---:|---:|
| 일산구 | 정신질환 (F00~F99) | 진료실 인원 | 19,442 | 23,965 | 23.2% |
| | | 지급 건수 | 90,010 | 129,409 | 43.7% |
| | | 내원 일수 | 240,521 | 317,398 | 31.9% |
| | | 진료 일수 | 1,359,666 | 1,797,725 | 32.2% |
| | | 총진료비 | 10,537,336 | 14,675,139 | 39.2% |
| | | 급여비 | 8,139,169 | 11,333,418 | 39.2% |
| | 전염병 (A, B) | 진료실 인원 | 103,001 | 114,752 | 11.4% |
| | | 지급 건수 | 180,407 | 242,339 | 34.3% |
| | | 내원 일수 | 277,775 | 302,999 | 9.0% |
| | | 진료 일수 | 336,198 | 364,954 | 8.5% |
| | | 총진료비 | 6,764,078 | 8,019,506 | 18.5% |
| | | 급여비 | 4,765,372 | 5,642,459 | 18.4% |
| | 간질환 (K70~K77) | 진료실 인원 | 11,166 | 13,683 | 22.5% |
| | | 지급 건수 | 21,341 | 27,331 | 28.0% |
| | | 내원 일수 | 34,053 | 39,523 | 16.0% |
| | | 진료 일수 | 46,652 | 54,402 | 16.6% |
| | | 총진료비 | 2,674,350 | 2,573,141 | -3.9% |
| | | 급여비 | 2,042,526 | 1,843,440 | -10.7% |

출처: 국민건강보험공단 건강보험정책연구원 통계분석팀(2009).

〈표 5-10〉 일산구 2006년 대비 2007년 관외 급여 형태별 현황

| 구분 | | 2006년 | 2007년 | 증감(%) |
|---|---|---:|---:|---:|
| 진료실 인원 | 소계 | 339,895 | 369,109 | 8.5% |
| 지급 건수 | 소계 | 1,958,229 | 3,029,976 | 54.7% |
| 내원 일수 | 소계 | 3,344,074 | 4,258,960 | 27.3% |
| 진료 일수 | 소계 | 4,938,309 | 6,660,716 | 34.8% |
| 총진료비 | 소계 | 121,650,281 | 163,177,872 | 34.1% |
| 급여비 | 소계 | 92,359,803 | 124,054,495 | 34.3% |
| 건당 | 진료비 | 62,123 | 53,855 | -15.3% |
| | 급여비 | 47,165 | 40,942 | -15.1% |
| | 내원 일수 | 1.71 | 1.41 | -21.2% |
| | 진료 일수 | 2.52 | 2.20 | -14.5% |
| 내원 일당 | 진료비 | 36,378 | 38,314 | 5.3% |
| | 급여비 | 27,619 | 29,128 | 5.4% |
| 진료 일당 | 진료비 | 24,634 | 24,499 | 0.9% |
| | 급여비 | 18,703 | 18,625 | 0.9% |

*(일산구)*

출처: 국민건강보험공단 건강보험정책연구원 통계분석팀(2009).

고양시의 보건인력도 2006년에 비하여 일부 줄어든 것으로 나타났다. 특히 일산서구 보건소의 경우 의사 1명, 간호사 9명이 있고 치과의사 및 한의사는 정규직이 없는 것으로 조사되었다(〈표 5-11〉 참조). 이러한 보건소 인력 수준은 고양시의 국민기초생활 수급대상자 1만 3,774명 (2007년 12월 기준)만 돌보는 데도 매우 부족한 실정이라고 생각된다.

한편 고양시의 2007년 보건교육 실적 가운데는 일산서구의 보건교육 실적이 탁월하게 우수한 것으로 나타났다(〈표 5-12〉 참조).

〈표 5-11〉 **고양시 보건소 인력, 2007년(괄호 안은 2006년), 일산서구는 2009년 현재 인력**

|  | 합계 | 의사 | 치과의사 | 한의사 | 간호사 | 약사 | 임상병리사 | 방사선과 | 물리치료사 | 치과위생사 |
|---|---|---|---|---|---|---|---|---|---|---|
| 고양시 | 111(113) | 3(3) | 2(2) | 2(2) | 31(32) | 1(1) | 9(9) | 6(6) | 3(4) | 5(5) |
| 덕양구 보건소 | 42(42) | 1(1) | 1(1) | 1(1) | 12(12) | 1(1) | 3(3) | 2(2) | 1(2) | 2(2) |
| 일산동구 보건소 | 33(34) | 2(1) | -(-) | -(-) | 9(8) | -(-) | 3(3) | 2(2) | 1(1) | 2(2) |
| 일산서구 보건소 | 36(37) | 1(1) | -*(1) | -*(1) | 9(12) | 1(-) | 3(3) | 2(2) | 2(1) | (1)1 |

* 치과의사 비정규직 1명, 한의사 비정규직 1명 소재.
출처: 보건복지부(2007). 보건복지통계연보. 덕양보건소, 일산보건소.

〈표 5-12〉 **고양시 보건교육 실적(2007)**

|  | 건강생활 실천교육 합계(건) | (명) | 금연 (건) | (명) | 영양 (건) | (명) | 주(건) | (명) |
|---|---|---|---|---|---|---|---|---|
| 고양시 전체 | 12,923 | 156,087 | 170 | 49,593 | 165 | 22,751 | 128 | 30,636 |
| 덕양구 | 849 | 89,499 | 131 | 26,161 | 127 | 15,482 | 120 | 25,702 |
| 일산동구 | 279 | 26,845 | 8 | 11,631 | 9 | 4,972 | 5 | 2,394 |
| 일산서구 | 11,795 | 39,743 | 31 | 11,801 | 29 | 2,297 | 3 | 2,540 |

〈계속〉

| | 운동<br>(건) | (명) | 구강<br>보건(건) | (명) | 안전관리<br>(응급처치(건)) |
|---|---|---|---|---|---|
| 고양시<br>전체 | 150 | 19,049 | 12,296 | 32,934 | 4 |
| 덕양구 | 40 | 12,738 | 424 | 9,161 | 4 |
| 일산동구 | 6 | 1,612 | 250 | 6,003 | – |
| 일산서구 | 104 | 4,699 | 11,622 | 17,770 | |

출처: 보건복지부(2007). 보건복지통계연보. 덕양보건소, 일산보건소.

　고양시의 노인장기요양보험 대상자[9] 중 일산서구의 판정 대상자는 65세 이상 전체 노인인구 2만 2,370명 가운데 6.6%인 1,489명으로 나타났다(〈표 5-13〉 참조).

〈표 5-13〉 노인장기요양보험[10] 고양시 등급판정 현황(2009년 9월 30일 기준)

| 고양시 | 65세 이상<br>전체 인구 | 등급계 | 1등급 | 2등급 | 3등급 | 등급 외<br>A | 등급 외<br>B | 등급 외<br>C |
|---|---|---|---|---|---|---|---|---|
| 덕양구 | 33,398 | 2,523(7.6%) | 597 | 550 | 978 | 270 | 76 | 52 |
| 일산동구 | 19,435 | 2,413(12.4%) | 323 | 296 | 625 | 129 | 28 | 12 |
| 일산서구 | 22,370 | 1,489(6.6%) | 313 | 307 | 655 | 154 | 32 | 28 |

출처: 국민건강보험공단(2009).

---

9. 65세 이상 노인 및 65세 미만으로 노인성 질환을 가진 자.
10. 〈1~3등급의 장기요양 인정을 받은 자의 의사소견서 발급비용 부담률〉

| 부담률 | 일반<br>신청자 | 의료급여<br>수급권자 | 법에 정한 저소득층<br>생계 곤란자,<br>경감대상자 | 국민기초생활보장<br>수급권자 |
|---|---|---|---|---|
| 신청자 | 20% | 10% | 10% | 면제 |
| 공단 | 80% | – | 90% | – |
| 국가 또는 지자체 | – | 90% | – | 100% |

* 노인장기요양보험법에 따른 장기요양급여는 재가급여(방문요양, 방문목욕, 방문간호, 주야간 보호), 시설급여(노인전문병원 제외 노인 의료복지시설에 장기간 입소), 특별현금급여(가족요양비, 수급자가 장기요양기관으로 지정되지 않은 장기요양시설 기관에서 받은 장기요양급여 비용의 일부 지급)가 포함된다.

- 1등급(최중증): 일상생활에서 전적으로 다른 사람의 도움이 필요한 상태
  - 하루 종일 침대 위에서 생활하는 자로, 스스로 움직일 수 없는 와병 상태
  - 일상생활 활동의 식사, 배설, 옷 벗고 입기의 모든 활동에서 전적으로 다른 사람의 도움 필요
- 2등급(중증): 일상생활에서 상당 부분 다른 사람의 도움이 필요한 상태
  - 휠체어를 이용하지만 앉은 자세를 유지하지 못함
  - 식사, 배설, 옷 벗고 입기 등에서 다른 사람의 완전한 도움이 필요
  - 하루 중 대부분의 시간을 침대 위에서 지내는 경우가 많음
- 3등급(중등증): 일상생활에서 부분적으로 다른 사람의 도움이 필요한 상태(식사, 배설, 옷 벗고 입기 등에서 다른 사람의 부분적 도움이 필요)

일산서구청은 보다 실효성 있는 일산서구 주민들의 건강 증진과 노인성 질환자의 보호와 예방을 위한 정책방안을 마련하기 위하여 일산서구 주민을 대상으로 현재 시행되고 있는 건강보험과 노인장기요양보험 제도의 인식과 만족도를 조사하였다.

## 2. 조사방법과 대상 특성

### 1) 조사대상 및 조사 수행기관

이 조사에서는 일산서구 주민 중 18세 이상의 성인을 대상으로 1,520 사례를 선정하였다. 조사 수행을 위하여 일산서구 주민생활동아리 총

15개 단체(일산1~3동, 탄현동, 대화동, 주엽1~2동, 송산동, 송포동, 일산종합사회복지관, 문촌7, 문촌9사회복지관, 일산서구청 주민생활지원과, 고양시청 주민생활지원과, 고양시 지역사회복지협의체)가 참여하였다.

### 2) 조사기간

이 조사는 2009년 7월부터 9월까지 실시하였다.

### 3) 조사방법

훈련받은 조사원이 면접조사를 통하여 실시하였는데, 일산서구청 주민생활 지원과 희망근로 10명을 활용하여 이루어졌다. 수집된 자료 중 조사내용이 미흡한 자료를 제외한 1,520사례가 최종 분석에 사용되었다.

### 4) 분석방법

이 조사에서는 SPSSWIN 17.0을 이용하였다. 대상자의 일반적 특성과 보건·의료 인식 및 만족도에 대한 빈도분석을 하였다. 아울러 연령별, 직업별, 조사 지역별, 가구 총수입별 보건·의료 욕구를 파악하기 위하여 교차분석을 실시하였다.

### 5) 조사대상자의 일반적 특성

### (1) 성별

조사대상자의 성별은 〈표 5-14〉에서 볼 수 있듯이 총 1,520명 중 '남자'가 476명(31.3%), '여자'가 1,027명(67.6%)으로 여자 응답자가 남자 응답자에 비해 많았다.

〈표 5-14〉 성별

(단위: 명, %)

| 구분 | 남자 | 여자 | 무응답 | 계 |
|---|---|---|---|---|
| 인원 | 476 | 1,027 | 17 | 1,520 |
| 비율 | 31.3 | 67.6 | 1.1 | 100.0 |

## (2) 연령

조사대상자의 연령은 〈표 5-15〉에서와 같이 총 1,520명 중 '40~49세'가 476명(31.3%)으로 가장 많았으며, 다음으로 '20~39세' 338명(22.2%), '50~59세' 293명(19.3%) 순이었다.

〈표 5-15〉 연령

(단위: 명, %)

| 구분 | 20~39세 | 40~49세 | 50~59세 | 60~69세 | 70세 이상 | 무응답 | 계 |
|---|---|---|---|---|---|---|---|
| 인원 | 338 | 476 | 293 | 176 | 217 | 20 | 1,520 |
| 비율 | 22.2 | 31.3 | 19.3 | 11.6 | 14.3 | 1.3 | 100.0 |

## (3) 혼인 상태

조상대상자의 혼인 상태는 〈표 5-16〉에서와 같이 총 1,520명 중 '기혼'이 1,267명(83.4%)으로 가장 많았으며, 다음으로 '미혼' 176명(11.6%), '기타' 58명(3.8%) 순이었다.

〈표 5-16〉 혼인 상태

(단위: 명, %)

| 구분 | 미혼 | 기혼 | 기타 | 무응답 | 계 |
|---|---|---|---|---|---|
| 인원 | 176 | 1,267 | 58 | 19 | 1,520 |
| 비율 | 11.6 | 83.4 | 3.8 | 1.3 | 100.0 |

## (4) 최종 학력

조사대상자의 최종 학력은 〈표 5-17〉에서 볼 수 있듯이 총 1,520명 중에 '대학교 졸업'이 610명(40.1%)으로 가장 많았고, 다음으로 '고등학교 졸업' 547명(36.0%), '중학교 졸업' 126명(8.3%) 순으로 나타났다.

**〈표 5-17〉 최종 학력**

(단위: 명, %)

| 구분 | 무학 | 초졸 | 중졸 | 고졸 | 대졸 | 대학원 이상 | 무응답 | 계 |
|------|------|------|------|------|------|------|------|------|
| 인원 | 71 | 95 | 126 | 547 | 610 | 49 | 22 | 1,520 |
| 비율 | 4.7 | 6.3 | 8.3 | 36.0 | 40.1 | 3.2 | 1.4 | 100.0 |

## (5) 종교

조사대상자의 종교는 〈표 5-18〉과 같이 총 1,520명 중 '천주교' 387명(25.5%), '개신교' 371명(24.4%)으로 비슷하게 나왔으며, 다음은 '불교' 209명(13.8%), '무교' 475명(31.3%) 순이었다.

**〈표 5-18〉 종교**

(단위: 명, %)

| 구분 | 천주교 | 개신교 | 불교 | 무교 | 기타 | 무응답 | 계 |
|------|------|------|------|------|------|------|------|
| 인원 | 387 | 371 | 209 | 475 | 59 | 19 | 1,520 |
| 비율 | 25.5 | 24.4 | 13.8 | 31.3 | 3.9 | 1.3 | 100.0 |

## (6) 거주 지역

조사대상자의 거주 지역은 〈표 5-19〉와 같이 '일산1동'이 347명 (22.8%)으로 가장 많았으며, 다음으로 '송산동' 270명(17.8%), '탄현동' 198명(13.0%) 순이었다.

〈표 5-19〉 거주 지역

(단위: 명, %)

| 구분 | 일산1동 | 일산2동 | 일산3동 | 주엽1동 | 주엽2동 |
|------|---------|---------|---------|---------|---------|
| 인원 | 347 | 22 | 42 | 132 | 86 |
| 비율 | 22.8 | 1.4 | 2.8 | 8.7 | 5.7 |
| 구분 | 대화동 | 탄현동 | 송포동 | 송산동 | 기타 |
| 인원 | 165 | 198 | 194 | 270 | 64 |
| 비율 | 10.9 | 13.0 | 12.8 | 17.8 | 4.2 |

## (7) 거주기간

조사대상자의 거주기간은 〈표 5-20〉에서와 같이 총 1,520명 중 '9년 이상' 거주자가 683명(44.9%)으로 가장 많았으며, 다음은 '5년 이상 7년 미만' 245명(16.1%), '7년 이상 9년 미만' 194명(12.8%), '3년 이상 5년 미만' 191명(12.6%) 순이었다.

〈표 5-20〉 거주기간

(단위: 명, %)

| 구분 | 1년 미만 | 1년 이상 3년 미만 | 3년 이상 5년 미만 | 5년 이상 7년 미만 | 7년 이상 9년 미만 | 9년 이상 | 계 |
|------|----------|-------------------|-------------------|-------------------|-------------------|----------|-----|
| 인원 | 53 | 132 | 191 | 245 | 194 | 683 | 1,520 |
| 비율 | 3.5 | 8.7 | 12.6 | 16.1 | 12.8 | 44.9 | 100.0 |

## (8) 직업

조사대상자의 직업은 〈표 5-21〉에서 볼 수 있듯 총 1,520명 중 '전업 주부'가 595명(39.1%)으로 가장 많았으며, '무직' 146명(9.6%), '자영업' 135명(8.9%), '전문·자유업' 131명(8.6%)의 순이었다.

〈표 5-21〉 직업

(단위: 명, %)

| 구분 | 전업주부 | 농·어업, 임·축산업 | 자영업 | 판매· 서비스 | 기능· 작업 | 경영· 관리직 |
|---|---|---|---|---|---|---|
| 인원 | 595 | 84 | 135 | 85 | 44 | 26 |
| 비율 | 39.1 | 5.5 | 8.9 | 5.6 | 2.9 | 1.7 |
| 구분 | 사무· 기술직 | 전문·자유업 | 학생 | 무직 | 기타 | 무응답 |
| 인원 | 125 | 131 | 61 | 146 | 79 | 9 |
| 비율 | 8.2 | 8.6 | 4.0 | 9.6 | 5.2 | .6 |

## (9) 주거소유 형태

조사대상자의 주거소유 형태는 〈표 5-22〉에서와 같이 총 1,520명 중 '자가'가 1,070명(70.4%)으로 가장 많았으며, 다음은 '전세' 242명 (15.9%), '임대아파트' 80명(5.3%) 순으로 나타났다.

〈표 5-22〉 주거소유 형태

(단위: 명, %)

| 구분 | 자가 | 전세 | 월세 | 임대아파트 | 기타 | 무응답 | 계 |
|---|---|---|---|---|---|---|---|
| 인원 | 1,070 | 242 | 71 | 80 | 51 | 6 | 1,520 |
| 비율 | 70.4 | 15.9 | 4.7 | 5.3 | 3.4 | .4 | 100.0 |

## (10) 가구 총수입

조사대상자의 가구 총수입은 〈표 5-23〉에서와 같이 총 1,520명 중 '200만 원 이상 300만 원 미만'이 332명(21.8%)으로 가장 많았고, 다음 으로 '300만 원 이상 400만 원 미만' 296명(19.5%), '100만 원 미만' 269명 (17.7%), '100만 원 이상 200만 원' 미만 242명(15.9%) 순으로 나타났다.

〈표 5-23〉 가족 총수입

(단위: 명, %)

| 구분 | 100만<br>원 미만 | 100~<br>200만<br>원 미만 | 200~<br>300만<br>원 미만 | 300~<br>400만<br>원 미만 | 400~<br>500만<br>원 미만 | 500만<br>원 이상 | 무응답 | 계 |
|---|---|---|---|---|---|---|---|---|
| 인원 | 269 | 242 | 332 | 296 | 178 | 173 | 30 | 1,520 |
| 비율 | 17.7 | 15.9 | 21.8 | 19.5 | 11.7 | 11.4 | 2.0 | 100.0 |

# 3. 조사결과

## 1) 조사대상자의 의료 · 보건에 관한 특성

### (1) 건강상의 문제를 해결하기 위해 이용하는 의료기관

조사대상자가 평상시 건강상의 문제를 해결하기 위해 이용하는 의료기관은 〈표 5-24〉에서와 같이 '병원'이 1,300명(85.5%)으로 대부분의 대상자들이 병원을 이용하였다. 다음으로는 '약국' 95명(6.3%), '보건소' 67명(4.4%) 순으로 나타났다.

〈표 5-24〉 건강상의 문제를 해결하기 위해 이용하는 의료기관

(단위: 명, %)

| 구분 | 보건소 | 병원 | 약국 | 복지관<br>물리치료실 | 한의원 | 무응답 | 계 |
|---|---|---|---|---|---|---|---|
| 인원 | 67 | 1,300 | 95 | 43 | 7 | 8 | 1,520 |
| 비율 | 4.4 | 85.5 | 6.3 | 2.8 | .5 | .5 | 100.0 |

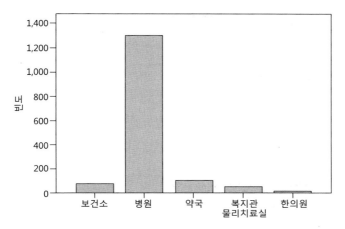

[그림 5-2] 주로 이용하는 의료기관 선호도

## (2) 병원 이용 정도(한 달 기준)

　조사대상자의 병원 이용 정도(한 달 기준)는 〈표 5-25〉에서와 같이 총 1,520명 중 '1~3회'가 871명(57.3%)으로 가장 많았으며, 다음으로 '없다' 492명(32.4%), '4~6회' 107명(7.0%)의 순으로 나타났다.

　연령별 월별 병원 이용 횟수는 〈표 5-26〉에서와 같이 총 1,488명 중 연령 구분 없이 '1~3회'가 859명(57.7%)으로 가장 많았다. 연령별로는 20~39세는 '1~3회'가 192명(57.0%)으로 가장 많았고, '없다' 123명 (36.5%), '4~6회' 18명(5.3%) 순이었다. 40~49세, 50~59세, 60~69세도 비슷한 양상을 보였다. 70세 이상은 '1~3회'가 152명(71.4%), 4~6회가 34명(34.0%), '없다'가 14명(6.6%)의 순으로 나타났으나, 다른 연령대에 비하여 '10회 이상'이 11명(5.2%)으로 나타나 연령이 높아지면서 병원 의 이용 횟수가 높아짐을 알 수 있다.

　가구 총수입별로 주로 이용하는 의료기관 선호도는 〈표 5-27〉에서 와 같이 수입에 관계없이 '병원'이 1,272명(85.8%), '약국'이 95명(6.4%), '보건소'가 67명(4.5%) 순으로 나타났다. 소득이 높을수록 병원의 이용 이 많았으며, 보건소와 복지관 물리치료실의 이용은 적었다. 반대로

〈표 5-25〉 병원 이용 정도(한 달 기준)

(단위: 명, %)

| 구분 | 1~3회 | 4~6회 | 7~9회 | 10회 이상 | 없다 | 무응답 | 계 |
|------|-------|-------|-------|----------|------|--------|-----|
| 인원 | 871 | 107 | 13 | 24 | 492 | 13 | 1,520 |
| 비율 | 57.3 | 7.0 | .9 | 1.6 | 32.4 | .9 | 100.0 |

〈표 5-26〉 연령별 월별 병원 이용 횟수

(단위: 명, %)

| 구분 | | 1~3회 | 4~6회 | 7~9회 | 10회 이상 | 없다 | 전체 |
|------|------|-------|-------|-------|----------|------|------|
| 20~39세 | 인원 | 192 | 18 | 3 | 1 | 123 | 337 |
| | 비율 | 57.0 | 5.3 | .9 | .3 | 36.5 | 100.0 |
| 40~49세 | 인원 | 246 | 17 | 1 | 4 | 203 | 471 |
| | 비율 | 52.2 | 3.6 | .2 | .8 | 43.1 | 100.0 |
| 50~59세 | 인원 | 158 | 16 | 3 | 3 | 112 | 292 |
| | 비율 | 54.1 | 5.5 | 1.0 | 1.0 | 38.4 | 100.0 |
| 60~69세 | 인원 | 111 | 19 | 4 | 5 | 36 | 175 |
| | 비율 | 63.4 | 10.9 | 2.3 | 2.9 | 20.6 | 100.0 |
| 70세 이상 | 인원 | 152 | 34 | 2 | 11 | 14 | 213 |
| | 비율 | 71.4 | 16.0 | .9 | 5.2 | 6.6 | 100.0 |
| 전체 | 인원 | 859 | 104 | 13 | 24 | 488 | 1,488 |
| | 비율 | 57.7 | 7.0 | .9 | 1.6 | 32.8 | 100.0 |

소득이 낮을수록 병원의 이용이 적었으며, 보건소와 복지관 물리치료실의 이용은 많았다.

가구 총수입별 월별 병원 이용 횟수는, 〈표 5-28〉에서와 같이 수입에 관계없이 '1~3회'가 854명(57.8%), '없다'가 484명(32.7%), '4~6회'가 104명(7.0%) 순으로 나타났다. 소득이 높을수록 월별 병원 이용 횟수는 적거나 없다는 응답이 많았다.

〈표 5-27〉 가구 총수입별 주로 이용하는 의료기관 선호도

(단위: 명, %)

| 구분 | | 보건소 | 병원 | 약국 | 복지관 물리치료실 | 한의원 | 전체 |
|------|------|--------|------|------|-----------------|--------|------|
| 100만 원 미만 | 인원 | 35 | 204 | 15 | 12 | 1 | 267 |
| | 비율 | 13.1 | 76.4 | 5.6 | 4.5 | .4 | 100.0 |
| 100~200만 원 미만 | 인원 | 15 | 202 | 19 | 5 | 1 | 242 |
| | 비율 | 6.2 | 83.5 | 7.9 | 2.1 | .4 | 100.0 |
| 200~300만 원 미만 | 인원 | 4 | 294 | 25 | 6 | 3 | 332 |
| | 비율 | 1.2 | 88.6 | 7.5 | 1.8 | .9 | 100.0 |
| 300~400만 원 미만 | 인원 | 7 | 264 | 16 | 6 | 0 | 293 |
| | 비율 | 2.4 | 90.1 | 5.5 | 2.0 | .0 | 100.0 |
| 400~500만 원 미만 | 인원 | 3 | 161 | 6 | 4 | 2 | 176 |
| | 비율 | 1.7 | 91.5 | 3.4 | 2.3 | 1.1 | 100.0 |
| 500만 원 이상 | 인원 | 3 | 147 | 14 | 9 | 0 | 173 |
| | 비율 | 1.7 | 85.0 | 8.1 | 5.2 | .0 | 100.0 |
| 전체 | 인원 | 67 | 1,272 | 95 | 42 | 7 | 1,483 |
| | 비율 | 4.5 | 85.8 | 6.4 | 2.8 | .5 | 100.0 |

〈표 5-28〉 가구 총수입별 월별 병원 이용 횟수

(단위: 명, %)

| 구분 | | 1~3회 | 4~6회 | 7~9회 | 10회 이상 | 없다 | 전체 |
|------|------|-------|-------|-------|-----------|------|------|
| 100만 원 미만 | 인원 | 181 | 22 | 4 | 14 | 43 | 264 |
| | 비율 | 68.6 | 8.3 | 1.5 | 5.3 | 16.3 | 100.0 |
| 100~200만 원 미만 | 인원 | 152 | 15 | 5 | 3 | 66 | 241 |
| | 비율 | 63.1 | 6.2 | 2.1 | 1.2 | 27.4 | 100.0 |
| 200~300만 원 미만 | 인원 | 185 | 30 | 0 | 2 | 113 | 330 |
| | 비율 | 56.1 | 9.1 | .0 | .6 | 34.2 | 100.0 |
| 300~400만 원 미만 | 인원 | 163 | 19 | 3 | 3 | 105 | 293 |
| | 비율 | 55.6 | 6.5 | 1.0 | 1.0 | 35.8 | 100.0 |

〈계속〉

| 400~500만 원 미만 | 인원 | 93 | 8 | 0 | 0 | 76 | 177 |
| | 비율 | 52.5 | 4.5 | .0 | .0 | 42.9 | 100.0 |
| 500만 원 이상 | 인원 | 80 | 10 | 1 | 1 | 81 | 173 |
| | 비율 | 46.2 | 5.8 | .6 | .6 | 46.8 | 100.0 |
| 전체 | 인원 | 854 | 104 | 13 | 23 | 484 | 1,478 |
| | 비율 | 57.8 | 7.0 | .9 | 1.6 | 32.7 | 100.0 |

### (3) 약국 이용 정도(한 달 기준)

조사대상자의 약국 이용 정도(한 달 기준)는 〈표 5-29〉에서와 같이
총 1,520명 중 '1~3회'가 970명(63.9%)으로 가장 많았으며, 다음으로
'없다' 353명(23.2%), '4~6회' 140명(9.2%) 순이었다.

가구 총수입별 월별 약국 이용 횟수는 〈표 5-30〉과 같이 소득과 관
계없이 '1~3회'가 951명(64.4%), '없다'가 346명(23.4%), '4~6회'가 137명
(9.3%)의 순으로 나타났다.

앞의 가구 총수입별 월별 병·의원 이용 횟수와 마찬가지로, 소득이
높을수록 약국 이용 횟수는 적거나 없다는 응답이 많았다.

**〈표 5-29〉 약국 이용 정도(한 달 기준)**

(단위: 명, %)

| 구분 | 1~3회 | 4~6회 | 7~9회 | 10회 이상 | 없다 | 무응답 | 계 |
|---|---|---|---|---|---|---|---|
| 인원 | 970 | 140 | 20 | 22 | 353 | 15 | 1,520 |
| 비율 | 63.9 | 9.2 | 1.3 | 1.4 | 23.2 | 1.0 | 100.0 |

〈표 5-30〉 가구 총수입별 월별 약국 이용 횟수

(단위: 명, %)

| 구분 | | 1~3회 | 4~6회 | 7~9회 | 10회 이상 | 없다 | 전체 |
|---|---|---|---|---|---|---|---|
| 100만 원 미만 | 인원 | 182 | 29 | 4 | 10 | 39 | 264 |
| | 비율 | 68.9 | 11.0 | 1.5 | 3.8 | 14.8 | 100.0 |
| 100~200만 원 미만 | 인원 | 156 | 26 | 6 | 5 | 48 | 241 |
| | 비율 | 64.7 | 10.8 | 2.5 | 2.1 | 19.9 | 100.0 |
| 200~300만 원 미만 | 인원 | 214 | 35 | 1 | 0 | 79 | 329 |
| | 비율 | 65.0 | 10.6 | .3 | .0 | 24.0 | 100.0 |
| 300~400만 원 미만 | 인원 | 195 | 16 | 7 | 3 | 72 | 293 |
| | 비율 | 66.6 | 5.5 | 2.4 | 1.0 | 24.6 | 100.0 |
| 400~500만 원 미만 | 인원 | 105 | 14 | 1 | 1 | 56 | 177 |
| | 비율 | 59.3 | 7.9 | .6 | .6 | 31.6 | 100.0 |
| 500만 원 이상 | 인원 | 99 | 17 | 1 | 3 | 52 | 172 |
| | 비율 | 57.6 | 9.9 | .6 | 1.7 | 30.2 | 100.0 |
| 전체 | 인원 | 951 | 137 | 20 | 22 | 346 | 1,476 |
| | 비율 | 64.4 | 9.3 | 1.4 | 1.5 | 23.4 | 100.0 |

## (4) 건강에 관한 지식 습득 경로

　조사대상자의 건강에 관한 지식 습득 경로는 〈표 5-31〉과 같이 총 1,520명 중 TV · 라디오 · 인터넷 등 '방송매체'가 997명(65.6%)으로 가장 많았으며, 다음은 '병 · 의원' 139명(9.1%), 신문 · 잡지 · 책자 · 포스터 등 '문자매체' 119명(7.8%) 순이었다.

　연령별 건강 지식 등의 정보 획득 경로는 〈표 5-32〉와 같이 총 1,488명 중 연령에 상관없이 TV · 라디오 · 인터넷 등 '방송매체'가 984명(66.1%)으로 가장 많았다. 신문 · 잡지 · 책자 · 포스터 등 '문자매체'가 20~39세(27명, 8.0%), 40~49세(46명, 9.7%), 50~59세(30명, 10.4%)로 많았다. 그러나 연령이 많아지는 60~69세(37명, 21.4%)와 70세 이상(31명, 14.6%)은 '병 · 의원'에서 정보를 획득하는 것으로 나타났다.

　가구 총수입별 건강 지식 등의 정보 획득 경로는 〈표 5-33〉에서와 같이 전체적으로 '방송매체'가 980명(66.3%), '병·의원'이 132명(8.9%), '문자매체'가 119명(8.0%) 순이었다.

〈표 5-31〉 건강에 관한 지식 습득 경로

(단위: 명, %)

| 구분 | 없다 | 방송매체 | 가족 | 문자매체 | 병·의원 |
|------|------|----------|------|----------|---------|
| 인원 | 49 | 997 | 70 | 119 | 139 |
| 비율 | 3.2 | 65.6 | 4.6 | 7.8 | 9.1 |
| 구분 | 보건소 | 지인 및 이웃 주민 | 기타 | 무응답 | 계 |
| 인원 | 24 | 75 | 35 | 12 | 1,520 |
| 비율 | 1.6 | 4.9 | 2.3 | .8 | 100.0 |

〈표 5-32〉 연령별 건강 지식 등의 정보 획득 경로

(단위: 명, %)

| 구분 | | 없다 | 방송매체 | 가족 | 문자매체 | 병·의원 | 보건소 | 지인 및 이웃 주민 | 기타 | 전체 |
|------|------|------|----------|------|----------|---------|--------|------------------|------|------|
| 20~39세 | 인원 | 7 | 252 | 21 | 27 | 15 | 1 | 11 | 4 | 338 |
| | 비율 | 2.1 | 74.6 | 6.2 | 8.0 | 4.4 | .3 | 3.3 | 1.2 | 100.0 |
| 40~49세 | 인원 | 12 | 349 | 11 | 46 | 26 | 4 | 19 | 9 | 476 |
| | 비율 | 2.5 | 73.3 | 2.3 | 9.7 | 5.5 | .8 | 4.0 | 1.9 | 100.0 |
| 50~59세 | 인원 | 7 | 182 | 12 | 30 | 29 | 4 | 17 | 8 | 289 |
| | 비율 | 2.4 | 63.0 | 4.2 | 10.4 | 10.0 | 1.4 | 5.9 | 2.8 | 100.0 |
| 60~69세 | 인원 | 10 | 97 | 9 | 5 | 37 | 4 | 9 | 2 | 173 |
| | 비율 | 5.8 | 56.1 | 5.2 | 2.9 | 21.4 | 2.3 | 5.2 | 1.2 | 100.0 |
| 70세 이상 | 인원 | 13 | 104 | 17 | 7 | 31 | 11 | 19 | 10 | 212 |
| | 비율 | 6.1 | 49.1 | 8.0 | 3.3 | 14.6 | 5.2 | 9.0 | 4.7 | 100.0 |
| 전체 | 인원 | 49 | 984 | 70 | 115 | 138 | 24 | 75 | 33 | 1,488 |
| | 비율 | 3.3 | 66.1 | 4.7 | 7.7 | 9.3 | 1.6 | 5.0 | 2.2 | 100.0 |

〈표 5-33〉 가구 총수입별 건강 지식 등의 정보 획득 경로

(단위: 명, %)

| 구분 | | 없다 | 방송 매체 | 가족 | 문자 매체 | 병·의원 | 보건소 | 지인 및 이웃 주민 | 기타 | 전체 |
|---|---|---|---|---|---|---|---|---|---|---|
| 100만 원 미만 | 인원 | 13 | 151 | 16 | 9 | 25 | 12 | 26 | 14 | 266 |
| | 비율 | 4.9 | 56.8 | 6.0 | 3.4 | 9.4 | 4.5 | 9.8 | 5.3 | 100.0 |
| 100~200만 원 미만 | 인원 | 11 | 135 | 17 | 17 | 30 | 3 | 17 | 9 | 239 |
| | 비율 | 4.6 | 56.5 | 7.1 | 7.1 | 12.6 | 1.3 | 7.1 | 3.8 | 100.0 |
| 200~300만 원 미만 | 인원 | 10 | 244 | 7 | 27 | 25 | 4 | 11 | 2 | 330 |
| | 비율 | 3.0 | 73.9 | 2.1 | 8.2 | 7.6 | 1.2 | 3.3 | .6 | 100.0 |
| 300~400만 원 미만 | 인원 | 8 | 215 | 10 | 27 | 20 | 2 | 10 | 3 | 295 |
| | 비율 | 2.7 | 72.9 | 3.4 | 9.2 | 6.8 | .7 | 3.4 | 1.0 | 100.0 |
| 400~500만 원 미만 | 인원 | 3 | 132 | 12 | 15 | 5 | 1 | 5 | 4 | 177 |
| | 비율 | 1.7 | 74.6 | 6.8 | 8.5 | 2.8 | .6 | 2.8 | 2.3 | 100.0 |
| 500만 원 이상 | 인원 | 3 | 103 | 7 | 24 | 27 | 1 | 5 | 2 | 172 |
| | 비율 | 1.7 | 59.9 | 4.1 | 14.0 | 15.7 | .6 | 2.9 | 1.2 | 100.0 |
| 전체 | 인원 | 48 | 980 | 69 | 119 | 132 | 23 | 74 | 34 | 1,479 |
| | 비율 | 3.2 | 66.3 | 4.7 | 8.0 | 8.9 | 1.6 | 5.0 | 2.3 | 100.0 |

가구 총수입별로 보면, '100만 원 미만'은 '방송매체'가 151명(56.8%), '지인 및 이웃 주민'이 26명(9.8%), '병·의원'이 25명(9.4%) 순으로 나타났으며, 100~200만 원 미만은 '방송매체'가 135명(56.5%), '병·의원'이 30명(12.6%), '가족' '문자매체' '지인 및 이웃 주민'이 각각 17명(7.1%) 순으로 나타났다. 200~300만 원 미만은 '방송매체'가 244명(73.9%), '문자매체'가 27명(2.1%), '병·의원'이 25명(7.6%) 순으로 나타났으며, 300~400만 원 미만은 '방송매체'가 215명(72.9%), '문자매체'가 27명(9.2%), '병·의원'이 20명(6.8%) 순으로 나타났다. 그리고 400~500만 원 미만은 '방송매체'가 132명(74.6%), '문자매체'가 15명(8.5%), '가족'이 12명(6.8%) 순으로 나타났으며, 500만 원 이상은 '방송매체'가 103명(59.9%), '병·의원'이 27명(15.7%), '문자매체'가 24명(14.0%) 순으로 나타났다.

### (5) 건강보험제도의 도움 정도

조사대상자의 건강보험제도에 대한 도움 정도는 〈표 5-34〉에서와 같이 총 1,520명 중 '조금 도움이 된다'가 783명(51.5%)으로 가장 많았고, 다음으로 '많은 도움이 된다' 571명(37.6%), '전혀 도움이 되지 않는다' 157명(10.3%) 순이었다.

〈표 5-34〉 건강보험제도의 도움 정도

(단위: 명, %)

| 구분 | 많은 도움이 된다 | 조금 도움이 된다 | 전혀 도움이 되지 않는다 | 무응답 | 계 |
|---|---|---|---|---|---|
| 인원 | 571 | 783 | 157 | 9 | 1,520 |
| 비율 | 37.6 | 51.5 | 10.3 | .6 | 100.0 |

〈표 5-35〉 연령별 건강보험제도 도움 여부

(단위: 명, %)

| 구분 | | 많은 도움이 된다 | 조금 도움이 된다 | 전혀 도움이 되지 않는다 | 전체 |
|---|---|---|---|---|---|
| 20~39세 | 인원 | 98 | 197 | 41 | 336 |
| | 비율 | 29.2 | 58.6 | 12.2 | 100.0 |
| 40~49세 | 인원 | 152 | 281 | 42 | 475 |
| | 비율 | 32.0 | 59.2 | 8.8 | 100.0 |
| 50~59세 | 인원 | 117 | 150 | 25 | 292 |
| | 비율 | 40.1 | 51.4 | 8.6 | 100.0 |
| 60~69세 | 인원 | 92 | 67 | 15 | 174 |
| | 비율 | 52.9 | 38.5 | 8.6 | 100.0 |
| 70세 이상 | 인원 | 108 | 74 | 32 | 214 |
| | 비율 | 50.5 | 34.6 | 15.0 | 100.0 |
| 전체 | 인원 | 567 | 769 | 155 | 1,491 |
| | 비율 | 38.0 | 51.6 | 10.4 | 100.0 |

　연령별 건강보험제도의 도움 여부는 〈표 5-35〉에서와 같이 20~39세 (197명, 58.6%), 40~49세(281명, 59.2%), 50~59세(150명, 51.4%)로 '조금 도움이 된다'는 응답이 제일 많았으며, 60~69세(92명, 52.9%)와 70세 이상(108명, 50.5%)은 '많은 도움이 된다'는 응답이 많았다. 이로써 연령 대가 높아짐에 따라 도움이 된다는 정도가 높다는 것을 알 수 있다.

　가구 총수입별 건강보험제도 도움 여부는 〈표 5-36〉에서와 같이 전 체적으로 '조금 도움이 된다'가 770명(52.0%), '많은 도움이 된다'가 557명 (37.6%), '전혀 도움이 되지 않는다'가 155명(10.5%) 순으로 나타났다. 소득이 낮을수록 '많은 도움이 된다'는 응답이 많았으며, 소득이 높을수 록 '조금 도움이 된다'는 응답이 많았다.

〈표 5-36〉 가구 총수입별 건강보험제도 도움 여부

(단위: 명, %)

| 구분 | | 많은 도움이 된다 | 조금 도움이 된다 | 전혀 도움이 되지 않는다 | 전체 |
|---|---|---|---|---|---|
| 100만 원 미만 | 인원 | 123 | 104 | 39 | 266 |
| | 비율 | 46.2 | 39.1 | 14.7 | 100.0 |
| 100~200만 원 미만 | 인원 | 92 | 121 | 26 | 239 |
| | 비율 | 38.5 | 50.6 | 10.9 | 100.0 |
| 200~300만 원 미만 | 인원 | 123 | 176 | 32 | 331 |
| | 비율 | 37.2 | 53.2 | 9.7 | 100.0 |
| 300~400만 원 미만 | 인원 | 100 | 170 | 26 | 296 |
| | 비율 | 33.8 | 57.4 | 8.8 | 100.0 |
| 400~500만 원 미만 | 인원 | 55 | 111 | 12 | 178 |
| | 비율 | 30.9 | 62.4 | 6.7 | 100.0 |
| 500만 원 이상 | 인원 | 64 | 88 | 20 | 172 |
| | 비율 | 37.2 | 51.2 | 11.6 | 100.0 |
| 전체 | 인원 | 557 | 770 | 155 | 1,482 |
| | 비율 | 37.6 | 52.0 | 10.5 | 100.0 |

## (6) 병원 이용 시 자부담에 대한 부담 정도

조사대상자의 병원 이용 시 자부담에 대한 부담 정도는 〈표 5-37〉에 서와 같이 총 1,520명 중 51.5%가 부담을 가지는 것으로 나타났다.

연령별 의료비 자부담 정도는 〈표 5-38〉과 같이 50～59세를 제외한 20～39세(143명, 42.6%), 40～49세(187명, 39.5%), 60～69세(60명, 34.9%), 70세 이상(75명, 36.4%)에서 '별 무리 없다'는 응답이 가장 많았 다. 그다음은 '많은 액수다'와 '인하해야 한다'의 순으로 나타났다. 응답

〈표 5-37〉 병원 이용 시 자부담에 대한 부담 정도

(단위: 명, %)

| 구분 | 적게 낸다 | 별 무리가 없다 | 인하해야 한다 | 많은 액수다 | 무응답 | 계 |
|------|----------|---------------|--------------|-----------|--------|------|
| 인원 | 159 | 556 | 386 | 397 | 22 | 1,520 |
| 비율 | 10.5 | 36.6 | 25.4 | 26.1 | 1.4 | 100.0 |

〈표 5-38〉 연령별 의료비 자부담 정도

(단위: 명, %)

| 구분 | | 적게 낸다 | 별 무리 없다 | 인하해야 한다 | 많은 액수다 | 전체 |
|------|------|----------|-------------|--------------|-----------|------|
| 20～39세 | 인원 | 23 | 143 | 92 | 78 | 336 |
| | 비율 | 6.8 | 42.6 | 27.4 | 23.2 | 100.0 |
| 40～49세 | 인원 | 35 | 187 | 139 | 113 | 474 |
| | 비율 | 7.4 | 39.5 | 29.3 | 23.8 | 100.0 |
| 50～59세 | 인원 | 11 | 84 | 92 | 103 | 290 |
| | 비율 | 3.8 | 29.0 | 31.7 | 35.5 | 100.0 |
| 60～99세 | 인원 | 27 | 60 | 35 | 50 | 172 |
| | 비율 | 15.7 | 34.9 | 20.3 | 29.1 | 100.0 |
| 70세 이상 | 인원 | 61 | 75 | 25 | 45 | 206 |
| | 비율 | 29.6 | 36.4 | 12.1 | 21.8 | 100.0 |
| 전체 | 인원 | 157 | 549 | 383 | 389 | 1,478 |
| | 비율 | 10.6 | 37.1 | 25.9 | 26.3 | 100.0 |

별로는 '별 무리가 없다'는 응답이 가장 많았지만, '많은 액수다'와 '인하해야 한다'는 의견을 합산하면 50%를 넘어 건강보험제도의 자부담에 대해 부담을 가지고 있음을 알 수 있다.

가구 총수입별 의료비 자부담 정도는 〈표 5-39〉에서와 같이 전체적으로 '별 무리 없다'가 548명(37.1%), '많은 액수다'가 391명(26.5%), '인하해야 한다'가 381명(25.8%) 순으로 나타났다. 가구 총수입이 낮을수록 '적게 낸다'는 응답이 많았으며, 가구 총수입이 높을수록 '인하해야 한다'와 '많은 액수다'라는 응답은 적었다.

〈표 5-39〉 가구 총수입별 의료비 자부담 정도

(단위: 명, %)

| 구분 | | 적게 낸다 | 별 무리 없다 | 인하해야 한다 | 많은 액수다 | 전체 |
|---|---|---|---|---|---|---|
| 100만 원 미만 | 인원 | 69 | 84 | 39 | 74 | 266 |
| | 비율 | 25.9 | 31.6 | 14.7 | 27.8 | 100.0 |
| 100~200만 원 미만 | 인원 | 17 | 84 | 48 | 87 | 236 |
| | 비율 | 7.2 | 35.6 | 20.3 | 36.9 | 100.0 |
| 200~300만 원 미만 | 인원 | 21 | 124 | 91 | 95 | 331 |
| | 비율 | 6.3 | 37.5 | 27.5 | 28.7 | 100.0 |
| 300~400만 원 미만 | 인원 | 17 | 107 | 99 | 71 | 294 |
| | 비율 | 5.8 | 36.4 | 33.7 | 24.1 | 100.0 |
| 400~500만 원 미만 | 인원 | 19 | 67 | 59 | 33 | 178 |
| | 비율 | 10.7 | 37.6 | 33.1 | 18.5 | 100.0 |
| 500만 원 이상 | 인원 | 14 | 82 | 45 | 31 | 172 |
| | 비율 | 8.1 | 47.7 | 26.2 | 18.0 | 100.0 |
| 전체 | 인원 | 157 | 548 | 381 | 391 | 1,477 |
| | 비율 | 10.6 | 37.1 | 25.8 | 26.5 | 100.0 |

## (7) 지역 의료기관 이용 시 어려운 점

조사대상자의 지역 의료기관 이용 시 어려운 점은 〈표 5−40〉에서와 같이 총 1,520명 중 '없음'이 366명(24.1%)으로 가장 많았으며, 다음으로 '병원·약국 따로 이용' 314명(20.7%), '큰 비용 부담' 255명(16.8%) 순이었다.

연령별 거주 지역 의료기관 이용 시 어려운 점은 〈표 5−41〉에서와 같이 연령과 상관없이 '없음'이 가장 많았으나, '병원·약국 따로 이용

〈표 5−40〉 지역 의료기관 이용 시 어려운 점

(단위: 명, %)

| 구분 | 큰 비용 부담 | 이동 불편 | 직원 불친절 | 병원·약국 따로 이용 불편 | 위생 상태 믿음 안 감 |
|---|---|---|---|---|---|
| 인원 | 255 | 206 | 43 | 314 | 92 |
| 비율 | 16.8 | 13.6 | 2.8 | 20.7 | 6.1 |
| 구분 | 긴 대기시간 | 없음 | 기타 | 무응답 | 계 |
| 인원 | 191 | 366 | 37 | 16 | 1,520 |
| 비율 | 12.6 | 24.1 | 2.4 | 1.1 | 100.0 |

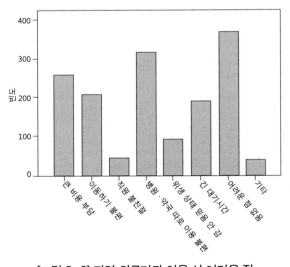

[그림 5−3] 지역 의료기관 이용 시 어려운 점

불편'과 큰 차이가 나지 않았다.

연령별로 보면, 20~39세는 '없음'이 76명(22.6%), '병원·약국 따로 이용 불편'이 66명(19.6%), '긴 대기시간'이 47명(13.9%) 순으로 나타났다. 40~49세는 '없음'이 105명(22.2%), '긴 대기시간'이 84명(17.8%), '큰 비용 부담'이 82명(17.3%) 순으로 나타났으며, 50~59세는 '병원·약국 따로 이용 불편'이 80명(27.8%), '없음'이 63명(21.9%), '큰 비용 부담'이 60명(20.8%) 순으로 나타났다. 그리고 60~69세는 '없음'이 49명(28.5%), '큰 비용 부담'이 39명(22.7%), '병원·약국 따로 이용 불편'이 28명(16.3%) 순으로 나타났으며, 70세 이상은 '없음'이 67명(31.3%), '이동 불편'이 54명(25.2%) 순으로 나타났다.

〈표 5-41〉 연령별 거주 지역 의료기관 이용 시 어려운 점

(단위: 명, %)

| 구분 | | 큰 비용 부담 | 이동 불편 | 직원 불친절 | 병원·약국 따로 이용 불편 | 위생 상태 믿음 안 감 | 긴 대기 시간 | 없음 | 기타 | 전체 |
|---|---|---|---|---|---|---|---|---|---|---|
| 20~39세 | 인원 | 39 | 42 | 16 | 66 | 41 | 47 | 76 | 10 | 337 |
| | 비율 | 11.6 | 12.5 | 4.7 | 19.6 | 12.2 | 13.9 | 22.6 | 3.0 | 100.0 |
| 40~49세 | 인원 | 82 | 63 | 11 | 96 | 26 | 84 | 105 | 6 | 473 |
| | 비율 | 17.3 | 13.3 | 2.3 | 20.3 | 5.5 | 17.8 | 22.2 | 1.3 | 100.0 |
| 50~59세 | 인원 | 60 | 23 | 9 | 80 | 16 | 30 | 63 | 7 | 288 |
| | 비율 | 20.8 | 8.0 | 3.1 | 27.8 | 5.6 | 10.4 | 21.9 | 2.4 | 100.0 |
| 60~69세 | 인원 | 39 | 22 | 3 | 28 | 9 | 15 | 49 | 7 | 172 |
| | 비율 | 22.7 | 12.8 | 1.7 | 16.3 | 5.2 | 8.7 | 28.5 | 4.1 | 100.0 |
| 70세 이상 | 인원 | 33 | 54 | 3 | 38 | 0 | 12 | 67 | 7 | 214 |
| | 비율 | 15.4 | 25.2 | 1.4 | 17.8 | .0 | 5.6 | 31.3 | 3.3 | 100.0 |
| 전체 | 인원 | 253 | 204 | 42 | 308 | 92 | 188 | 360 | 37 | 1,484 |
| | 비율 | 17.0 | 13.7 | 2.8 | 20.8 | 6.2 | 12.7 | 24.3 | 2.5 | 100.0 |

지역별 거주 지역 의료기관 이용 시 어려운 점은 〈표 5-42〉에서와 같이 '없음'이 366명(24.3%), '병원·약국 따로 이용 불편'이 314명(20.9%), '큰 비용 부담'이 255명(17.0%) 순으로 나타났다.

지역별로 보면, 일산1동은 '병원·약국 따로 이용 불편'이 91명(26.5%), '큰 비용 부담'이 75명(21.8%), '없음'이 72명(20.9%) 순으로 나타났으며, 일산2동은 '병원·약국 따로 이용 불편'과 '큰 비용 부담'이 각각 5명(23.8%), '없음'이 3명(14.3%) 순으로 나타났다. 일산3동은 '병원·약국 따로 이용 불편'이 13명(31.7%), '큰 비용 부담'과 '없음'이 9명(22.0%), '긴 대기시간'이 5명(12.2%) 순으로 나타났으며, 주엽1동은 '없음'이 38명(30.4%), '큰 비용 부담'이 22명(17.6%), '병원·약국 따로 이용 불편'이 21명(16.8%) 순으로 나타났다. 주엽2동은 '없음'이 23명(27.1%), '큰 비용 부담'이 14명(16.5%), '긴 대기시간'이 15명(17.6%) 순으로 나타났으며, 대화동은 '병원·약국 따로 이용 불편'이 42명(25.5%), '없음'이 29명(17.6%), '큰 비용 부담'이 25명(15.2%) 순으로 나타났다. 탄현동은 '위생 상태 믿음 안 감'이 36명(18.2%), '없음'과 '긴 대기시간'이 각각 34명(17.2%), '병원·약국 따로 이용 불편'이 30명(15.2%) 순으로 나타났으며, 송포동은 '없음'이 64명(33.0%), '병원·약국 따로 이용 불편'이 39명(20.1%), '위생 상태 믿음 안 감'이 4명(2.1%) 순으로 나타났다. 그리고 송산동은 '없음'이 82명(30.6%), '이동 불편'이 51명(19.0%), '병원·약국 따로 이용 불편'이 45명(16.8%) 순으로 나타났다.

가구 총수입별 거주 지역 의료기관 이용 시 어려운 점은 〈표 5-43〉에서와 같이 전체적으로 '없음'이 358명(24.3%), '병원·약국 따로 이용 불편'이 306명(20.7%), '큰 비용 부담'이 250명(16.9%) 순으로 나타났다.

가구 총수입별로 보면, 100만 원 미만은 '없음'이 76명(28.7%), '이동 불편'이 54명(20.4%), '큰 비용 부담'이 52명(19.6%) 순으로 나타났으며, 100~200만 원 미만은 '없음'이 62명(25.8%), '병원·약국 따로 이용 불편'이 61명(25.4%), '큰 비용 부담'이 39명(16.3%) 순으로 나타났다. 200~

300만 원 미만은 '없음'이 69명(21.0%), '병원·약국 따로 이용 불편'이
71명(21.6%), '큰 비용 부담'이 58명(17.7%) 순으로 나타났으며, 300~
400만 원 미만은 '병원·약국 따로 이용 불편'이 63명(21.5%), '없음'이

〈표 5-42〉 지역별 거주 지역 의료기관 이용 시 어려운 점

(단위: 명, %)

| 구분 | | 큰 비용 부담 | 이동 불편 | 직원 불친절 | 병원·약국 따로 이용 불편 | 위생 상태 믿음 안 감 | 긴 대기 시간 | 없음 | 기타 | 전체 |
|---|---|---|---|---|---|---|---|---|---|---|
| 일산 1동 | 인원 | 75 | 44 | 10 | 91 | 16 | 31 | 72 | 5 | 344 |
| | 비율 | 21.8 | 12.8 | 2.9 | 26.5 | 4.7 | 9.0 | 20.9 | 1.5 | 100.0 |
| 일산 2동 | 인원 | 5 | 2 | 1 | 5 | 1 | 2 | 3 | 2 | 21 |
| | 비율 | 23.8 | 9.5 | 4.8 | 23.8 | 4.8 | 9.5 | 14.3 | 9.5 | 100.0 |
| 일산 3동 | 인원 | 9 | 1 | 3 | 13 | 1 | 5 | 9 | 0 | 41 |
| | 비율 | 22.0 | 2.4 | 7.3 | 31.7 | 2.4 | 12.2 | 22.0 | .0 | 100.0 |
| 주엽 1동 | 인원 | 22 | 16 | 3 | 21 | 6 | 14 | 38 | 5 | 125 |
| | 비율 | 17.6 | 12.8 | 2.4 | 16.8 | 4.8 | 11.2 | 30.4 | 4.0 | 100.0 |
| 주엽 2동 | 인원 | 14 | 8 | 3 | 17 | 0 | 15 | 23 | 5 | 85 |
| | 비율 | 16.5 | 9.4 | 3.5 | 20.0 | .0 | 17.6 | 27.1 | 5.9 | 100.0 |
| 대화동 | 인원 | 25 | 17 | 6 | 42 | 18 | 23 | 29 | 5 | 165 |
| | 비율 | 15.2 | 10.3 | 3.6 | 25.5 | 10.9 | 13.9 | 17.6 | 3.0 | 100.0 |
| 탄현동 | 인원 | 28 | 32 | 2 | 30 | 36 | 34 | 34 | 2 | 198 |
| | 비율 | 14.1 | 16.2 | 1.0 | 15.2 | 18.2 | 17.2 | 17.2 | 1.0 | 100.0 |
| 송포동 | 인원 | 24 | 31 | 4 | 39 | 4 | 26 | 64 | 2 | 194 |
| | 비율 | 12.4 | 16.0 | 2.1 | 20.1 | 2.1 | 13.4 | 33.0 | 1.0 | 100.0 |
| 송산동 | 인원 | 37 | 51 | 7 | 45 | 6 | 32 | 82 | 8 | 268 |
| | 비율 | 13.8 | 19.0 | 2.6 | 16.8 | 2.2 | 11.9 | 30.6 | 3.0 | 100.0 |
| 기타 | 인원 | 16 | 4 | 4 | 11 | 4 | 9 | 12 | 3 | 63 |
| | 비율 | 25.4 | 6.3 | 6.3 | 17.5 | 6.3 | 14.3 | 19.0 | 4.8 | 100.0 |
| 전체 | 인원 | 255 | 206 | 43 | 314 | 92 | 191 | 366 | 37 | 1,504 |
| | 비율 | 17.0 | 13.7 | 2.9 | 20.9 | 6.1 | 12.7 | 24.3 | 2.5 | 100.0 |

58명(19.8%), '큰 비용 부담'이 48명(16.4%) 순으로 나타났다. 400~500만 원 미만은 '없음'이 50명(28.1%), '병원·약국 따로 이용 불편'이 36명(20.2%), '긴 대기시간'이 28명(15.7%) 순으로 나타났으며, 500만 원 이상은 '없음'이 43명(25.1%), '병원·약국 따로 이용 불편'이 35명(20.5%), '큰 비용 부담'이 31명(18.1%) 순으로 나타났다.

〈표 5-43〉 가구 총수입별 거주 지역 의료기관 이용 시 어려운 점

(단위: 명, %)

| 구분 | | 큰 비용 부담 | 이동 불편 | 직원 불친절 | 병원·약국 따로 이용 불편 | 위생 상태 믿음 안 감 | 긴 대기 시간 | 없음 | 기타 | 전체 |
|---|---|---|---|---|---|---|---|---|---|---|
| 100만 원 미만 | 인원 | 52 | 54 | 6 | 40 | 6 | 19 | 76 | 12 | 265 |
| | 비율 | 19.6 | 20.4 | 2.3 | 15.1 | 2.3 | 7.2 | 28.7 | 4.5 | 100.0 |
| 100~200만 원 미만 | 인원 | 39 | 29 | 7 | 61 | 13 | 23 | 62 | 6 | 240 |
| | 비율 | 16.3 | 12.1 | 2.9 | 25.4 | 5.4 | 9.6 | 25.8 | 2.5 | 100.0 |
| 200~300만 원 미만 | 인원 | 58 | 50 | 6 | 71 | 19 | 48 | 69 | 7 | 328 |
| | 비율 | 17.7 | 15.2 | 1.8 | 21.6 | 5.8 | 14.6 | 21.0 | 2.1 | 100.0 |
| 300~400만 원 미만 | 인원 | 48 | 35 | 10 | 63 | 32 | 41 | 58 | 6 | 293 |
| | 비율 | 16.4 | 11.9 | 3.4 | 21.5 | 10.9 | 14.0 | 19.8 | 2.0 | 100.0 |
| 400~500만 원 미만 | 인원 | 22 | 26 | 3 | 36 | 12 | 28 | 50 | 1 | 178 |
| | 비율 | 12.4 | 14.6 | 1.7 | 20.2 | 6.7 | 15.7 | 28.1 | .6 | 100.0 |
| 500만 원 이상 | 인원 | 31 | 9 | 10 | 35 | 10 | 30 | 43 | 3 | 171 |
| | 비율 | 18.1 | 5.3 | 5.8 | 20.5 | 5.8 | 17.5 | 25.1 | 1.8 | 100.0 |
| 전체 | 인원 | 250 | 203 | 42 | 306 | 92 | 189 | 358 | 35 | 1,475 |
| | 비율 | 16.9 | 13.8 | 2.8 | 20.7 | 6.2 | 12.8 | 24.3 | 2.4 | 100.0 |

## (8) 의약분업 후 의료기관 이용 시 어려운 점

조사대상자의 의약분업 후 의료기관 이용 시 어려운 점은 〈표 5-44〉에서와 같이 총 1,520명 중 '병원·약국 따로 이용 불편'이 620명(40.8%)으로 가장 많았으며, 다음은 '비용 부담 커짐' 399명(26.3%), '없음' 314명(20.7%) 순이었다.

〈표 5-44〉 의약분업 후 의료기관 이용 시 어려운 점

(단위: 명, %)

| 구분 | 비용 부담 커짐 | 병원·약국 따로 이용 불편 | 대기시간 길어짐 | 없음 | 기타 | 무응답 | 계 |
|------|------|------|------|------|------|------|------|
| 인원 | 399 | 620 | 138 | 314 | 24 | 25 | 1,520 |
| 비율 | 26.3 | 40.8 | 9.1 | 20.7 | 1.6 | 1.6 | 100.0 |

## (9) 가정에서 필요한 의료서비스(중복 응답)

조사대상자의 가정에서 필요한 의료서비스는 〈표 5-45〉에서와 같이 총 1,520명 중 '무료진료'가 501명(33.0%)으로 가장 많았으며, 다음으로 '공공 의료기관 확충' 346명(22.8%), '의료기관 안내' 183명(12.0%) 순이었다.

〈표 5-45〉 가정에서 필요한 의료서비스(중복 응답)

(단위: 명, %)

| 구분 | 무료진료 | 의료기관 안내 | 가정간호 | 공공 의료기관 확충 | 주간보호 |
|------|------|------|------|------|------|
| 인원 | 501 | 183 | 77 | 346 | 57 |
| 비율 | 33.0 | 12.0 | 5.1 | 22.8 | 3.8 |
| 구분 | 건강강좌 | 공공 의료정책 확대 | 기타 | 없음 | 무응답 |
| 인원 | 90 | 150 | 68 | 4 | 44 |
| 비율 | 5.9 | 9.9 | 4.5 | .3 | 2.9 |

연령별 가정에서 필요한 의료서비스는 〈표 5-46〉에서와 같이 대체적으로 '무료진단'의 욕구가 가장 높은 것으로 나타났다. 연령별로 보면, 20~39세는 '공공 의료기관 확충'이 99명(30.1%), '무료진단'이 91명(27.7%), '공공 의료정책 확대'가 47명(14.3%) 순으로 나타났다. 40~49세는 '무료진료'가 150명(32.0%), '공공 의료기관 확충'이 125명(26.7%), '공공 의료정책 확대'가 58명(12.4%) 순으로 나타났다. 50~59세는 '무료진료'가 83명(28.9%), '공공 의료기관 확충'이 70명(24.4%), '의료기관 안내'가 43명(15.0%) 순으로 나타났으며, 60~69세는 '무료진료'가 65명(40.4%), '공공 의료기관 확충'이 28명(17.4%), '의료기관 안내'가 18명(11.2%) 순으로 나타났다. 그리고 70세 이상은 '무료진단'이 103명(48.8%), '의료기관 안내'가 25명(11.8%), '주간보호'가 22명(10.4%) 순으

〈표 5-46〉 연령별 가정에서 필요한 의료서비스

(단위: 명, %)

| 구분 | | 무료 진료 | 의료 기관 안내 | 가정 간호 | 공공 의료 기관 확충 | 주간 보호 | 건강 강좌 | 공공 의료 정책 확대 | 기타 | 없음 | 전체 |
|---|---|---|---|---|---|---|---|---|---|---|---|
| 20~39세 | 인원 | 91 | 44 | 14 | 99 | 7 | 12 | 47 | 15 | 0 | 329 |
| | 비율 | 27.7 | 13.4 | 4.3 | 30.1 | 2.1 | 3.6 | 14.3 | 4.6 | .0 | 100.0 |
| 40~49세 | 인원 | 150 | 50 | 25 | 125 | 9 | 35 | 58 | 17 | 0 | 469 |
| | 비율 | 32.0 | 10.7 | 5.3 | 26.7 | 1.9 | 7.5 | 12.4 | 3.6 | .0 | 100.0 |
| 50~59세 | 인원 | 83 | 43 | 19 | 70 | 6 | 26 | 25 | 14 | 1 | 287 |
| | 비율 | 28.9 | 15.0 | 6.6 | 24.4 | 2.1 | 9.1 | 8.7 | 4.9 | .3 | 100.0 |
| 60~69세 | 인원 | 65 | 18 | 6 | 28 | 12 | 10 | 13 | 7 | 2 | 161 |
| | 비율 | 40.4 | 11.2 | 3.7 | 17.4 | 7.5 | 6.2 | 8.1 | 4.3 | 1.2 | 100.0 |
| 70세 이상 | 인원 | 103 | 25 | 12 | 21 | 22 | 7 | 6 | 14 | 1 | 211 |
| | 비율 | 48.8 | 11.8 | 5.7 | 10.0 | 10.4 | 3.3 | 2.8 | 6.6 | .5 | 100.0 |
| 전체 | 인원 | 492 | 180 | 76 | 343 | 56 | 90 | 149 | 67 | 4 | 1,457 |
| | 비율 | 33.8 | 12.4 | 5.2 | 23.5 | 3.8 | 6.2 | 10.2 | 4.6 | .3 | 100.0 |

로 나타났다.

　가구 총수입별 가정에서 필요한 의료서비스는 〈표 5-47〉에서와 같이 전체적으로 '무료진료'가 487명(33.6%), '공공 의료기관 확충'이 343명(23.6%), '의료기관 안내'가 181명(12.5%) 순으로 나타났다.

　가구 총수입별로 보면, 100만 원 미만은 '무료진료'가 116명(45.1%), '공공 의료기관 확충'이 35명(13.6%), '주간보호'가 33명(12.8%) 순으로 나타났으며, 100~200만 원 미만은 '무료진료'가 86명(36.8%), '공공 의료기관 확충'이 48명(20.5%), '의료기관 안내'가 39명(16.7%) 순으로 나타났다. 200~300만 원 미만은 '무료진료'가 108명(33.2%), '공공 의료

〈표 5-47〉 가구 총수입별 가정에서 필요한 의료서비스

(단위: 명, %)

| 구분 | | 무료진료 | 의료기관안내 | 가정간호 | 공공의료기관확충 | 주간보호 | 건강강좌 | 공공의료정책확대 | 기타 | 없음 | 전체 |
|---|---|---|---|---|---|---|---|---|---|---|---|
| 100만 원 미만 | 인원 | 116 | 27 | 8 | 35 | 33 | 15 | 9 | 13 | 1 | 257 |
| | 비율 | 45.1 | 10.5 | 3.1 | 13.6 | 12.8 | 5.8 | 3.5 | 5.1 | .4 | 100.0 |
| 100~200만 원 미만 | 인원 | 86 | 39 | 13 | 48 | 9 | 13 | 13 | 12 | 1 | 234 |
| | 비율 | 36.8 | 16.7 | 5.6 | 20.5 | 3.8 | 5.6 | 5.6 | 5.1 | .4 | 100.0 |
| 200~300만 원 미만 | 인원 | 108 | 46 | 15 | 92 | 4 | 13 | 34 | 12 | 1 | 325 |
| | 비율 | 33.2 | 14.2 | 4.6 | 28.3 | 1.2 | 4.0 | 10.5 | 3.7 | .3 | 100.0 |
| 300~400만 원 미만 | 인원 | 96 | 24 | 16 | 81 | 3 | 21 | 41 | 10 | 0 | 292 |
| | 비율 | 32.9 | 8.2 | 5.5 | 27.7 | 1.0 | 7.2 | 14.0 | 3.4 | .0 | 100.0 |
| 400~500만 원 미만 | 인원 | 43 | 25 | 14 | 45 | 5 | 12 | 23 | 9 | 0 | 176 |
| | 비율 | 24.4 | 14.2 | 8.0 | 25.6 | 2.8 | 6.8 | 13.1 | 5.1 | .0 | 100.0 |
| 500만 원 이상 | 인원 | 38 | 20 | 10 | 42 | 3 | 15 | 30 | 8 | 1 | 167 |
| | 비율 | 22.8 | 12.0 | 6.0 | 25.1 | 1.8 | 9.0 | 18.0 | 4.8 | .6 | 100.0 |
| 전체 | 인원 | 487 | 181 | 76 | 343 | 57 | 89 | 150 | 64 | 4 | 1,451 |
| | 비율 | 33.6 | 12.5 | 5.2 | 23.6 | 3.9 | 6.1 | 10.3 | 4.4 | .3 | 100.0 |

기관 확충'이 92명(28.3%), '의료기관 안내'가 46명(14.2%) 순으로 나타
났으며, 300~400만 원 미만은 '무료진료'가 96명(32.9%), '공공 의료기
관 확충'이 81명(27.7%), '공공 의료정책 확대'가 41명(14.0%) 순으로 나
타났다. 그리고 400~500만 원 미만은 '공공 의료기관 확충'이 45명
(25.6%), '무료진료'가 43명(24.4%), '공공 의료정책 확대'가 23명(13.1%)
순으로 나타났으며, 500만 원 이상은 '공공 의료기관 확충'이 42명(25.1%),
'무료진료'가 38명(22.8%), '공공 의료정책 확대'가 30명(18.0%) 순으로
나타났다.

### 2) 장기요양보험제도 관련 보건 · 의료 특성

### (1) 6개월 이상의 환자 유무

조사대상자 가정의 6개월 이상 환자 유무는 〈표 5-48〉에서와 같이
총 1,520명 중 '없다'가 1,131명(74.4%)으로 가장 많았고, '있다'는 358명
(23.6%)으로 나타났다.

연령별 장기치료를 요하는 환자 유무는 〈표 5-49〉에서와 같이 연령
에 관계없이 '없다'는 응답이 압도적으로 많았다. 그러나 연령대가 높아
지면서 '있다'는 응답이 많아지는 것을 볼 수 있다.

〈표 5-48〉 가정에 6개월 이상의 환자 유무

(단위: 명, %)

| 구분 | 있다 | 없다 | 무응답 | 계 |
|------|------|------|--------|------|
| 인원 | 358 | 1,131 | 31 | 1,520 |
| 비율 | 23.6 | 74.4 | 2.0 | 100.0 |

⟨표 5-49⟩ 연령별 장기치료를 요하는 환자 유무

(단위: 명, %)

| 구분 | | 있다 | 없다 | 전체 |
|---|---|---|---|---|
| 20~39세 | 인원 | 48 | 282 | 330 |
| | 비율 | 14.5 | 85.5 | 100.0 |
| 40~49세 | 인원 | 80 | 391 | 471 |
| | 비율 | 17.0 | 83.0 | 100.0 |
| 50~59세 | 인원 | 84 | 201 | 285 |
| | 비율 | 29.5 | 70.5 | 100.0 |
| 60~69세 | 인원 | 59 | 113 | 172 |
| | 비율 | 34.3 | 65.7 | 100.0 |
| 70세 이상 | 인원 | 83 | 129 | 212 |
| | 비율 | 39.2 | 60.8 | 100.0 |
| 전체 | 인원 | 354 | 1,116 | 1,470 |
| | 비율 | 24.1 | 75.9 | 100.0 |

지역별로 장기치료를 요하는 환자 유무는 ⟨표 5-50⟩에서와 같이 지역에 관계없이 '없다'(1,131명, 76.0%)고 응답한 대상자가 '있다'(358명, 24.0%)고 응답한 대상자보다 월등히 많았다.

⟨표 5-50⟩ 지역별로 장기치료를 요하는 환자 유무

(단위: 명, %)

| 구분 | | 있다 | 없다 | 전체 |
|---|---|---|---|---|
| 일산1동 | 인원 | 69 | 266 | 335 |
| | 비율 | 20.6 | 79.4 | 100.0 |
| 일산2동 | 인원 | 6 | 15 | 21 |
| | 비율 | 28.6 | 71.4 | 100.0 |
| 일산3동 | 인원 | 8 | 32 | 40 |
| | 비율 | 20.0 | 80.0 | 100.0 |

⟨계속⟩

| | | | | |
|---|---|---|---|---|
| 주엽1동 | 인원 | 46 | 85 | 131 |
| | 비율 | 35.1 | 64.9 | 100.0 |
| 주엽2동 | 인원 | 31 | 52 | 83 |
| | 비율 | 37.3 | 62.7 | 100.0 |
| 대화동 | 인원 | 35 | 127 | 162 |
| | 비율 | 21.6 | 78.4 | 100.0 |
| 탄현동 | 인원 | 46 | 150 | 196 |
| | 비율 | 23.5 | 76.5 | 100.0 |
| 송포동 | 인원 | 48 | 145 | 193 |
| | 비율 | 24.9 | 75.1 | 100.0 |
| 송산동 | 인원 | 44 | 223 | 267 |
| | 비율 | 16.5 | 83.5 | 100.0 |
| 기타 | 인원 | 25 | 36 | 61 |
| | 비율 | 41.0 | 59.0 | 100.0 |
| 전체 | 인원 | 358 | 1,131 | 1,489 |
| | 비율 | 24.0 | 76.0 | 100.0 |

### (2) 가정에 6개월 이상의 환자가 있을 시 의료기관 이용 정도

조사대상자의 가정에 6개월 이상의 환자가 있을 시 의료기관 이용 정도는 〈표 5-51〉에서와 같이 총 358명 중 '1회/6월'가 128명(35.8%)으로 가장 많았으며, 다음으로 '1회/연' 56명(15.6%), '1회/월' 49명(13.7%)의 순이었다.

연령별 장기치료 환자의 의료기관 이용 정도는 〈표 5-52〉에서와 같이 연령대에 관계없이 '1회/6월'가 가장 높게 나타났으며, 그다음으로 20~39세와 70세 이상은 '1회/월'가, 40~49세, 50~59세, 60~69세는 '1회/연'가 많은 순으로 나타났다. '필요한 치료 못 받음'도 7명(2.0%)이나 되었다.

〈표 5-51〉 가정에 6개월 이상의 환자가 있을 시 의료기관 이용 정도

(단위: 명, %)

| 구분 | 매일 치료 | 1회/주 | 1회/월 | 1회/2~3월 | 1회/6월 |
|------|-----------|--------|--------|-----------|---------|
| 인원 | 37 | 40 | 49 | 25 | 128 |
| 비율 | 10.3 | 11.2 | 13.7 | 7.0 | 35.8 |
| 구분 | 1회/연 | 필요한 치료 못 받고 있음 | 기타 | 무응답 | 계 |
| 인원 | 56 | 7 | 6 | 10 | 358 |
| 비율 | 15.6 | 2.0 | 1.7 | 2.8 | 100.0 |

〈표 5-52〉 연령별 장기치료 환자의 의료기관 이용 정도

(단위: 명, %)

| 구분 | | 매일 치료 | 1회/주 | 1회/월 | 1회/2~3월 | 1회/6월 | 1회/연 | 필요한 치료 못 받음 | 기타 | 전체 |
|------|------|-----------|--------|--------|-----------|---------|--------|---------------------|------|------|
| 20~39세 | 인원 | 6 | 9 | 9 | 3 | 10 | 5 | 3 | 0 | 45 |
| | 비율 | 13.3 | 20.0 | 20.0 | 6.7 | 22.2 | 11.1 | 6.7 | .0 | 100.0 |
| 40~49세 | 인원 | 6 | 11 | 9 | 5 | 33 | 14 | 1 | 1 | 80 |
| | 비율 | 7.5 | 13.8 | 11.3 | 6.3 | 41.3 | 17.5 | 1.3 | 1.3 | 100.0 |
| 50~59세 | 인원 | 8 | 1 | 6 | 4 | 39 | 20 | 1 | 3 | 82 |
| | 비율 | 9.8 | 1.2 | 7.3 | 4.9 | 47.6 | 24.4 | 1.2 | 3.7 | 100.0 |
| 60~69세 | 인원 | 3 | 8 | 10 | 3 | 16 | 12 | 2 | 2 | 56 |
| | 비율 | 5.4 | 14.3 | 17.9 | 5.4 | 28.6 | 21.4 | 3.6 | 3.6 | 100.0 |
| 70세 이상 | 인원 | 11 | 11 | 15 | 10 | 30 | 5 | 0 | 0 | 82 |
| | 비율 | 13.4 | 13.4 | 18.3 | 12.2 | 36.6 | 6.1 | .0 | .0 | 100.0 |
| 전체 | 인원 | 34 | 40 | 49 | 25 | 128 | 56 | 7 | 6 | 345 |
| | 비율 | 9.9 | 11.6 | 14.2 | 7.2 | 37.1 | 16.2 | 2.0 | 1.7 | 100.0 |

지역별 장기치료 환자의 의료기관 이용 정도는 〈표 5-53〉에서와 같이 전체적으로 '1회/6월'가 128명(36.8%), '1회/연'가 56명(16.1%), '1회/월'가 49명(14.1%) 순으로 나타났다.

지역별로 보면, 일산1동은 '1회/6월'가 32명(47.8%), '1회/연'가 11명

〈표 5-53〉 지역별 장기치료 환자의 의료기관 이용 정도

(단위 : 명, %)

| 구분 | | 매일 치료 | 1회/ 주 | 1회/ 월 | 1회/ 2~3월 | 1회/ 6월 | 1회/ 연 | 필요한 치료 못 받음 | 기타 | 전체 |
|---|---|---|---|---|---|---|---|---|---|---|
| 일산 1동 | 인원 | 6 | 7 | 10 | 1 | 32 | 11 | 0 | 0 | 67 |
| | 비율 | 9.0 | 10.4 | 14.9 | 1.5 | 47.8 | 16.4 | .0 | .0 | 100.0 |
| 일산 2동 | 인원 | 1 | 0 | 0 | 0 | 3 | 2 | 0 | 0 | 6 |
| | 비율 | 16.7 | .0 | .0 | .0 | 50.0 | 33.3 | .0 | .0 | 100.0 |
| 일산 3동 | 인원 | 0 | 1 | 0 | 1 | 3 | 2 | 0 | 0 | 7 |
| | 비율 | .0 | 14.3 | .0 | 14.3 | 42.9 | 28.6 | .0 | .0 | 100.0 |
| 주엽 1동 | 인원 | 9 | 6 | 4 | 2 | 15 | 12 | 1 | 1 | 50 |
| | 비율 | 18.0 | 12.0 | 8.0 | 4.0 | 30.0 | 24.0 | 2.0 | 2.0 | 100.0 |
| 주엽 2동 | 인원 | 10 | 1 | 5 | 2 | 9 | 2 | 0 | 2 | 31 |
| | 비율 | 32.3 | 3.2 | 16.1 | 6.5 | 29.0 | 6.5 | .0 | 6.5 | 100.0 |
| 대화동 | 인원 | 1 | 2 | 8 | 5 | 14 | 3 | 2 | 0 | 35 |
| | 비율 | 2.9 | 5.7 | 22.9 | 14.3 | 40.0 | 8.6 | 5.7 | .0 | 100.0 |
| 탄현동 | 인원 | 4 | 6 | 1 | 0 | 20 | 7 | 0 | 1 | 39 |
| | 비율 | 10.3 | 15.4 | 2.6 | .0 | 51.3 | 17.9 | .0 | 2.6 | 100.0 |
| 송포동 | 인원 | 4 | 5 | 6 | 10 | 16 | 4 | 1 | 1 | 47 |
| | 비율 | 8.5 | 10.6 | 12.8 | 21.3 | 34.0 | 8.5 | 2.1 | 2.1 | 100.0 |
| 송산동 | 인원 | 2 | 10 | 12 | 3 | 7 | 5 | 1 | 1 | 41 |
| | 비율 | 4.9 | 24.4 | 29.3 | 7.3 | 17.1 | 12.2 | 2.4 | 2.4 | 100.0 |
| 기타 | 인원 | 0 | 2 | 3 | 1 | 9 | 8 | 2 | 0 | 25 |
| | 비율 | .0 | 8.0 | 12.0 | 4.0 | 36.0 | 32.0 | 8.0 | .0 | 100.0 |
| 전체 | 인원 | 37 | 40 | 49 | 25 | 128 | 56 | 7 | 6 | 348 |
| | 비율 | 10.6 | 11.5 | 14.1 | 7.2 | 36.8 | 16.1 | 2.0 | 1.7 | 100.0 |

(16.4%), '1회/월'가 10명(14.9%) 순으로 나타났으며, 일산2동은 '1회/6월'가 3명(50.0%), '1회/연'가 2명(33.3%), '매일 치료'가 1명(16.7%) 순으로 나타났다. 일산3동은 '1회/6월'가 3명(42.9%), '1회/연'가 2명(28.6%), '1회

'/주'와 '1회/2~3월'가 각각 1명(14.3%) 순으로 나타났으며, 주엽1동은 '1회/6월'가 15명(30.0%), '1회/연'가 12명(24.0%), '매일 치료'가 9명 (18.0%) 순으로 나타났다. 주엽2동은 '매일 치료'가 10명(32.3%), '1회/6월'가 9명(29.0%), '1회/월'가 5명(16.1%) 순으로 나타났으며, 대화동은 '1회/6월'가 14명(40.0%), '1회/월'가 89명(22.9%), '1회/2~3월'가 5명(14.3%) 순으로 나타났다. 탄현동은 '1회/6월'가 20명(51.3%), '1회/연'가 7명 (17.9%), '1회/주'가 6명(15.4%) 순으로 나타났으며, 송포동은 '1회/6월'가 16명(34.0%), '1회/2~3월'가 10명(21.3%), '1회/월'가 6명(12.8%) 순으로 나타났다. 그리고 송산동은 '1회/월'가 12명(29.3%), '1회/주'가 10명 (24.4%), '1회/6월'가 7명(17.1%) 순으로 나타났다.

가구 총수입별 장기치료 환자의 의료기관 이용 정도는 〈표 5-54〉에서와 같이 전체적으로 '1회/6월'가 123명(36.4%), '1회/연'가 53명(15.7%), '1회/월'가 49명(14.5%) 순으로 나타났다.

가구 총수입별로 보면, 100만 원 미만은 '1회/6월'가 35명(36.1%), '1회/월'가 22명(22.7%), '매일 치료'가 14명(14.4%) 순으로 나타났으며, 100~200만 원 미만은 '1회/6월'가 28명(41.2%), '1회/주'와 '1회/연'가 각각 8명(11.8%), '1회/월'와 '1회/2~3월' 각각 7명(10.3%) 순으로 나타났다. 200~300만 원 미만은 '1회/6월'가 31명(37.8%), '1회/연'가 19명(23.2%), '1회/주'와 '1회/월'가 각각 9명(11.0%) 순으로 나타났으며, 300~400만 원 미만은 '1회/연'가 8명(23.5%), '1회/6월'가 7명(20.6%), '1회/월'가 6명(17.6%) 순으로 나타났다. 그리고 400~500만 원 미만은 '1회/6월'가 12명(48.0%), '1회/주'가 4명(16.0%), '1회/연'가 3명(12.0%) 순으로 나타났으며, 500만 원 이상은 '1회/6월'와 '1회/연'가 각각 10명(31.3%), '매일 치료'와 '1회/주'가 각각 4명(12.5%) 순으로 나타났다.

〈표 5-54〉 가구 총수입별 장기치료 환자의 의료기관 이용 정도

(단위 : 명, %)

| 구분 | | 매일 치료 | 1회/주 | 1회/월 | 1회/ 2~3월 | 1회/ 6월 | 1회/연 | 필요한 치료 못받음 | 기타 | 전체 |
|---|---|---|---|---|---|---|---|---|---|---|
| 100만 원 미만 | 인원 | 14 | 12 | 22 | 8 | 35 | 5 | 0 | 1 | 97 |
| | 비율 | 14.4 | 12.4 | 22.7 | 8.2 | 36.1 | 5.2 | .0 | 1.0 | 100.0 |
| 100~200만 원 미만 | 인원 | 6 | 8 | 7 | 7 | 28 | 8 | 2 | 2 | 68 |
| | 비율 | 8.8 | 11.8 | 10.3 | 10.3 | 41.2 | 11.8 | 2.9 | 2.9 | 100.0 |
| 200~300만 원 미만 | 인원 | 7 | 9 | 9 | 5 | 31 | 19 | 2 | 0 | 82 |
| | 비율 | 8.5 | 11.0 | 11.0 | 6.1 | 37.8 | 23.2 | 2.4 | .0 | 100.0 |
| 300~400만 원 미만 | 인원 | 2 | 3 | 6 | 3 | 7 | 8 | 2 | 3 | 34 |
| | 비율 | 5.9 | 8.8 | 17.6 | 8.8 | 20.6 | 23.5 | 5.9 | 8.8 | 100.0 |
| 400~500만 원 미만 | 인원 | 2 | 4 | 3 | 0 | 12 | 3 | 1 | 0 | 25 |
| | 비율 | 8.0 | 16.0 | 12.0 | .0 | 48.0 | 12.0 | 4.0 | .0 | 100.0 |
| 500만 원 이상 | 인원 | 4 | 4 | 2 | 2 | 10 | 10 | 0 | 0 | 32 |
| | 비율 | 12.5 | 12.5 | 6.3 | 6.3 | 31.3 | 31.3 | .0 | .0 | 100.0 |
| 전체 | 인원 | 35 | 40 | 49 | 25 | 123 | 53 | 7 | 6 | 338 |
| | 비율 | 10.4 | 11.8 | 14.5 | 7.4 | 36.4 | 15.7 | 2.1 | 1.8 | 100.0 |

### (3) 노인장기요양보험제도에 대한 인식 여부

조사대상자의 노인장기요양보험제도에 대한 인식 여부는 〈표 5-55〉에서와 같이 총 1,520명 중 '알고 있다'가 827명(54.4%), '모르고 있다'가 659명(43.4%)으로 나타났다.

〈표 5-55〉 노인장기요양보험제도에 대한 인식 여부

(단위: 명, %)

| 구분 | 알고 있다 | 모르고 있다 | 무응답 | 계 |
|---|---|---|---|---|
| 인원 | 827 | 659 | 34 | 1,520 |
| 비율 | 54.4 | 43.4 | 2.2 | 100.0 |

연령별 장기요양보험제도 인식 여부는 〈표 5-56〉에서와 같이 20~
39세와 70세 이상을 제외한 연령대에서 인식하고 있는 것으로 나타났
다. 특히 장기요양보험제도의 수혜대상자인 70세 이상의 40% 정도는
모르고 있어 정보가 부족한 것으로 나타났다.

지역별 장기요양보험제도 인식 여부는 〈표 5-57〉에서와 같이 전체
적으로 '알고 있다'가 827명(55.7%), '모르고 있다'가 659명(44.3%)으로
나타났다.

지역별로 보면, 일산1동은 '알고 있다'가 202명(60.3%), '모르고 있다'
는 133명(39.7%)로 나타났으며, 일산2동은 '알고 있다'가 14명(77.8%),
모르고 있다는 4명(22.2%)으로 나타났다.

일산3동은 '알고 있다'와 '모르고 있다'가 각각 19명(50.0%)로 나타났
으며, 주엽1동은 '알고 있다'가 92명(70.3%), '모르고 있다'는 38명(29.2%)
로 나타났다. 주엽2동은 '알고 있다'가 58명(68.2%), '모르고 있다'는 27명

〈표 5-56〉 연령별 장기요양보험제도 인식 여부

(단위: 명, %)

| 구분 | | 알고 있다 | 모르고 있다 | 전체 |
|---|---|---|---|---|
| 20~39세 | 인원 | 140 | 189 | 329 |
| | 비율 | 42.6 | 57.4 | 100.0 |
| 40~49세 | 인원 | 305 | 163 | 468 |
| | 비율 | 65.2 | 34.8 | 100.0 |
| 50~59세 | 인원 | 194 | 93 | 287 |
| | 비율 | 67.6 | 32.4 | 100.0 |
| 60~69세 | 인원 | 94 | 78 | 172 |
| | 비율 | 54.7 | 45.3 | 100.0 |
| 70세 이상 | 인원 | 84 | 128 | 212 |
| | 비율 | 39.6 | 60.4 | 100.0 |
| 전체 | 인원 | 817 | 651 | 1,468 |
| | 비율 | 55.7 | 44.3 | 100.0 |

(31.8%)으로 나타났고, 대화동은 '알고 있다'가 85명(53.1%), '모르고 있다'는 75명(46.9%)으로 나타났다. '탄현동'은 '알고 있다'가 124명(62.6%), '모르고 있다'는 74명(37.4%)으로 나타났으며, 송포동은 '모르고 있다'가 115명(59.6%), '알고 있다'는 78명(40.4%)으로 나타났다. 그리고 송산동은 '모르고 있다'가 158명(59.0%), '알고 있다'는 110명(41.0%)으로 나타났다.

〈표 5-57〉 지역별 장기요양보험제도 인식 여부

(단위: 명, %)

| 구분 | | 알고 있다 | 모르고 있다 | 전체 |
|---|---|---|---|---|
| 일산1동 | 인원 | 202 | 133 | 335 |
| | 비율 | 60.3 | 39.7 | 100.0 |
| 일산2동 | 인원 | 14 | 4 | 18 |
| | 비율 | 77.8 | 22.2 | 100.0 |
| 일산3동 | 인원 | 19 | 19 | 38 |
| | 비율 | 50.0 | 50.0 | 100.0 |
| 주엽1동 | 인원 | 92 | 38 | 130 |
| | 비율 | 70.8 | 29.2 | 100.0 |
| 주엽2동 | 인원 | 58 | 27 | 85 |
| | 비율 | 68.2 | 31.8 | 100.0 |
| 대화동 | 인원 | 85 | 75 | 160 |
| | 비율 | 53.1 | 46.9 | 100.0 |
| 탄현동 | 인원 | 124 | 74 | 198 |
| | 비율 | 62.6 | 37.4 | 100.0 |
| 송포동 | 인원 | 78 | 115 | 193 |
| | 비율 | 40.4 | 59.6 | 100.0 |
| 송산동 | 인원 | 110 | 158 | 268 |
| | 비율 | 41.0 | 59.0 | 100.0 |
| 기타 | 인원 | 45 | 16 | 61 |
| | 비율 | 73.8 | 26.2 | 100.0 |
| 전체 | 인원 | 827 | 659 | 1,486 |
| | 비율 | 55.7 | 44.3 | 100.0 |

　가구 총수입별 장기요양보험제도 인식 여부는 〈표 5-58〉에서와 같이 전체적으로 '알고 있다'가 811명(55.7%), '모르고 있다'가 645명 (44.3%)으로 나타났다. 장기요양보험제도의 인식 여부는 가구 총수입에 관계없이 '알고 있다'는 응답이 조금 더 많았다.

〈표 5-58〉 가구 총수입별 장기요양보험제도 인식 여부

(단위: 명, %)

| 구분 | | 알고 있다 | 모르고 있다 | 전체 |
|---|---|---|---|---|
| 100만 원 미만 | 인원 | 120 | 143 | 263 |
| | 비율 | 45.6 | 54.4 | 100.0 |
| 100~200만 원 미만 | 인원 | 123 | 113 | 236 |
| | 비율 | 52.1 | 47.9 | 100.0 |
| 200~300만 원 미만 | 인원 | 174 | 143 | 317 |
| | 비율 | 54.9 | 45.1 | 100.0 |
| 300~400만 원 미만 | 인원 | 180 | 111 | 291 |
| | 비율 | 61.9 | 38.1 | 100.0 |
| 400~500만 원 미만 | 인원 | 112 | 64 | 176 |
| | 비율 | 63.6 | 36.4 | 100.0 |
| 500만 원 이상 | 인원 | 102 | 71 | 173 |
| | 비율 | 59.0 | 41.0 | 100.0 |
| 전체 | 인원 | 811 | 645 | 1,456 |
| | 비율 | 55.7 | 44.3 | 100.0 |

## (4) 노인장기요양보험제도 이용계획 여부

　조사대상자 중 앞에서 노인장기요양보험제도를 알고 있는 대상자의 이용계획 여부는 〈표 5-59〉에서와 같이 총 827명 중 '이용할 계획이 있음'이 739명(89.4%)으로 대부분의 조사자가 응답하였고, '이용할 계획이 없음'은 88명(10.6%)이 응답한 것으로 나타났다.

〈표 5-59〉 노인장기요양보험제도 이용계획 여부

(단위: 명, %)

| 구분 | 이용할 계획 있음 | 이용할 계획 없음 | 계 |
|------|------|------|------|
| 인원 | 739 | 88 | 827 |
| 비율 | 89.4 | 10.6 | 100.0 |

연령별 노인장기요양보험제도 이용계획 여부는 〈표 5-60〉에서와 같이 연령대에 관계없이 '계획 있음'이 압도적으로 높은 응답률을 보였다.

〈표 5-60〉 연령별 노인장기요양보험 이용계획 여부

(단위: 명, %)

| 구분 | | 계획 있음 | 계획 없음 | 전체 |
|------|------|------|------|------|
| 20~39세 | 인원 | 123 | 18 | 141 |
| | 비율 | 87.2 | 12.8 | 100.0 |
| 40~49세 | 인원 | 277 | 30 | 307 |
| | 비율 | 90.2 | 9.8 | 100.0 |
| 50~59세 | 인원 | 179 | 15 | 194 |
| | 비율 | 92.3 | 7.7 | 100.0 |
| 60~69세 | 인원 | 81 | 14 | 95 |
| | 비율 | 85.3 | 14.7 | 100.0 |
| 70세 이상 | 인원 | 72 | 11 | 83 |
| | 비율 | 86.7 | 13.3 | 100.0 |
| 전체 | 인원 | 732 | 88 | 820 |
| | 비율 | 89.3 | 10.7 | 100.0 |

지역별 노인장기요양보험제도 이용계획 여부는 〈표 5-61〉에서와 같이 지역에 관계없이 '계획 있음'(741명, 89.3%)이 '계획 없음'(89명, 10.7%)보다 높게 나타났다.

가구 총수입별 노인장기요양보험 활용계획 여부는 〈표 5-62〉에서와 같이 가구 총수입에 관계없이 전체적으로 '계획 있음'이 728명(89.2%),

'계획 없음'이 88명(10.8%)으로 나타났다.

### 〈표 5-61〉 지역별 노인장기요양보험 이용계획 여부

(단위: 명, %)

| 구분 | | 계획 있음 | 계획 없음 | 전체 |
|---|---|---|---|---|
| 일산1동 | 인원 | 184 | 17 | 201 |
| | 비율 | 91.5 | 8.5 | 100.0 |
| 일산2동 | 인원 | 12 | 2 | 14 |
| | 비율 | 85.7 | 14.3 | 100.0 |
| 일산3동 | 인원 | 16 | 2 | 18 |
| | 비율 | 88.9 | 11.1 | 100.0 |
| 주엽1동 | 인원 | 84 | 15 | 99 |
| | 비율 | 84.8 | 15.2 | 100.0 |
| 주엽2동 | 인원 | 51 | 8 | 59 |
| | 비율 | 86.4 | 13.6 | 100.0 |
| 대화동 | 인원 | 63 | 19 | 82 |
| | 비율 | 76.8 | 23.2 | 100.0 |
| 탄현동 | 인원 | 119 | 4 | 123 |
| | 비율 | 96.7 | 3.3 | 100.0 |
| 송포동 | 인원 | 68 | 11 | 79 |
| | 비율 | 86.1 | 13.9 | 100.0 |
| 송산동 | 인원 | 103 | 7 | 110 |
| | 비율 | 93.6 | 6.4 | 100.0 |
| 기타 | 인원 | 41 | 4 | 45 |
| | 비율 | 91.1 | 8.9 | 100.0 |
| 전체 | 인원 | 741 | 89 | 830 |
| | 비율 | 89.3 | 10.7 | 100.0 |

〈표 5-62〉 가구 총수입별 노인장기요양보험 이용계획 여부

(단위: 명, %)

| 구분 | | 계획 있음 | 계획 없음 | 전체 |
|---|---|---|---|---|
| 100만 원 미만 | 인원 | 106 | 13 | 119 |
| | 비율 | 89.1 | 10.9 | 100.0 |
| 100~200만 원 미만 | 인원 | 109 | 18 | 127 |
| | 비율 | 85.8 | 14.2 | 100.0 |
| 200~300만 원 미만 | 인원 | 163 | 13 | 176 |
| | 비율 | 92.6 | 7.4 | 100.0 |
| 300~400만 원 미만 | 인원 | 156 | 23 | 179 |
| | 비율 | 87.2 | 12.8 | 100.0 |
| 400~500만 원 미만 | 인원 | 101 | 11 | 112 |
| | 비율 | 90.2 | 9.8 | 100.0 |
| 500만 원 이상 | 인원 | 93 | 10 | 103 |
| | 비율 | 90.3 | 9.7 | 100.0 |
| 전체 | 인원 | 728 | 88 | 816 |
| | 비율 | 89.2 | 10.8 | 100.0 |

## 4. 보건 · 의료 주민 인식 · 만족도 분석과 시사점 및 교회의 역할

### 1) 주민 인식 · 만족도 요약

일산서구 주민을 대상으로 보건 · 의료에 관한 특성을 살펴보면 평소 이용하는 의료기관은 '병원'이 많았으며, 병원과 약국 이용 시 한 달에 '1~3회'가 많았다. 조직과 관련된 정보로는 '방송매체'가 많았으며, 대부분이 건강보험의 도움을 받고 있다고 응답하였다. 그러나 건강보험제도의 자부담은 '인하해야 한다' '많은 액수다'라는 의견이 전체의 50%를

넘고 있어 부담을 느끼고 있었다.

　현재 가정에서 6개월 이상의 장기 환자가 있는 경우 '1회/6월' 의료기관을 이용하고 있었으며, 현재 실시되고 있는 노인장기요양보험제도에 대한 인식은 높지 않았으나 알고 있는 경우 이용할 계획을 가지고 있었다. 먼저 연령을 기준으로 보면, 선호하는 의료기관으로는 '보건소'와 '복지관 물리치료실'의 경우 60세 이상 연령대의 이용률이 높았다. 그러나 최근 각 지역 보건소의 의료 수준이 높아졌다는 평가가 있었는 데도 젊은 층의 이용률은 저조하여 젊은 층에 대한 보건소와 각 지역 복지관의 홍보가 적극적으로 이루어져야 할 것이다. 건강에 관한 정보의 획득 경로의 경우, 젊은 층일수록 '방송매체'와 '문자매체'의 응답이 많았다면 노인층으로 갈수록 정보 경로가 없거나 '병·의원' 또는 '보건소'에서 얻고 있었다. 따라서 계층별로 보건·의료에 대한 교육적 접근에 차별을 두어야 하겠다. 지역 병·의원의 이용에는 별다른 어려움이 없었지만 노년층으로 갈수록 '비용 부담'과 '이동 불편'의 어려움이 있어 노년층의 '병·의원' 접근 경로에 대한 관심이 필요하다. 아울러 의료 욕구도 노년층으로 갈수록 '무료진료'의 욕구가 커지고 있어 계층별 보건·의료 접근이 필요하다 하겠다.

　지역을 기준으로 보면, 의료기관 이용 시 어려운 점은 대체적으로 '병원과 약국을 따로 이용하는 불편'이 컸으며, 그 외에 일산1동, 일산2동, 일산3동, 주엽1동과 같은 일부 지역은 '비용 부담'이 있다고 응답하였다. 그리고 그 이외의 지역은 특별한 불편이 없는 것으로 나타나 지역적인 차이를 보였다. 가구 총수입을 기준으로 보면, 소득이 높을수록 병원 이용률이 높았고 소득이 낮을수록 '보건소'와 '복지관 물리치료실' 이용률이 높았다. 따라서 향후 저소득층을 위한 의료시설의 확충이 필요하다. 건강보험의 경우 가구 총수입에 관계없이 도움을 받고 있으나, 소득이 낮을수록 자부담에 대한 부담이 높았고 소득이 높을수록 적게 낸다는 응답률이 높았다. 그리고 장기요양보험의 경우 소득이 높을수록 많이 알고 있었으며, 소득이 낮을수록 잘 모르고 있었다. 그렇기에 장기요양보험제도에 대한 저소득층의 정보 경로의 확충이 필요하다 하겠다.

## 2) 주요 인식 · 만족도 분석에 대한 보건 · 의료정책 과제 및 지역 교회의 역할 제안

### (1) 일산서구 보건 · 의료 인력 불균형에 대한 자원배분 개선

고양시 전체에는 950개 의료기관이 존재하며, 고양시 인구 10만 명당 101개소가 있다. 병상 수는 8,418개로 인구 1,000명당 8.97개(고양시, 2009)인데, 이는 우리나라 1,000명당 병상 수 9.8개에 비하여 낮은 수준이다. 또한 고양시 전체에 의사는 1,476명으로 의사 1인당 635명을 담당하고 있어, 서울시의 211명과 비교할 때 낮은 수준의 의료인력이 종사하고 있는 것으로 조사되었다. 특히 일산서구에는 의사가 392명으로서 의사 1인당 738명을 담당하고 있어 의료인력의 불균형이 고양시 지역에도 존재함을 알 수 있다(〈표 5-63〉 참조).

우리나라의 보건 · 의료 인력이 민간 주도의 자유개업의 특성을 고려할 때 지역 간 불균형에 대한 개선은 쉽지 않은 일이다. 특히 일산서구와 같은 경우 보건 · 의료 욕구조사에서 의료인력이 감소하고 있는 실정에 있다. 상황이 이처럼 열악함에도 불구하고 일산서구 주민의 건강상의 문제를 해결하기 위해 이용하는 주요 의료기관이 병원으로 조사되고 월별 이용 횟수도 높게 나타났으므로 병원의 수요를 확보할 수 있는 의료기관 유인과 확충을 위한 노력이 요청된다.

특히 60세 이상 고령자와 고소득자의 병원 이용 빈도가 매우 높은 것을 고려할 때, 이용자의 특성을 고려한 1차 의료인력의 구조조정과 자원배분이 적절하게 이루어져야 할 것이다. 인력 및 자원이 부족한 보건

〈표 5-63〉 일산구 인구수 및 의료기관 종별 기관 수, 의사·간호사·약사 수

| 구분<br>읍·면·동 | 인구수 | 의원 | 보건<br>기관 | 병원 | 종합<br>병원 | 의사 수 | | | | | | 간호사<br>수 | 약사<br>수 |
|---|---|---|---|---|---|---|---|---|---|---|---|---|---|
| | | | | | | 의사 | 공보의 | 치의사 | 공보의 | 한의사 | 공보의 | | |
| 주교동 | 19,203 | 16 | 1 | 1 | | 17 | 1 | 6 | 1 | 5 | 1 | 17 | 1 |
| 원신동 | 4,080 | 2 | | | | 1 | | | | 1 | | | |
| 흥도동 | 5,462 | 0 | | | | 0 | | | | | | | |
| 성사1동 | 21,928 | 31 | | 2 | | 21 | | 13 | | 7 | | 13 | 2 |
| 성사2동 | 14,072 | 8 | | | | 6 | | 9 | | 4 | | | |
| 효자동 | 7,430 | 1 | | | | 1 | | | | | | | |
| 신도동 | 9,476 | 4 | | | | 2 | | 1 | | 1 | | | |
| 창릉동 | 6,998 | 0 | | | | 0 | | | | | | | |
| 고양동 | 22,580 | 16 | | | | 12 | | 7 | | 6 | | 1 | |
| 관산동 | 26,518 | 15 | | 1 | | 13 | | 5 | | 5 | | 23 | 1 |
| 능곡동 | 18,953 | 12 | | | | 6 | | 4 | | 5 | | 4 | |
| 화정1동 | 46,165 | 14 | | | 1 | 162 | | 7 | | 4 | | 292 | 15 |
| 화정2동 | 38,855 | 70 | | 3 | | 58 | | 12 | | 19 | | 73 | 1 |
| 행주동 | 23,795 | 13 | | 1 | | 12 | | 4 | | 3 | | 5 | 1 |
| 행신1동 | 23,449 | 22 | | 2 | | 14 | | 9 | | 8 | | 24 | 1 |
| 행신2동 | 41,543 | 25 | | | | 15 | | 13 | | 6 | | 5 | |
| 행신3동 | 41,382 | 31 | | | | 21 | | 11 | | 8 | | 5 | |
| 화전동 | 9,227 | 0 | | | | 0 | | | | | | | |
| 대덕동 | 4,668 | 0 | | | | 0 | | | | | | | |
| 식사동 | 8,458 | 2 | | | | 1 | | 2 | | | | 1 | |
| 일산1동 | 29,405 | 32 | | | | 25 | | 14 | | 6 | | | |
| 일산2동 | 50,657 | 45 | 1 | 1 | | 38 | | 16 | | 10 | | 68 | |
| 일산3동 | 43,499 | 21 | | | | 11 | | 10 | | 6 | | 5 | 1 |
| 일산4동 | 30,785 | 16 | | | | 15 | | 4 | | 6 | | 7 | |
| 탄현동 | 42,645 | 46 | | | | 44 | | 14 | | 7 | | 30 | |
| 풍산동 | 15,207 | 4 | | | | 4 | | 1 | | | | | |
| 백석동 | 47,252 | 31 | | 2 | 1 | 140 | | 16 | | 7 | | 471 | 21 |

〈계속〉

| | | | | | | | | | | | |
|---|---|---|---|---|---|---|---|---|---|---|---|
| 마두1동 | 29,764 | 34 | | | 1 | 204 | | 14 | | 8 | | 283 | 21 |
| 마두2동 | 19,237 | 31 | | | | 20 | | 14 | | 7 | | 6 | |
| 주엽1동 | 34,739 | 63 | | | | 40 | | 19 | | 12 | | 19 | |
| 주엽2동 | 36,472 | 52 | | | | 32 | | 17 | | 20 | | 16 | |
| 대화동 | 36,652 | 42 | | | 1 | 251 | | 24 | | 18 | | 380 | 14 |
| 장항1동 | 3,343 | 25 | | 1 | | 21 | | 12 | | 6 | | 36 | |
| 장항2동 | 23,895 | 26 | | 1 | | 23 | | 14 | | 5 | | 39 | 2 |
| 고봉동 | 12,709 | 1 | | | | 1 | | | | | | | |
| 송포동 | 17,842 | | | | | | | | | | | | |
| 송산동 | 17,655 | 6 | | | | 3 | | 3 | | 1 | | | |
| 평균 | | 21.03 | 1.00 | 1.50 | 1.00 | 34.28 | 1.00 | 10.17 | 1.00 | 7.18 | 1.00 | 75.96 | 6.75 |

출처: 고양시(2007: 22).

소의 경우 부족한 인력 및 자원으로 최대 효과를 가져오려면 지역의 수요를 고려하여 배분하여야 할 것이다. 그러므로 고령자를 염두에 둔 서비스 준비와 개선 여부에 관하여 지속적인 모니터링이 필요하다.

연령 및 경제적 상황에 관계없이 조사대상자의 60% 이상이 월 1~3회 이용하는 등 약국 이용 빈도가 높은 것에 비하여 2004년 고양시 지역의료보건지역계획 이후 보건·의료 인력통계에 개인 약사가 포함되지 않는 것은 지역의 보건·의료정책 수립과 관련하여 매우 적절하지 않는 통계 사각지대라고 할 수 있다. 2004년에도 약사의 동별 배치에 있어 지역 간 편중이 매우 심한 것을 알 수 있다. 향후 고양시 통계연보조사에 반드시 개인 약국 및 약사를 보건·의료 분야 통계에 삽입하고, 지역 간 자원배분을 가능하게 할 수 있는 방안을 강구하여 지역 의료정책 수립에 반영하도록 해야 할 것이다.

## (2) 건강 관련 지식 교육 및 전달 방안 마련 필요

건강에 관한 지식 습득 경로에 대하여 응답자의 상당수가 TV·라디

오 · 인터넷 등의 방송매체(997명, 65.6%)를 가장 많이 꼽았으며, 그다음
은 병 · 의원(139명, 9.1%), 신문 · 잡지 · 책자 · 포스터 등의 문자매체
(119명, 7.8%) 순으로 나타났다. 이는 일산서구 보건소의 교육 빈도가
경기도에서 가장 높음에도 여전히 방송매체와 병 · 의원을 통한 건강
관련 지식 전달방안을 강구하는 것이 필요함을 말해 준다. 모든 연령대
에서 방송매체를 통한 지식 전달이 유효 · 적절하나 60대 이상 고령자
에게는 병 · 의원에서 건강 관련 지식을 전달하는 것보다 효과적이다.
그러므로 대상자의 특성을 고려한 건강 관련 지식의 전달과 교육이 이
루어져야 한다.

특별히 건강보험제도에 대하여 도움이 전혀 되지 않는다거나 조금
도움이 된다고 응답한 비율이 60%를 상회한다는 사실은 건강보험제도
에 대한 교육 시행이 보다 필요하다는 점을 시사한다. 이 조사에 포함되
지는 않았으나 고가 의료기구 진찰에 대한 의료급여 가능 여부, 복지용구
대여, 타 의료보장제도, 요양급여 기준, 시설 위치와 서비스/비용 수준
등 건강보험제도 관련 최근 정보에 관하여 연령층의 욕구에 부응하는
교육 및 지식 전달에 관한 효과적인 방안이 마련되어야 할 것이다.

### (3) 국민건강보험제도의 의료비용 부담과 의료서비스 남용 모니터링 체계 구축

조사대상자의 병원 이용 시 자부담에 대한 부담 정도에 대한 응답에서
'별 무리가 없다'가 556명(36.6%)인 반면 '많은 액수다'는 397명(26.1%)
인하해야 한다는 386명(35.4%)로 나타나, 다수의 병원 이용자가 병원
이용의 자부담에 대해 부담스럽게 생각하고 있었다. 그럼에도 2006년
1억 6,047만 2,652원이었던 진료급여비가 2007년 2억 374만 2,845원으
로 26.9%나 증가한 것을 볼 때 의료급여제도의 재정적 어려움에 대한
심각한 우려를 낳게 한다. 따라서 국민보험공단 및 지역 보건 · 의료 관

계기관은 재정지출을 보다 엄격하게 관리하되, 건강보험료의 형평성 있는 부과체계 설정에 대하여 알리는 노력이 필요하다(서수라 외, 2008: 270). 아울러 재정지출이 많은 만성 질환자 관리를 강화하는 한편, 예방적 노력을 기울이고, 나아가 병원 의료비용이 높다고 생각하는 제약사와 의료기관의 유통 마진을 줄이는 등 지역주민에게 실질적인 도움이 될 수 있는 의료진료 절감방안을 강구하는 데 더 많은 노력을 기울여야 할 것이다.

반면 의료급여 수급권자의 경우 건강보험에 비해 입내원 일수가 1.8배, 진료비는 2.5배 더 높은 결과를 보여(최기춘 외, 2008) 의료남용의 가능성을 높이고 있다. 이와 같은 사실은 병원 이용자가 자부담에 대하여 갖는 부담감은 전 연령층에 걸쳐 나타났으나, 가구 수입별 부문에서 병원과 약국 이용률이 가장 높은 100만 원 이하 저소득층이 자부담에 대한 부담감이 가장 적은 것으로 조사된 것을 볼 때 보건·의료 남용에 대한 추측을 할 수 있다.

우리나라 의료급여제도는 저소득층의 최소한의 의료보장에 중요한 기여를 하고 있다. 그러나 장기요양보험제도의 도입에 따라 의료보험비가 가중되는 등 의료보장제도의 존속을 위해서는 재정적 어려움이 예상되므로 지역사회 보건 모니터링 시스템 구축을 통하여 저소득층뿐만 아니라 비저소득층의 합리적 의료 이용을 유도할 필요가 있다. 저소득층에 대하여는 2007년 7월 1일부로 시행된 1종 수급권자에 대한 건강생활 유지비 지원, 외래진료 '본인 일부부담제' 도입,[11] 1종·2종 수급자[12]에 대한 급여 일수 관리, 선택병원제[13] 도입 그리고 자격관리 시

---

11. 외래진료 1건당 의원급 1,000원/병원급 1,500원/대학병원 2,000원(본인부담 면제자는 희귀난치성 질환자, 18세 미만 아동, 가정간호 대상자, 임산부, 선택병·의원 대상자 등).

12. 1종 수급자의 경우는, ① 국민기초생활보장 수급자: 근로 무능력 세대, 희귀난치성 질환자 포함 세대, 시설수급자, ② 타법 적용자: 이재민, 의·사상자, 국가유공자, 중요 무형문화재 보유자, 북한이탈주민, 광주민주화운동 관련자, 18세 미만

스템 구축이 이루어지고 있다. 그러나 이 조사 결과는 이러한 의료혁신 제도 시행에 따른 모니터링이 일산서구에서 유효 · 적절하게 이루어지고 있는지에 대해서는 검토가 필요함을 보여 준다. 본인부담제 및 자격 관리시스템은 저소득층의 의료 이용을 위축시켜 건강권과 생명권,[14] 사

---

　　입양 아동, ③ 행려환자, ④ 차상위 수급자(희귀난치성 질환자)가 해당된다. 이들에게는 본인부담금 보상제 및 상한제로 매 30일간 본인부담액이 2만 원 초과 시 초과액의 50%를 지원하고 5만 원 초과 시는 초과액의 100% 지원한다. 더불어 1인당 월 6,000원(개인별 가상계좌에 입금)을 건강생활유지비로 지원한다. 1종 수급자가 외래진료 시에는 본인 일부부담금을 현금 또는 건강생활유지비에서 차감한다.

　　2종 수급자의 경우는 ① 국민기초생활보장 수급자: 근로 능력 세대, ② 차상위 수급자(만성질환자, 18세 미만 아동)가 해당된다. 이들은 급여항목의 15%를 본인이 부담(비급여 항목은 전액 본인 부담)한다. 매 30일간 본인부담액이 20만 원 초과 시 초과액의 50%를 본인부담보상금으로 지원하고, 본인부담상한제로 매 6개월간 120만 원 초과 시 초과액 전액을 지원한다.

13. 선택병원제는 여러 의료기관 이용에 따른 중복 투약 등으로 건강상 위해가 발생할 가능성이 높은 수급자를 대상으로 선택병 · 의원을 이용한다는 조건으로 연장 승인해 주는 제도다. 그 대상은 희귀난치성 질환 중 하나의 질환으로 급여 일수가 365일(상한 일수)+90일(1회 연장 승인)을 초과한 자, 11개 고시질환(고혈압, 당뇨, 정신질환 등) 중 하나의 질환으로 급여 일수가 365일(상한 일수)+90일(1회 연장 승인)을 초과한 자, 기타 질환으로 365일(상한 일수)+180일(2회 연장 승인)을 초과한 자다.

　　선택병 · 의원 선택기준을 보면, 원칙적으로는 1차 의료급여기관(의원급) 중 1곳을 선택한다. 희귀난치성 질환자는 2~3차 의료급여기관을 선택할 수 있고, 등록 장애인, 한센 환자, 국가유공자 중 상이등급자, 단순물리치료가 아닌 재활의학과에서 의료급여를 받고자 하는 환자 등은 2차 의료급여기관을 선택할 수 있다. 그리고 복합질환으로 6개월 이상 치료가 필요한 자, 희귀난치성 질환자로 기존 선택병 · 의원이 2차 또는 3차 의료급여기관인 경우 추가적으로 선택할 수 있다. 치과 및 한의원은 1곳 추가 선택이 가능하다(외래 이용 시 본인 부담). 선택병 · 의원 대상자가 선택병 · 의원을 이용 시에는 본인부담금을 면제하고, 보건소를 이용하여 외래진료를 받을 경우에는 본인부담금을 면제한다.

14. 현재 희귀난치성 질환자, 장기이식 환자 등 빈번한 의료 이용이 불가피한 수급자는 본인 부담을 면제하도록 하였고 본인부담금에 월 5만 원의 상한을 두어 과도한 비용 부담을 방지하도록 하고 있다.

생활을 침해할 소지가 있다. 하지만 희귀난치성 질환자, 장기이식 환자를 제외한 감기와 같은 단순질환으로 인한 건강보험제도 남용을 예방하도록 하기 위해 건강보험공단과 지자체가 연계하여 저소득층에 대한 의료제한 문제의 발생을 방지하도록 하면서, 동시에 (비저소득층도 포함하여) 과도한 급여 일수 사용자에 대한 사례관리를 강화하는 방안을 강구할 필요가 있을 것이다.

### (4) 잠재적 노인장기요양보험 대상에 대한 건강관리, 기능 유지 및 지역사회복지사업 연계

현재 노인장기요양보험제도에서는 판정대상이 아니나 향후 대상으로 편입될 가능성이 높은 6개월 이상의 장기치료 환자 유무에 대한 조사에서는 조사대상자의 23.6%나 '있다'고 응답하였고, 60세 이상 노년층에서는 평균 36% 이상, 50대에서도 29.5%나 장기치료를 요하는 환자가 존재하였다. 특히 경제적 취약계층의 경우 가장 높은 매일 병원 이용률을 보이는 것으로 나타나, 노년기 이전 및 이후 인구집단에 대한 평생 건강관리의 방안 마련과 각종 노인성 질환에 대한 질병관리를 위한 노력이 가속화되어야 함을 시사하였다. 지역 보건·의료체계의 역할로는 질병의 치료뿐만 아니라 예방과 건강 기능 유지가 핵심적이기 때문에 질병 관리 및 예방 그리고 기능보호를 위한 노력이 가일층 이루어져야 할 것이다.

잠재적 장기요양 대상집단이 장기요양서비스의 대상이 된다 할지라도 현재 일반적으로 존재하는 장기질환 때문에 지속적인 의료서비스를 이용하게 된다는 점을 고려할 때, 현존 질환에 대한 부적절한 관리는 환자 자신과 장기요양서비스의 부담을 가중시킴에 따라 국가 의료 및 요양서비스 인력과 비용 확대 등의 국가적 문제로 악순환을 야기할 것이다. 따라서 건강 필요를 미리 판단하고 장기요양서비스의 대상이 되기

전부터 적합한 의료기관 및 보건소, 요양기관과 같은 지역종합사회복지관 등의 관련 서비스를 받아 노인성 질환으로 인한 기능 저하를 최대한 억제시키는 노력을 지속해야 할 것이다. 가장 먼저 환자의 상태에 따라 장기요양의 필요성을 판단하게 되는 의료 · 보건기관이 대상노인의 건강 상태 및 서비스 필요도에 따라 지역에 가용한 장기요양보험제도에 따른 요양서비스, 바우처 사용 관련 내용을 정확하게 숙지하여 환자에게 알려 주어야 한다. 그리고 필요한 경우 지역 사회복지사업과 연계하여 역할 분담을 꾀할 수 있는 방안을 강구하는 통합 · 연계서비스가 이루어져야 한다.

### (5) 노인장기요양보험제도에 대한 일산서구 주민의 인식도 수준 개선 요청

잠재적 노인장기요양보험 대상자가 높은 수준에 있고 응답자 중 89.4%가 노인장기요양보험제도 이용계획이 있다고 밝혔는 데도, 노인장기요양보험제도에 대한 인식 여부에 대한 조사에서는 노인장기요양보험제도 자체에 대해 '모르고 있다'가 659명(43.4%)이나 되었다. 이로써 아직도 일반인들은 노인장기요양보험제도의 국가적 진행 상황, 서비스 대상이나 자격, 서비스 내용에 대하여 잘 알지 못하고 있는 것으로 보인다. 특히 노인장기요양보험제도의 주요 대상이 되는 70세 이상 노인들은 60.4%나 모르고 있다고 응답하여 장기요양보험제도의 전체적인 시행내용을 지역구민들에게 정확하게 전달해야 할 필요성이 증대되고 있다.

지역별로는 일산서구 내에서 송포동(59.6%)과 송산동(59%) 주민의 인지도가 다른 지역에 비하여 낮은 수준이었으며, 가구 총수입별로는 월 100만 원 이하의 수입을 가진 대상이 노인장기요양보험에 대하여 가장 낮은 인지도(54.4%)를 보였다. 이러한 사실은 일산서구 내에서도 지역에 따른 교육방법의 조정이 필요하고, 사회경제적 특징을 반영하여 노인층 및 저소득층과 같이 건강에 취약한 집단에 대한 관심과 노인장기요양보험의 교육 및 홍보가 이루어져야 한다는 점을 보여 준다.

노인장기요양보험제도가 장기요양을 필요로 하는 다수의 국민에게 핵심적인 국가 보건·의료 서비스임에도 불구하고 지역주민의 인식 수준이 저조한 것은 그들의 인식도 개선을 위하여 주민지원센터, 보건소, 의료기관을 중심으로 상시 교육 및 모니터링 체계를 구축하는 것이 시급한 과제임을 시사한다. 이러한 체계적인 교육과 모니터링을 통하여 노인장기요양보험제도에 대한 지역주민의 인식 수준을 제고하고, 이에 따라 삶의 질 향상을 기대할 수 있는 사회보장제도로 정착할 수 있도록 해야 할 것이다.

### (6) 지역 보건·의료 분야의 문제 개선을 위한 교회의 역할 제언

일산서구 보건·의료 인력 자원조사에서 드러난 바와 같이 지역의 보건·의료 문제를 개선하기 위한 자원과 인력의 부족문제는 비단 일산서구뿐만 아니라 교회가 위치한 어느 지역에서도 발생하고 있다. 의사, 간호사, 약사 등 보건·의료 인력의 부족은 병원 이용 빈도가 높은 60세 이상 고령자와 빈곤계층에게 심각한 건강문제를 초래할 수 있고, 악화된 건강문제로 인한 노동 능력의 상실, 빈곤의 악순환과 대물림 현상 등 다양한 사회적 문제를 야기할 수 있다. 따라서 지역사회에 위치한 교회는 지역의 보건·의료 분야 인력의 부족으로 인한 보건·의료 사각지대의 해소에 기여할 수 있는 방안을 모색할 수 있다. 만약 교회 내에 보건·의료 인력이 존재한다면 주말 자원봉사를 통하여 빈곤계층을 대상으로 지역의 보건·의료적 문제를 개선하는 데 실질적인 역할을 담당할 수 있을 것이다. 단일교회의 사업으로 어렵다면 지역에 위치한 교회의 연대활동을 통하여도 가능할 수 있으며, 나아가 무료병원 등 사회복지법인 설립을 통하여 보건 · 의료 사각지대의 구조적 문제를 개선하는 데 중추적 역할을 할 수 있을 것이다.

조사 결과에서 드러난 바와 같이 건강 관련 지식의 전달이 원활하게 이뤄지지 않고 있다는 사실은 빈곤계층과 60세 이상 고령자에게는 매우 상식적인 수준에서도 문제가 될 수 있음을 알려 준다. 즉, 그들은 건강보험제도와 같이 국민이면 누구나 누릴 수 있는 권한과 구체적인 수혜방안에 대하여도 인식이 부족하여 자신의 건강문제를 해결하기 위한 수단 확보에 어려움을 경험할 수 있다는 것이다. 실제로 지역의 교회는 지역사회에 기여할 수 있는 방안을 다각도로 모색하는 가운데 독거노인 등 건강 관련 지식이 잘 전달되지 않는 계층에게 활발한 복지활동을 벌이고 있다. 만약 교회가 독거노인 방문, 빈곤계층을 위한 구제사업을 전개한다면 국가의 공적 보건 · 의료 서비스에 대한 정보를 같이 전달하고, 아직까지 누릴 수 있는 보건 · 의료 혜택을 접하지 못하고 있는 사례를 발견할 때 지역 공공기관과 연계할 경우 건강 관련 정보 전달의 핵심적 창구 역할을 할 수 있다. 이것은 모든 빈곤계층을 교회가 담당하기 어려운 현실적 한계를 극복하는 데도 어느 정도 역할을 할 수 있을 것이다.

국민건강보험제도의 의료비용 부담은 누구나 가질 수 있으나, 특히 무상의료 혜택을 누릴 수 없는 차상위계층의 문제는 매우 심각한 사회 문제로 대두되고 있다. 국민기초생활 수급대상자로 지정된 절대빈곤계층은 무상의료서비스 혜택을 받을 수 있으나, 절대빈곤계층에 가깝게 경제적 어려움을 심각하게 경험하고 있으면서도 무상의료서비스 혜택의 수혜자가 되지 못하는 계층은 지역사회의 도움을 절대적으로 필요로 한다. 따라서 교회가 지역의 어려움을 돕고자 할 때 이런 사람들을 발굴하여 재정적 도움 및 공공서비스 혜택을 받을 수 있도록 방안을 강구하여 노력을 보이는 것은 그들의 실질적 필요를 채우는 데 중요한 도움이 될 수 있다.

　　나아가 교회는 60세 이상 노인인구 중 노인성 질환을 가지고 있는 사람들이 많은 한편 건강관리를 평소에 하지 못하고 있는 건강 취약계층이 많고, 특히 이러한 사람들은 경제적 소외계층에서 다수 발견된다는 사실에 주목할 필요가 있다. 즉, 경제적 소외계층은 평소 경제적 문제 해소에 자신의 역량을 다해야 하는 현실적 요구로 인하여 건강을 적절히 돌볼 수 있는 여유를 가지기가 어렵다. 이러한 문제는 노년에 이르러 심각한 노인성 질환을 초래하고, 무너진 건강문제를 관리하기 위한 재정을 마련하지 못한 까닭에 생활 전반에 문제를 가져온다. 이러한 문제를 해소하기 위하여 취약계층으로 하여금 평소 건강문제를 개선하기 위한 노력을 기울이도록 건강기능 유지를 위한 지역사회의 도움과 서비스가 필요하다. 많은 교회들이 현재 지역사회의 노인들을 위한 노인대학을 운영하고 있는데, 노인들을 위한 건강 관련 프로그램을 개발하고 노인뿐만 아니라 취약계층의 건강 개선·관리를 도모할 수 있는 일상적 건강서비스도 지역교회의 사회교육 프로그램을 통하여 개발·보급할 것이 요청된다.

　　이 장의 연구는 대상자 표집에 있어 일산서구 동별, 성별, 연령별로 적절한 매칭과 무작위 할당의 어려움으로 인하여 일부 한계점을 가지고 있으며, 초기 연구로서 횡적 조사를 실시할 수밖에 없어 주민의 인식도 및 만족도 수준 변화를 측정할 수 없었다는 아쉬움이 남는다. 그러나 지역사회복지협의체와 고양시 일산서구의 협력으로 진행된 조사이기에, 고양시 지역에서는 처음으로 지역사회의 보건·의료 인식·만족도 조사를 실시하여 보건·의료 전달체계와 서비스의 질적 향상을 꾀하기 위한 기초자료로 사용할 수 있는 계기를 마련했다는 점에서 높이 평가할 만할 것이다.

　　향후 보건·의료 인식 및 욕구 조사에서는 위와 같은 제한점을 보완하여, 건강보험제도에 대한 인식 및 만족도 조사와 함께 건강보험제도의 보장성, 건강보험료의 적정성, 국민건강보험 행정전달체계의 적정성, 서비스의 질에 대한 만족 및 연차별 만족 수준 모니터링을 통해 지역의 보건·의료 증진을 위한 건강보험제도와 지역 보건·의료 서비스의 제도적 미비점을 보완할 수 있도록 하는 설문조사가 진행되는 것이 바람직할 것이다.

또한 경제적·사회적 취약계층에 위한 국민보험제도와 보건·의료 서비스의 형평성 있고 공정한 서비스, 그리고 사례 관리적 서비스가 적절하게 수행되고 있는지에 대한 후속 연구도 이루어지는 것이 지역사회 취약계층을 위한 보건·의료정책 실현에 많은 성과를 가져올 수 있을 것이다.

나아가 노인장기요양서비스에 대하여도 지역주민의 인식 수준 변화, 비용 부담 정도의 변화 등 인식 및 수준의 변화를 분석할 수 있는 종단적 설문조사를 실시하고 노인장기요양서비스 이용에 따른 삶의 질 향상 정도 등도 확인하여, 내실 있는 지역사회 보건·의료 서비스 정착을 위한 유관기관과의 정책 조율에 활용하고 지역의 정책 개발 및 홍보 자료 등으로 활용할 수 있도록 하는 것이 좋을 것이다.

지역의 보건·의료 문제에 대하여 교회가 할 수 있는 방안을 보다 구체적으로 마련하고, 그런 노력이 시행되었을 때 그 효과를 평가하는 다양한 방안도 추후 마련하는 것이 교회의 역할을 지속화하고 지역사회에 긍정적 영향을 나타내는 데 중요한 역할을 할 것이다.

## 📄 참고문헌

국민건강보험공단 건강보험정책연구원 통계분석팀(2009). 시군구별 급여형태별 진료실적현황(건강보험)(급여비).

고양시(2007). 제4기 고양시 지역보건의료계획.

고양시(2009). 고양시 주요 업무계획. http://goyang.go.kr.

고양시(2009). 2008년 고양시 통계연보.

김경하, 신경준, 최기춘, 배성일(2008). 건강보험 국고지원 평가 및 개선방안. 건강보험 관리공단.

나라지표(2009). 인구 10만명 당 병상추이, 의료인 수. http://www.index.go.kr/ egams/stts/jsp/potal/stts/PO_STTS_IdxMain.jsp?idx_cd=2772.

보건복지가족부. 2008 실행계획. 국민건강증진종합계획(2006-2010).

보건복지부(2007). 보건복지통계연보. 덕양보건소, 일산보건소.

보건복지가족부(2008a). 2007 보건복지가족백서.

보건복지가족부(2008b). 보건복지통계연보. 도 보건위생정책과, 덕양구·일산 동구·일산서구 보건소.

보건복지가족부(2009). 2008 보건복지가족백서.

보건복지가족부(2010). 노인장기요양보험 시행 1년의 성과와 향후 과제.

서수라, 최인덕, 문성웅, 김진수, 황라일(2008). 2008년도 건강보험제도 국민만족도 조사. 국민보험공단.

엄기욱(2008). 노인장기요양보험제도의 서비스 질 향상 방안. 보건복지포럼.

오영호, 신호성(2008). 보건의료자원배분의 효율성 증대를 위한 모니터링 시스템 구축 및 운영(2008년 보건의료자원실태조사 보고서). 한국보건사회연구원.

최기춘, 배성일, 김경하, 이동헌(2008). 2007년 의료급여제도 혁신성과 분석과 시사 점. 국민건강보험공단.

통계청(2006). 통계청 장래인구추계 결과.

통계청(2009). 고양시 구·동 인구(25세 이상 인구수).

한겨레신문(2009.10.12). 건강보험 보장성 MB정부서 '뚝'. http://www.hani. co.kr/arti/society/health/381505.html.


Clark, A. D. (1971). *A History of the Church in Korea*. Seoul: The Christian Literature Society of Korea.

제 / 3 / 부

# 교회의 전문사회복지 연구와
# 실천방안 및 미래

제 / 6 / 장

# 교회청소년의 폭력 경험 수준 실태조사와 교회청소년의 심리문제에 영향을 미치는 변인연구

## 1. 청소년폭력 문제

1989년 유엔 아동권리협약은 만 18세 미만 청소년을 대상으로 한 모든 형태의 신체적 · 정신적 상해, 학대, 방임을 청소년폭력으로 규정하였으며, 이와 비슷하게 WHO도 청소년에게 실제적 혹은 잠재적 해를 가져올 수 있는 물리적 힘과 위협의 사용을 청소년폭력으로 정의하였다(Krug et al., 2002: 5). 폭력은 개인에 의해 촉발된 위협이나 실제 신체적 위해로서 심리적 · 신체적 상해 혹은 죽음에 이르게 할 수 있는 행위이고, 목적을 불법적으로 성취하기 위한 방법이자 범법 · 반사회적 행위이며, 습성화될 가능성이 매우 높다는 데서 더욱 심각한 문제가 되는 행동이다.[1] 폭력적 행동이 또래에 의해 행사되거나 청소년이 피해자로 드러날 때 '청소년폭력'으로 규정할 수 있다. 이러한 청소년폭력에는 (힘의 우위에 있는) 또래에 의한 학교폭력과 가정 내 가정폭력적 상황에

---

1. Centers for Disease Control and Prevention, Youth Violence and Suicide Prevention Team: preventing violence and suicide, National Association of School Psychologists(Bethesda, MD: USA, http://www.nasponline.org/resources/crisis_safety/suicideprevention. aspx, 1999).

서 발생하는 학대와 방임도 포함할 수 있다. 따라서 또래에 의한 청소
년폭력은 학교 내외에서 발생하는 학생 간의 폭력이라 할 수 있으며, 그
유형에는 신체적 폭력, 협박, 언어적 폭력, 사회적 폭력이 포함될 수 있
을 것이다.

　　발달론적으로 볼 때 청소년폭력은 단순 싸움으로 시작되지만 신체적
으로 심각한 상해를 입힐 수 있고 심하면 목숨까지 앗아가며, 두려움 · 공
포 · 염려 · 우울 등 정서적 · 심리적으로도 지속적이고 치명적인 고통
을 안겨 줄 수 있다. 뿐만 아니라 피해청소년은 향후 가해자로 나설 가
능성이 높으며, 성인이 된 후에도 폭력적 행동을 보일 가능성도 높다.
따라서 청소년폭력은 예방을 위한 노력이 매우 요구되는 사회문제다.
청소년폭력 관련 연구자들의 연구결과에 의하면 청소년폭력은 사회 전
반 구석구석에서 언제든지 발생할 수 있는 일상적 문제 중 하나이고,[2]
청소년폭력의 상당수는 친구, 이성 친구, 가족 등 지인 가운데서 발생
하며,[3] 청소년기(초등학교 고학년~중등기)에 폭력행동이 가장 많이 발생
하는 경향이 있다.[4]

　　우리나라는 1995년부터 청소년폭력이 사회문제로 부각되면서 정부
에서 또래폭력을 예방하고 근절하기 위한 노력을 해 왔다. 그러나 학교
폭력은 감소 추세를 보이지 않고 있으며(〈표 6-1〉 참조), 가정에서 발생
하는 아동 · 청소년에 대한 학대(폭력)도 지속적으로 증가하고 있는 실
정이다(〈표 6-2〉 참조).

2. L. S. Chan, et al., Preventing Violence and Related Health-Risking Social
　　Behaviors in Adolescents, *Agency for Healthcare Research and Quality*,
　　*107*(2005, pp. 1-7).
3. Rand Health, *Stopping Violence Before It Starts Identifying Early Predictors of
　　Adolescent Violence*(Cambridge: UK, 2005).
4. 같은 책.

〈표 6-1〉 학교폭력으로 징계받은 학생 수

| 구분 | 2000년 | 2001년 | 2002년 | 2003년 | 2004년 |
|---|---|---|---|---|---|
| 학교폭력 사범(검찰) | 33,833 | 27,446 | 23,921 | 12,559 | 11,886 |
| 학교폭력으로 검거, 구속된 학생 수(경찰) | 31,691 | 28,653 | 28,289 | 11,440 | 7,880 |

출처: 김학일(2005). 학교폭력 예방 및 대책 5개년 기본 계획. 교육정책포럼.

〈표 6-2〉 아동 · 청소년 학대사례 유형

단위: 건(%)

| 유형＼연도 | 2001년 | 2002년 | 2003년 | 2004년 | 2005년 | 2006년 | 2007년 |
|---|---|---|---|---|---|---|---|
| 상처학대 | 476(22.6) | 254(10.3) | 347(11.9) | 364(9.4) | 423(9.1) | 439(8.4) | 473(8.5) |
| 정서학대 | 114(3.4) | 184(7.4) | 207(7.1) | 350(9.0) | 512(11.1) | 604(11.6) | 589(10.6) |
| 성학대 | 86(4.1) | 65(2.6) | 134(4.6) | 177(4.5) | 206(4.4) | 249(4.8) | 266(4.8) |
| 방임 | 672(31.9) | 814(32.8) | 965(33.0) | 1,367(35.1) | 1,635(35.3) | 2,035(39.1) | 2,107(37.7) |
| 유기 | 134(6.4) | 212(8.6) | 113(3.9) | 125(3.2) | 147(3.2) | 76(1.5) | 59(1.0) |
| 중복학대 | 623(29.6) | 949(38.3) | 1,155(39.5) | 1,508(38.8) | 1,710(36.9) | 1,799(34.6) | 2,087(37.4) |
| 계 | 2,105(100.0) | 2,478(100.0) | 2,921(100.0) | 3,891(100.0) | 4,633(100.0) | 5,202(100.0) | 5,581(100.0) |

출처: 보건복지가족부(2008). 2007년 전국 아동학대 현황보고서.

미국의 경우는 우리나라보다 더욱 심각하여 모든 공립학교의 폭력 발생 건수가 학생 1,000명당 31건(중학교만 봤을 때 52건)이며, 중학교의 경우 전체 학교 중 43%가 매일 혹은 매주 적어도 한 건 이상 집단소외 사건 발생을 보고한다.[5] 우리나라에서는 아직 산출결과가 나오지 않은 청소년폭력으로 인한 의료비 지출만 해도 매해 10억 달러(1조 원)에 이르고, 그 밖에 폭력사건으로 인한 치료 및 예방 프로그램, 재산 손괴, 법률비 등 공적 자본 지출은 160억 달러(16조 원)에 이를 것으로 추정된

5. National Center for Education Statistics, Crime, Violence, Discipline, and Safety in U.S. Public Schools. U.S. Department of Education NCES 2007.361, (http://nces.ed.gov/pubs2007/2007361.pdf, 2007).

다.[6] 이러한 비용 산출에는 폭력에 따른 신체적·정신적 손상으로 인한 기회비용과 심리적 고통에 따른 경제활동 손실비용은 포함되지 않았으나 청소년폭력이 피해자와 가해자 모두에게 엄청난 재산 손실과 심리적 고통을 가져올 것으로 이해된다. 따라서 청소년폭력 피해 당사자에게 신체적·심리적·정서적·인지적 손상 등 발달론적 문제를 심각하게 가져오고 미래 사회 구성원으로서의 정상적인 역할마저 어렵게 하여 결국 피해 청소년의 현재와 미래에 장애를 만드는 청소년폭력은 피해 청소년의 보호 및 치료, 그리고 가해자에 대한 엄중한 처벌과 사회적 예방 시스템이 필연적으로 요청된다.

보울비(Bowlby) 따르면 심리·정서적 애착은 인간의 생존과 발달에 주요한 기여를 하기 때문에 부모가 안정적 애착관계를 형성할수록 자녀의 정서 및 행동은 안정적으로 발달할 가능성이 높다.[7] 그러나 가정 혹은 가정 밖에서 폭력 경험을 하고 있는 청소년의 경우에는 부모나 사회 일반으로부터 애착관계를 형성하기 어렵게 된다. 그러므로 교회와 같은 사회적 조직이 폭력 경험 청소년의 안전하고 안정된 애착요소의 역할을 할 수 있다면 폭력 경험 청소년이 경험하지 못한 '바람직한 애착관계'를 발전시킬 대안가족으로서의 역할을 해낼 수 있을 것이다.

## 2. 성경과 청소년폭력 및 교회의 책임

하나님은 진선미의 본체이신 자신의 형상대로 사람을 창조하시고(창 1:27), 그들로 하여금 만물을 하나님의 형상을 좇아 다스리고 돌보게 하

---

6. 같은 책.

7. J. Bowlby, *Attachment and loss, Vol. 1: Attachment*, 2nd ed.(Allan N. Schore, 1969).

셨다(창 1:28). 이와 같은 창조와 복지 명령은 그리스도 안에서 성령으로 말미암아 부은 바 된 하나님의 사랑으로(롬 5:5), 서로를 귀히 여기며 서로 화목하는(살전 5:13) 실천적 삶으로 귀착된다. 이런 맥락에서 청소년을 학대와 폭력의 대상으로 삼는 것은 하나님의 이름을 욕되게 하는 것(렘 18:21)이므로 오직 하나님의 경륜을 가르쳐(신 4:10; 신 11:9) 훗날 하나님의 형상으로 살아갈 거룩한 존재로 보살피고 교육하며 가정과 학교, 사회의 학대와 폭력으로부터 보호하는 것이 부모와 교회의 책임이다.

이처럼 폭력과 학대는 청소년의 생존권에 대한 위협이며, 청소년의 보호에 대한 침해이고, 청소년의 심리적·정서적·영적 발달권의 위해요소가 된다. 그런데 여전히 많은 청소년은 폭력과 학대로 인해 가정과 학교, 사회에서 자신들의 기본권을 위협받고 있으며, 하나님의 형상으로서 가치 있는 존재로 발달하여 하나님 나라에 기여할 수 있는 잠재력을 침해당하고 있다. 그러나 우리나라를 비롯한 주요 OECD 국가 가운데서도 교회청소년이 어느 정도 폭력 경험을 하고 있는지, 폭력의 결과 어떠한 정서적 고통을 경험하고 있는지, 그리고 피해 청소년과 가해자를 위해 교회가 할 수 있는 일은 무엇인지 알려져 있지 않은 것은 심각한 문제가 아닐 수 없다. 폭력과 학대 상황에서 교회청소년은 신체적 위해에 의한 생존의 위기에 놓일 수 있으며, 자신의 잠재력을 극대화하는 데 심각한 문제를 야기할 수 있는 심리적·정서적·영적 위기를 경험할 수 있다. 따라서 교회는 폭력과 학대의 문제를 경험하고 있는 아동·청소년을 인지해야 하고, 그들의 문제를 해소할 수 있는 서비스를 제공할 필요가 있다. 아울러 가해자의 도덕성과 영적 각성을 일깨울 수 있는 가르침의 도입이 필수불가결하다.

따라서 이 장에서는 교회청소년 가운데 폭력과 학대 경험의 수준이 어느 정도인지와 그로 인한 정서적 위기 상황과 공격적 행동문제를 점검하고, 교회청소년의 정서·행동 문제에 영향을 미치는 요소가 무엇인지 분석하여 그들의 폭력 · 정서 · 행동 문제 해소를 위한 서비스를 제안하고자 한다. 특히 서울과 수도권의 청소년이 경험하는 진학과 관련된 심리적 위압감이 지역에 따라 다를 수 있다는 가정하에 서울과 경기도 교회청소년의 폭력, 심리적 문제를 비교 · 분석하기를 시도한다. 이와 같은 목적을 위하여 여기에서 제시하는 연구문제는 다음과 같다.

- 서울 및 경기도 교회청소년이 폭력을 경험하는 수준은 어떠한가? 차이가 있는가?
- 서울 및 경기도 교회청소년의 심리적 문제가 존재하는가? 차이가 있는가?
- 서울 및 경기도 교회청소년의 심리적 문제에 영향을 미치는 요인은 무엇인가? 영향을 미치는 요인 간 차이가 존재하는가?

## 3. 연구방법

### 1) 연구 대상 및 절차

연구에 참여한 청소년들은 총 369명(남자 175명, 여자 194명)이며, 서울 지역에서 170명, 경기도 지역에서 199명이 자발적으로 설문조사에 참여하였다. 임의로 선택한 교회 담당자에게 연구 목적을 설명하고 허락을 얻어 설문조사에 참여하기로 자발적으로 응한 학생들만 대상으로 하였다. 먼저 학생들에게 연구 목적과 방법을 충분히 설명한 후 설문조사에 응하도록 하였다. 응답시간은 30분 정도 소요되었다.

## 2) 연구도구

인구통계학적 요소, 교회 관련 요인(교회 등록기간, 월 참석 정도, 교회 만족도), 존재가치 여부 질문 외에 최근 2주간의 언어폭력 및 신체폭력 경험에 대한 문제들이 포함되었다. 이와 함께 교회청소년의 심리적 상태를 측정하기 위하여 러터 등(Rutter et al., 1970)이 개발한 멀레이즈 검사(Malaise Inventory)를 사용하였다. 멀레이즈 검사는 심리적 어려움을 측정하기 위한 표준척도로서 총 24문항으로 구성된 질문에 대하여 '예' 혹은 '아니요'로 응답하도록 되어 있다. 8개 혹은 그 이상의 질문에 대한 답이 '예'로 나오면 임상적 도움이 필요한 상태에 있는 것으로 진단한다. 여기에서 사용된 멀레이즈 검사의 신뢰도(Cronbach $\alpha$)는 0.82였다.

## 3) 분석방법

연구에 투입된 자료를 토대로 SPSS 12.0 패키지를 사용하여 빈도와 비율을 조사하였고, 서울 및 경기 지역 교회청소년의 폭력 경험 및 심리적 상태를 비교하였다. 또한 서울 및 경기 지역 교회청소년의 심리적 상태에 영향을 미치는 요소는 무엇인지 분석하기 위하여 회귀분석을 실시하였다.

## 4. 교회청소년의 폭력 경험과 교회

## 1) 교회청소년 특성

연구에 참여한 서울 및 경기도 지역 20여 개 교회의 청소년의 특성은 부모 이혼 및 사별 · 별거비율이 6.6%였고, 부 · 모자가정 등 한부모가정

〈표 6-3〉 교회청소년 특성(N = 369, 평균 나이 15.19세)

| 분류 | 빈도(%) | 분류 | 빈도(%) |
|---|---|---|---|
| 주거 지역 | 서울 170(46.1%)<br>경기도 199(53.9%) | 교회 등록<br>기간 | 6개월 미만 16(4.7%)<br>1년 미만 10(2.9%)<br>2년 미만 23(6.7%)<br>3년 미만 18(5.3%)<br>3년 이상 275(80.4%) |
| 성별 | 여자 194(52.6%)<br>남자 175(47.4%) | 참석 정도 | 월 1회 12(3.3%)<br>월 2회 27(7.5%)<br>월 3회 47(13%)<br>월 4회 276(76.2%) |
| 부모 혼인<br>분류 | 이혼 9(2.5%)<br>사별·별거 15(4.1%)<br>재혼 5(1.4%) | 교회 만족도 | 매우 불만족 3(0.8%)<br>불만족 23(6.3%)<br>보통 86(23.5%)<br>만족 133(36.3%)<br>매우 만족 121(33.1%) |
| 가족 상황 | 부자가정 11(3%)<br>모자가정 12(3.3%)<br>양부모 가정 339(93.6%) | 언어폭력 | 경험 없음 302(82.1%)<br>경험 있음 66(17.9%) |
| 맞벌이<br>여부 | 양부모 무직 11(3%)<br>한 분만 직업 154(42%)<br>맞벌이부모 200(54.8%) | 신체폭력 | 경험 없음 348(94.6%)<br>경험 있음 20(5.4%) |
| 부모 수입 | 월 100만 원 이하 17(5.8%)<br>월 200만 원 이하 83(26.9%)<br>월 400만 원 이하 117(38%)<br>월 700만 원 이하 55(17.9%)<br>월 700만 원 이상 35(11.4%) | 멀레이즈 | 문제 없음 242(67.2%)<br>문제 있음 118(32.8%) |
| 주거 형태 | 영구임대 12(3.4%)<br>월세 34(9.8%)<br>전세 103(29.6%)<br>자가 199(57.2%) | 존재가치<br>문제 | 없음 251(71.5%)<br>있음 100(28.5%) |

이 6.3%였다. 맞벌이부모는 54.8%에 달하여 적절한 양육환경을 만들기 어려운 비율이 상당한 수준이었고, 월수입 200만 원 이하 가정도 32.7%에 달하여 재정적 여건이 여의치 않은 가정이 많았다(〈표 6-3〉 참조). 교회청소년의 42.8%가 영구임대주택 · 월세 · 전세에 살고 있었다.

교회 등록기간은 6개월 미만 학생이 4.7%에 불과하여 새 신자 존속률이 낮은 수준인 반면 3년 이상 학생은 80%를 상회하여 새 신자에 대한 다양한 배려가 필요하다는 사실을 알 수 있다. 월간 예배 참석 비율도 76.2%가 4회 이상 참석하고 있으나 연구참여 학생들의 평균 나이가 15.19세인 것으로 보아 고등학교 고학년으로 갈수록 예배 참석률은 낮아지는 것으로 판단할 수 있다. 학생들의 교회에 대한 만족도는 '매우 불만족'과 '불만족'이 10%가량이기는 하나, '만족'과 '매우 만족' 비율이 69.4%인 것은 청소년의 지역사회복지관에 대한 일반적 만족도(만족, 매우 만족)가 90%를 상회하는 것을 비교할 때 낮은 수준에 있다고 하겠다.

최근 2주간 교회청소년의 심각한 수준의 언어폭력 경험 정도는 17.9%에 달하였고 신체폭력 경험도 5.4%나 있었는데, 교회의 문제 인식과 대처 방안이 강구되어야 할 상황에 있다는 것을 알게 해 준다. 또한 교회청소년의 심리적 위기 비율이 32.8%에 달하고 있다는 점은 매우 심각한 위기대처 방안이 마련되어야 함을 알려 준다. 나아가 교회청소년의 28.5%가 자신의 존재 무가치를 인식하고 있다는 점도 교회청소년의 영적 필요를 채워야 하는 교회의 적절한 대응책을 요청하고 있다.

## 2) 서울 및 경기도 교회청소년의 언어폭력, 신체폭력 및 심리적 어려움 경험 수준 비교

〈표 6-4〉에서 볼 수 있는 것처럼 서울 및 경기도 지역 교회청소년의 언어 · 신체 폭력 경험 수준의 지역 간 비교치는 유의한 차이를 보이지

〈표 6-4〉 서울 및 경기도 교회청소년의 언어폭력, 신체폭력 및 심리적 어려움 경험
수준 비교

| 구분 | 지역 | 평균 | t검정 | 표준편차 |
|---|---|---|---|---|
| 언어폭력 | 서울(164) | .1834 | .188 | .04024 |
| | 경기도(199) | .1759 | | .04029 |
| 신체폭력 | 서울(169) | .0592 | .375 | .02377 |
| | 경기도(199) | .0503 | | .02393 |
| Malaise | 서울(164) | 6.2561 | 2.611** | .54754 |
| | 경기도(196) | 4.8265 | | .54969 |

**p<.01.

않으나 심리적 어려움 경험 수준은 경기도보다 서울 지역의 교회청소년이 더 심각한 것으로 나타났다(서울 t = 2.611, p<.01). 유사하게 교회생활 만족도가 높은 학생에 비하여 만족도가 낮은 학생이 심리적 어려움에 놓일 가능성이 높다는 결과도 나타났다(OR = 2.285, p<.05).

## 3) 교회청소년의 심리적 어려움에 영향을 주는 요인

### (1) 서울 지역

서울 지역 교회청소년의 심리적 어려움을 가중시키거나 약화시키는 데 기여하는 요인은 가정의 월수입, 주거 형태, 교회 월 참석 정도, 언어폭력 경험, 그리고 학교 성적이었다. 최저생활 수준의 가정에서 자라는 청소년에 비하여 수입이 높은 가정에서 자라는 청소년이 심리적 어려움을 경험할 가능성이 낮은 것으로 분석되었다(300만 원 이하 수입 가정 OR = .034, p<.05; 400만 원 이하 수입 가정 OR = .099, p<.05; 400만 원 이상 수입 가정 OR = .010, p<.01; 〈표 6-5〉 참조). 수입 수준과 비슷하게 자가 주택에 사는 청소년(OR = 26.649, p<.01)에 비하여 전·월세나 영구임대 주택에 사는 청소년(OR = 23.318, p<.01)의 심리적 어려움 수준이 3배

〈표 6-5〉 서울 지역 교회청소년의 심리적 어려움에 영향을 주는 요인(N = 170)

| 구분 | B | 교차비 | 교차비에 대한 95% 신뢰구간 | |
|---|---|---|---|---|
| | | | 하위 | 상위 |
| 성별 | | | | |
| 나이 | | | | |
| 부모 혼인 | | | | |
| 가족 상황 | | | | |
| 맞벌이 가족 | | | | |
|   100만 원 이하 월수입 | | | | |
|   200만 원 이하 월수입 | 5.968 | 90.574 | 1.350 | 11.033 |
|   300만 원 이하 월수입 | −3.376 | .034* | .003 | .457 |
|   400만 원 이하 월수입 | −2.309 | .099* | .013 | .762 |
|   400만 원 이상 월수입 | −4.603 | .010** | .000 | .241 |
| 주거 형태 | | | | |
|   자가 | | | | |
|   전세 | −2.409 | .090 | .001 | 7.061 |
|   월세 | 3.149 | 23.318* | 1.460 | 372.320 |
|   영구 임대 | 3.283 | 26.649* | 2.260 | 314.256 |
| 경제 스트레스 | | | | |
|   많이 받음 | | | | |
|   일부 받음 | −7.330 | .001* | .000 | .367 |
|   거의 받지 않음 | −5.871 | .003* | .000 | 2.610 |
| 교회 등록기간 | | | | |
| 참석 정도 | | | | |
|   월 4회 | | | | |
|   월 3회 | 1.009 | 2.744 | .027 | 278.508 |
|   월 2회 | −42.559 | .000 | .000 | — |
|   월 1회 | 8.207 | 67.865* | 3.175 | 69.261 |
| 교회 매우 만족 | | | | |
|   교회 만족 | .142 | 1.153 | .022 | 59.571 |
|   교회 보통 | −1.332 | .264 | .023 | 3.003 |
|   교회 불만족 | 2.285 | 9.826* | 1.495 | 64.585 |
| 언어폭력 | −2.262 | .104* | .012 | .934 |
| 신체폭력 | | | | — |
| 자기가치 인식 | | | | |
|   하위 30% 이하 성적 | | | | |
|   하위 31~50% 이하 | 36.378 | 70.000 | .000 | — |
|   하위 51~69% 이하 | −.776 | .460 | .030 | 7.158 |
|   상위 30~19% 이하 | −1.036 | .355 | .060 | 2.113 |
|   상위 10% 이내 | −2.080 | .125* | .013 | 1.167 |
| 상수 | −9.721 | .000 | | |
| 카이제곱 = 67.287 for 34 자유도 | | | | |

*p<.05, **p<.01.

이상 높을 가능성이 있는 것으로 조사되었다. 교회청소년은 또한 부모가 경제적 문제로 고민하고 있는 수준이 높다는 사실을 인지하는 정도가 심각할수록 심리적 고통의 가능성도 함께 높아졌다(OR = .001, p<.05; OR = .003, p<.05).

예배 월 참석 수준이 높은 학생에 비하여 낮은 학생의 경우, 심리적 어려움이 가중될 가능성이 높았고, 교회에 대한 만족 수준이 높은 학생에 비하여 낮은 학생이 심리적 어려움을 경험할 가능성이 높았다는 사실도 흥미롭다(OR = 67.865, p<.05; OR = 9.826, p<.05).

교회청소년 가운데도 언어폭력과 신체폭력 경험이 적지 않게 발견된다는 사실이 조사된 바 있는데, 이 가운데 빈도 수가 많았던 언어폭력 경험은 서울 지역 교회청소년들의 심리적 어려움을 심각하게 가중시키는 요인으로 작용하고 있었다(OR = .104, p<.05). 또한 서울 지역 교회청소년은 학교 성적에 민감하다는 사실도 조사되었는데, 학교 성적이 하위 30%에 속하는 학생에 비하여 상위에 속하는 청소년이 심리적 고통을 적게 경험할 가능성이 높았다(OR = .125, p<.05).

### (2) 경기도 지역

경기도 지역 교회청소년의 심리적 어려움에 영향을 주는 요인은 성별, 맞벌이 여부, 부모의 경제적 어려움, 교회 만족도, 언어폭력이었다. 서울 지역 교회청소년에게 영향을 준 요인으로 부각되었던 가정의 경제적 수준과 학교 성적은 경기도 지역의 교회청소년에게는 영향력을 가지지 못했다.

경기도 지역 교회청소년의 경우 여자 청소년보다 남자 청소년이 심리적 어려움을 경험할 가능성이 낮고(OR = .111, p<.05), 부모가 직업이 없는 가정에 속한 청소년에 비하여 맞벌이가정에 속한 청소년에게서 심리적 어려움이 발견될 가능성은 2배 이상 높은 것으로 나타났다

〈표 6-6〉 경기도 지역 교회청소년의 심리적 어려움에 영향을 주는 요인(N = 199)

| 구분 | B | 교차비 | 교차비에 대한 95% 신뢰구간 | |
| --- | --- | --- | --- | --- |
| | | | 하위 | 상위 |
| 성별 | -2.202 | .111* | .018 | .698 |
| 나이 | | | | |
| 부모 혼인 | | | | |
| 가족 상황 | | | | |
| 부모 직업 없음 | | | | |
| 　한 분 직업 있음 | 1.598 | 4.944 | .021 | 52.498 |
| 　맞벌이 가족 | 2.241 | 9.406* | 1.471 | 60.164 |
| 수입 | | | | |
| 주거 형태 | | | | |
| 경제 스트레스 많이 받음 | | | | |
| 　일부 받음 | -1.823 | .161 | .011 | 2.345 |
| 　거의 받지 않음 | -1.950 | .142* | .019 | 1.058 |
| 교회 등록기간 | | | | |
| 참석 정도 | | | | |
| 교회 매우 만족 | | | | |
| 　교회 만족 | -21.457 | .000 | .000 | ― |
| 　교회 보통 | 3.752 | 42.622** | 3.028 | 599.982 |
| 　교회 불만족 | 3.133 | 22.951** | 2.700 | 195.066 |
| 　교회 매우 불만족 | 2.079 | 8.000 | .707 | 90.475 |
| 언어폭력 | -4.058 | .017*** | .002 | .143 |
| 신체폭력 | | | | |
| 자기가치 인식 | | | | |
| 학업성적 | | | | |
| Constant | 1.511 | 4.533 | | |
| | 카이제곱 = 70.907 for 36 자유도 | | | |

*p<.05, **p<.01, ***p<.001.

(OR = 9.406, p<.05.; 〈표 6-6〉 참조). 부모가 경제적 스트레스를 받는다
는 사실을 인지하는 수준이 낮을수록 청소년의 심리적 고통이 줄어든다는
점은 서울 지역 청소년의 경험과 동일하게 조사되었다(OR = .142, p<.05)

교회생활 만족도가 높은 학생에 비하여 낮은 만족도를 가진 교회청소년은 심리적 어려움을 가질 가능성이 심각한 수준으로 높았다(OR = 42.622, p<.01; OR = 22.951). 또한 심각한 언어폭력을 경험하지 않는 교회청소년이 경험한 청소년에 비하여 심리적 어려움에 있지 않을 가능성이 높다는 사실도 분석되었다(OR = .017, p<.05).

## 5. 교회청소년의 폭력 경험 예방 및 해소와 교회

이상에서 서울 및 경기도 일원 교회청소년이 폭력을 경험하는 수준이 어떠한지, 심리적 문제 수준은 어느 정도로 심각한지, 그리고 서울과 경기도 교회청소년의 심리적 문제에 영향을 미치는 요인은 무엇인지 점검해 보았다. 그 결과를 요약하면 다음과 같다.

첫째, 최근 2주 내 교회청소년이 경험한 가정 내 언어폭력 수준은 17.9%, 신체폭력 경험은 5.4%에 달하였으며 심리적 문제 수준도 32.8%에 이르는 등 매우 심각한 상황에 있음을 보여 주었다. 언어폭력과 신체폭력의 수준은 서울과 경기도 교회청소년이 비슷했으나, 심리적 문제는 경기도 교회청소년에 비하여 서울의 교회청소년이 통계적으로 유의미하게 높게 나타나 서울 지역 교회청소년의 심리적 압박이 심각한 수준에 있었다. 지금까지 가정 내 교회청소년에 대한 부모의 폭력 수준이 어느 정도인지 알려진 바가 없었으나, 이러한 결과는 청소년에 대한 언어 및 신체 폭력 수준이 우려할 만한 정도임이 분명하게 밝혀져 교회의 적절한 대책 마련과 대응이 필요하다는 점을 일깨워 주었다. 나아가 경기도 지역에 비하여 서울 지역의 교회청소년이 심리적 문제가 보다 심각한 수준에 있어 교회청소년의 심리적 문제 해소를 위한 프로그램의 계획과 시행이 서울 지역을 중심으로 시급하게 시행되어야 할 것이다.

둘째, 서울 지역 교회청소년의 심리적 문제에 영향을 주는 요인에 대한 분석에서는 교회청소년의 특성조사에서 드러난 바와 같이 부모의 월수입 200만 원 이하가 30%를 상회하고 영구임대주택·월세·전세에 살고 있는 가정이 42.8%에 달해 가족의 경제적 어려움이 교회청소년의 심리적 어려움을 가중시키는 요인으로 작용하고 있었다. 더불어 언어폭력[8]과 학교성적도 교회청소년을 심리적으로 압박하는 중요 요인으로 나타났다. 반면 거버(Gover)[9]와 듀런트(DuRant) 등[10]의 연구와 일치하게 매주 교회에 잘 참석하고 교회 만족도가 높을 때 심리적 문제는 효과적으로 감소되는 것[11]으로 나타났다. 그리하여 교회청소년이 일반적인 위기요인으로 인해 심리적 문제가 가중될 수 있지만 교회가 청소년을 위한 프로그램을 개발함으로써 긍정적인 해소 역할을 할 가능성이 충분하다는 점도 보여 주었다.

셋째, 경기도 지역 교회청소년의 심리적 문제에 영향을 주는 요인에 대한 분석에서는 서울 지역 교회청소년과 비슷하게 부모의 경제적 스트레스와 언어폭력[12]이 중요한 영향을 미치는 것으로 나타났으며, 맞벌이가족 환경에서 성장하여 감독과 관심에서 소외될 가능성이 높은 점도 경기도 지역 청소년의 심리적 문제를 일으키는 요인[13]으로 발견

8. Z. T. McGee, Impact of Violence on Problem Behavior Among Adolescents: Risk Factors Among an Urban Sample, *Journal of Contemporary Criminal Justice, 18*(1), 74–93, 2002.

9. A. R. Gover, Risky lifestyles and dating violence: A theoretical test of violent victimization, *Journal of Criminal Justice, 32*(2), 171–180, 2004.

10. R. H. DuRant, et al., Intentions to Use Violence Among Young Adolescents, *PEDIATRICS, 98*(6), 1104–1108, 1996.

11. D. C. Linville, & A. J. Huebner, The Analysis of Extracurricular Activities and Their Relationship to Youth Violence, *Journal of Youth and Adolescence, 34*(5), 483–492, 2004.

12. Z. T. McGee, 앞의 책.

13. T. M. Franke, The Effect of Attachment on Adolescent Violence, The Prevention Researcher, 10(1), 14–16, 2003.

되었다. 따라서 서울 지역 청소년과 마찬가지로 재정적 어려움과 언어폭력을 경험하는 청소년을 위한 문제 해결 노력을 다하고 이와 함께 맞벌이가족의 청소년도 교회의 관심대상이 되어야 할 것이다. 나아가 경기도 지역 청소년도 교회 만족도가 높을 때 심리적 어려움의 해소를 염두에 두고 그들의 교회생활 만족도를 높이는 노력도 지속적으로 이루어야 할 것이다.

　이 장의 연구는 교회청소년만을 대상으로 한 것이기에 결과를 일반청소년에게 일반화하기 어렵다는 제한점이 있다. 그런데 교회청소년이 언어·신체 폭력 수준과 심리적 문제 수준이 심각한 상황에 있기에 교회가 그것을 해소할 수 있는 프로그램을 개발해야 한다는 점, 그리고 교회생활에 대한 참여와 만족도가 심리적 문제를 해소할 수 있는 요인으로 작용한다는 점을 보여 주면서 교회가 청소년을 위한 적극적인 노력을 기울일 때 청소년의 심리적 위기문제 해결에 실제로 기여할 수 있다고 한 데서 그 의의를 찾을 수 있을 것이다. 향후 교회청소년을 위한 실제 프로그램이 교회청소년의 폭력과 심리적 문제를 해소하는 데 어느 정도 긍정적 역할을 하는지 밝히는 후속 연구가 이루어지기를 바란다.

## 참고문헌

김학일(2005). 학교폭력 예방 및 대책 5개년 기본 계획, 교육정책포럼. http://mailzine.kedi.re.kr/Column/MailZine/ColumnViw.php?PageNum=-1&S_Key=&Ac_Code=D0010102&Ac_Num0=4905.

Bowlby, J. (1969). *Attachment and loss, Vol. 1: Attachment* (2nd ed.). Allan N. Schore.
Centers for Disease Control and Prevention(1999). National Center for Injury

Prevention and Control. http://www.edc.gov/ncipc/dvp/yvpt/yvpt.htm.

Chan, L. S., Kipke, M. D., Schneir, A., Iverson, E., Warf, C., Limbos, M. A., & Shekelle, P. (2005). Preventing Violence and Related Health-Risking Social Behaviors in Adolescents. *Agency for Healthcare Research and Quality, 107*, 1-7.

DuRant, R. H., Treiber, F., Goodman, E., Woods, E. R. (1996). Intentions to Use Violence Among Young Adolescents. *PEDIATRICS, 98*(6), 1104-1108.

Franke, T. M. (2003). The Effect of Attachment on Adolescent Violence. *The Prevention Researcher, 10*(1), 14-16.

Gover, A. R. (2004). Risky lifestyles and dating violence: A theoretical test of violent victimization. *Journal of Criminal Justice, 32*(2), 171-180.

Krug, E. G., Dahlberg, L. L., Mercy, J. A., Zwi, A. B., & Lozano, R. (2002). World Report in Violence and Health. Geneva: WHO.

Linville, D. C., & Huebner, A. J. (2004). The Analysis of Extracurricular Activities and Their Relationship to Youth Violence. *Journal of Youth and Adolescence, 34*(5), 483-492.

McGee, Z. T. (2002). Impact of Violence on Problem Behavior Among Adolescents: Risk Factors Among an Urban Sample. *Journal of Contemporary Criminal Justice, 18*(1), 74-93.

National Association of School Psychologists (1999). Bethesda, MD: USA. http://www.nasponline.org/resources/crisis_safety/suicideprevention.aspx.

National Center for Education Statistics (2007). Crime, Violence, Discipline, and Safety in U.S. Public Schools. U.S. Department of Education NCES 2007.361. http://nces.ed.gov/pubs2007/2007361.pdf.

Rand Health (2005). *Stopping Violence Before It Starts Identifying Early Predictors of Adolescent Violence.* Cambridge: UK.

Rutter, M., Tizard, J., & Whitmore, K. (1970). *Education, Health and Behavior.* London: Longmans.

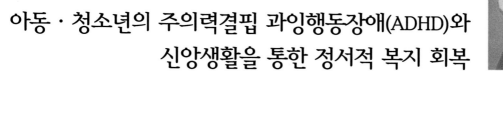

제 / 7 / 장

# 아동 · 청소년의 주의력결핍 과잉행동장애(ADHD)와 신앙생활을 통한 정서적 복지 회복

## 1. 아동 · 청소년의 ADHD 문제

주의력결핍 과잉행동장애(Attention Deficit Hyperactivity Disorder: ADHD)는 유아, 아동, 청소년 시기에 걸쳐 광범위하게 발생하는 발달장애의 한 유형으로 충동적 행동, 주의력결핍, 신경질적 행동으로 특징되며, '주의력결핍장애'나 '과민성 아동행동증후군'과 구분된다(Baker, 1991). ADHD는 행동의 특성상 다치거나 사고를 유발할 가능성이 높으며, 다른 사람의 감정에 상처를 입힐 수 있는 충동적 언어표현에 의해 또래집단으로부터 소외당할 가능성도 높다(Morrison, 1995). 최근 ADHD 아동 · 청소년은 급격한 증가 추세를 보이고 있으며, 이는 가정과 학교에서 학부모와 교사에게 심각한 어려움을 주고 있다(임경희, 조붕환, 2004). 발생 빈도는 최대 20%까지 다양하게 보고되나, 일반 아동에게 대개 3~5% 정도 발생하는 것으로 예측된다(Arnold, 1996). 최근 우리나라의 경우 서울, 경기, 충남, 대전, 강원 지역의 22개 초등학교에서 2,667명의 초등학생을 표집하여 조사한 결과 5.7%의 ADHD 출현율을 나타냈다(임경희, 조붕환, 2004). 나이에 따른 발생 빈도는 청소년보다 아동에게 더 높게 나타났고(Rohde et al., 2000), 남아에게 주로 발생하는 것으로 조사되었다(Arnold, 1996).

ADHD 아동들이 충동적 행동과 주의력결핍에 따라 사회질서 의식의 결여, 인내력 부족, 주변에 대한 부정적 태도, 사회적 고립성, 친구들과의 부적절한 상호작용을 보임으로써 대부분의 사회생활이 이루어지는 학교에서 낙오된 삶을 살 수밖에 없다는 사실은 병들고 소외된 이웃을 돌아보기를 촉구하는 기독교적 관심을 끌기에 충분하다. 그들은 자신에게뿐만 아니라 또래를 힘들게 하고, 결과적으로 소외당하여 심지어 다툼과 공격행동, 파괴적인 행동을 보여 자신과 이웃을 동시에 파괴하는 결과를 가져올 수 있다. 그러나 그들은 혼자 힘으로는 어떻게 할 수 없는 미성년인 아동의 위치에 있기 때문에 신앙인의 관심을 끌기에 충분할 정도로 매우 안타까운 삶을 살고 있는 것이다. 이뿐만 아니라 일부 ADHD 청소년은 향정신성 약물이나 비행행동에 연루되는 경우도 발생하며, ADHD로 인한 사회성장애는 성년에 이르기까지 직접적 연관성을 가질 수 있어 더욱 큰 문제를 야기할 수 있다(Morrison, 1995). 공적 관심이 주어져야 하는 대표적 소외집단으로 거론될 수 있는 것이다.

ADHD에 관한 최근까지의 국내외 연구결과는 ADHD가 학령기 아동들에게 소아정신과를 방문하게 하는 가장 흔한 질환 중 하나로 근심걱정, 생리적 장애, 신경장애 혹은 뇌신경장애 중 하나 혹은 그 이상의 요인 때문에 기인한다고 이해하고 있다(Morrison, 1995). 그리고 ADHD에 영향을 미치는 요인과 개선을 위한 방법을 분석할 때 개인적으로 생리·신경 및 유전학적 요인이나 가족문제 요인, 담배·술, 향정신성 약물, 그리고 학교와 또래관계가 ADHD 문제의 원인이 되거나 현존 문제를 더욱 심화시키는 기여요인이 된다는 데 연구의 초점을 맞춘다. 그리하여 현재 이러한 문제를 개선하기 위한 다양한 방법을 찾는 데 학문적 관심이 모아지고 있다.

## 1) 신체건강 요인

칼프 등(Kalff et al. 2002)은 중추신경장애를 가진 것으로 판명되는 5~6세 아동에게서 향후 ADHD 발병률이 높을 뿐만 아니라 병리학적 문제가 중첩되어 발생할 가능성이 높다고 조사하였다. 이 연구는 중추신경장애 조기 측정이 ADHD의 조기 진단을 예측할 수 있으며 기타 병리학적 문제의 동시 발생을 차단하는 효과를 가질 수 있을 것이라는 판단을 가능하게 한다. 로텐베르거 등(Rothenberger et al., 2000)과 핸든 등(Handen et al., 1998)도 아동이 뇌의 감각 전달 부분에 손상을 입거나 정신지체를 가졌을 경우 ADHD 발병률이 높다는 사실을 발견하였다. 크리스털 등(Crystal et al., 2001)은 주의력결핍과 공격적 행동의 병리현상이 아동들에게는 ADHD의 예측인자로 작용한다는 점을 분석하였다. 따라서 아동 · 청소년의 ADHD 발생의 일부는 신체건강상의 문제들이 아직 자기조절 능력이 충분히 발달하지 않은 상태와 연관되기 때문인 것으로 이해할 수 있다. 성년의 경우 진통제 의존율이 높은 사람에게서 ADHD의 발병률이 높아진다는 연구(Modestin et al., 2001)도 인체의 건강 상태와 자기조절 능력의 결여가 상호작용하여 ADHD의 발생 가능성에 기여한다는 사실을 지지해 준다.

## 2) 가족요인

엡스타인 등(Epstein et al., 2000)은 ADHD의 일반적 특징이라고 할 수 있는 부주의, 과잉행동, 충동적 행동 문제를 가지고 있는 부모를 둔 아동 가운데 ADHD 문제의 발생 빈도가 더 높게 나타나는 것으로 조사하였다. 즉, 가족 내에서 ADHD와 연관된 문제들이 중첩 발생하는 것이 아동의 ADHD 유발 환경을 조성하고, 이미 가지고 있는 문제들을 보다 심화시킬 수 있다. 또한 존스톤(Johnston, 1994)은 ADHD 아동의 부모가 일반가정에 비하여 보다 부정적인 형태의 양육방식을 보일 가능성이 높고, ADHD 아동의 아버지의 심리적 스트레스 정도가 일반 아동의 아버지의 정도보다 심각하며, 부모의 자기존중 정도도 낮다고 분석하였다. 어머니와 청소년과의 관계 악화가 청소년의 ADHD 발생 가능성을 높이며(Barkley et al, 1992), 부모와 자녀의 상호작용에 문제가 있는 것도 자녀의 ADHD 발생 가능성을 높인다고 알려져 있다(Satake et al., 2004).

### 3) 담배, 술 및 향정신성 약물

플로리와 라이넘(Flory & Lynam, 2003)은 청소년의 담배와 술, 약물 중독 성향이 ADHD 가능성을 높이고, 반대로 아동이 ADHD를 가지고 있거나 행동장애를 가지고 있을 때 담배와 술에 의존할 위기 분위기를 조성한다고 분석하였다. 비슷하게 기드(Giedd, 2006)도 ADHD 아동의 경우 술, 담배의 사용 가능성을 높이기 때문에 주의가 필요하다고 지적하면서, 아동의 향정신성 약물 사용 가능성에 대하여도 주의를 요청하였다. ADHD 치료를 위하여 약물을 복용하는 경우에도 술, 담배의 사용 가능성이 높아질 수 있는데(Giedd, 2006), 치료를 위한 약물 복용의 상황은 아동의 행동조절을 어렵게 만드는 원인이 될 수도 있기 때문이다. ADHD 아동의 경우 그 증상이 지속될 때 청소년기에 술, 담배에 의존하기 쉽다는 연구 결과도 있다(Boyles, 2003).

### 4) 또래관계, 학교 · 학업 부담

아동 · 청소년들의 ADHD에 영향을 미치는 요인으로는 집단따돌림(김혜원, 이해경, 2004; 신현숙 외, 2004), 또래집단으로부터의 구타(김혜원, 이해경, 2004), 학교 · 학업 부담(신민영 외, 2005; 홍영수, 전선영, 2005)

이 또 다른 중요 요인으로 제기된다. 또래집단으로부터 소외나 구타를 당한 경험을 가진 아동 · 청소년에게 가해행동의 자기발전 가능성이 높다는 사실은 여러 연구를 통하여 검증되어 왔다. 또한 우리나라, 일본, 중국, 홍콩 등에서 과도한 입시열기에 따른 청소년들의 학교 · 학업 부담과 과중한 학원수강도 ADHD 관련 행동의 증가요인으로 작용할 수 있다.

## 5) ADHD 개선을 위한 치료적 접근방법

ADHD에 기여하는 문제와 원인을 찾으면서, 동시에 아동에게서 발생하는 ADHD의 문제를 개선하기 위한 치료적 접근이 다양하게 시도되고 있다. 최민주와 홍인실(2005)은 음악치료가 ADHD 중재에 일부 공헌한다는 사실을 발견하였으며, 송찬원 등(2006)은 만다라 미술치료가 과제의 수행 태도 및 행동에 중재 효과가 있다고 하였다. 그 밖에 가족놀이치료(이승희, 윤호열, 2007), 어머니의 양육행동 개선 접근법(오원옥, 박은숙, 2007)도 긍정적인 효과가 있는 것으로 조사되었다.

## 6) ADHD 아동 · 청소년의 심리적 문제와 신앙생활의 기여 가능성

지금까지의 연구들은 ADHD의 원인과 그 개선방법에 있어 아동 · 청소년 자신의 주의력 집중을 이끄는 치료 접근법에 주로 관심을 가져왔다. 이들 연구에 따른 프로그램도 일부 문제의 개선에 기여하는 것으로 보이나, 한편으로 ADHD 아동 · 청소년이 높은 우울 수준 혹은 낮은 자기존중 수준을 보일 가능성이 높다는 사실(Crystal et al., 2001; Treuting & Hinshaw, 2001)에 주목할 필요가 있다. 즉, ADHD 아동 · 청소년이 ADHD 상태의 생활을 지속하는 것은 우울감과 같은 심리적 불안문제를 초래할 수 있다는 예측을 가능하게 한다(Delfos, 2004). 내적 행동의 불안은 외적 행동의 불안을 가중시킬 수 있는 요인이 되며, 외적 행동으로 인한 또래부터의 소외 및 가정과 학교에서 경험하게 되는 다양한 종류의 부정적 결과는 내적 행동의 불안을 증폭시킬 수 있는 충분한 환경을 조성할 수 있다. 내적 행동의 불안을 안정시키는 것은 ADHD의 개선에 적극적으로 기여할 수 있을 것이다.

기독교 신앙은 신자에게 단순한 종교행위와 자기만족이 아닌 삶의 체계(life-system)다(Kuyper, 1994). 하나님의 감동으로 쓰인 성경을 읽을 때 창조와 인간의 전적 타락, 하나님의 무조건 선택, 그리스도 안에서 택함을 받은 자들의 속죄, 하나님의 불가항력적 은혜, 그리고 성도의 견인(원광연 역, 2004)을 믿음으로 고백하는 신자는 '하나님과의 관계' '인간과 세계의 관계', 즉 신자의 삶 전체에서 하나님의 형상을 좇아 살려는 끝없는 열망과 실제적 추구 속에 있게 된다. 기독교 세계관을 바르게 형성한 인간은 결코 이기적인 삶을 추구하지 않으며, 소외된 이웃과 그들의 필요에 관심을 가지고 실제로 그들의 필요를 채우는 데 진력하는 모습을 보인다. 그와 같이 그리스도 안에 감추어져 있고 그리스도를 통해 하나님만이 주시는 참된 지식을 성경을 통하여 경험하지 못한 인간은 인간생활 전반에서 경험되는 허무주의와 비관주의로 인해 절망과 무기력(Heslam, 1998), 억압, 죽음의 가치관을 생성하여 비도덕적이고 반사회적인 행동을 표출하게 된다. 이런 점에서 정체성, 세계관, 도덕적 발달이 형성되는 단계(Craig, 1989)에 있는 청소년기에 기독교 신앙경험과 신앙의 역동성은 특별한 의미를 가진다. 청소년의 심리적 · 정서적 · 도덕적 발달과제는 사회화 과정에서 발전한다. 그러므로 기독교 신앙경험은 청소년기의 발달과제를 잘 수행하도록 돕고 청소년기의 심리 · 정서적 방황을 최소화하도록 하여, 결국 청소년의 외적 문제행동을 교정하고 하나님 앞에서 전인적인 삶을 표출하도록 이끌 수 있다.

기독교 세계관이 청소년의 내외적 행동에 미치는 영향에 대한 이상과 같은 실증적 연구는 국내에서 희소하기는 하나 몇몇 연구자에 의해 수행되고 있고, 청소년의 내외적 행동에 대한 기독교 신앙의 긍정적 기여를 지지한 바 있다. 강은실 등(2004)과 손병덕(2004)은 신앙의 유무와 교회참석이 영적 안녕에 기여한다는 사실을 분석하였다. 손병덕과 이재서(2007)도 가정폭력에 의한 심리적 문제 극복에 기독교 신앙이 긍정적으로 작용한다고 보고하였다. 특히 한국 청소년 종교인구가 50.6%(통계청, 2005)에 이르는 것을 감안할 때, 사회적 소외집단의 하나로 분류되는 ADHD 아동 · 청소년에게 신앙생활이 어떤 역할을 하는지에 대한 조사가 필요할 것으로 판단된다.

ADHD 관련 선행연구들은 ADHD가 다른 장애와 동시 발생할 가능성이 높으며 ADHD와 비슷한 행동 특성을 가지는 부주의, 과잉행동, 공격적 행동의 특성을 공유하는 경향이 있다는 사실을 알게 해 주었다. 아울러 아동 · 청소년의 ADHD 원인에 대한 일반적 정보도 제공해 주었다. 그러나 이러한 선행연구에서는 다음과 같은 몇 가지 제한점을 지적할 수 있다.

첫째, 선행연구들은 ADHD를 남자 아동 · 청소년의 문제로 보고 있다. 그러나 여자 아동 · 청소년에게서 공격적 행동이나 우울 문제가 급속하게 증가되고 있는 현 추세를 고려할 때 변화가 예상되는 성별 빈도의 특성이나 ADHD에 영향을 미치는 성별 특성은 무엇인지에 대한 연구는 거의 이루어지지 않았다.

둘째, 선행연구들에서는 1990년대까지의 문화적 특징과 최근 문화의 차이를 규정할 수 있는 영상 관련 매체들(인터넷 게임, 인터넷 성인물, 폭력/성인 TV)과 ADHD의 상관관계에 대한 연구가 발견되지 않았다.

셋째, 선행연구들에서 가족요인 중 부모의 양육 태도와 ADHD의 상관관계를 밝히는 연구들은 진척이 많으나 양육 태도에 영향을 주는 부모 직업과 생활 정도, 그리고 종교적 성향에 관한 요인에는 거의 관심을 기울이지 않는 것도 흥미롭다. 더불어 부모에 의한 언어 및 신체 폭력의 문제가 아동 · 청소년의 정서 및 행동 발달에 부정적 영향을 미치는 중요한 요인임에도 ADHD와 관련하여 상관관계를 점검하지 않은 것도 지적할 만하다.

넷째, 우리나라의 ADHD 관련 선행연구들은 주로 출현율을 조사하거나 ADHD 아동의 상담과 치료 방법의 효과에 관한 연구들이 주류를 이루고 있다(김선애, 2000; 송찬원 외, 2006; 이승희, 윤호열, 2007; 임경희, 조붕환, 2004; 조붕환, 임경희, 2002; 최민주, 홍인실, 2005). 일부 연구가 ADHD와 부모의 양육 태도 간의 관계를 다루고 있으나(공희자, 문재우, 2004; 오원옥, 박은숙, 2007), ADHD를 개선하기 위한 심리적 안정에 신앙생활이 기여할 가능성을 조사한 연구는 거의 없는 실정이다.

따라서 이 장에서는 ADHD에 영향을 미치는 다양한 요인을 살펴보고 ADHD 발생의 예방과 치료를 위한 생활환경 조성에 도움이 될 수 있는 구체적인 자료를 제공하고자 한다. 최근까지 조사된 요인과 더불어 아직까지 밝혀지지 않은 요인이 아동·청소년의 ADHD 발달에 어떤 영향을 미치는지 조사하는 것은 ADHD를 해소하기 위한 예방적·치료적 활동에 중요한 자료가 될 것이라 생각한다.

이를 반영한 이 장의 연구문제는 다음과 같다.

- 여자 아동·청소년에게서 관찰되는 ADHD 발생 빈도는 남자 아동·청소년의 그것과 차이가 있는가?
- 아동·청소년의 ADHD 발생에 영향을 미치는 요인(인구통계학적 요소, 영상 관련 매체, 부모의 교육·직업·경제적 생활 정도, 학교·학업 부담, 또래관계, 양육 태도, 언어·신체 폭력)과 신앙생활의 영향력은 어떠하며, 성별에 따른 차이가 있는가?

## 2. 연구방법

### 1) 연구대상

서울과 인천에 소재한 초등학교 및 중등학교와 무작위로 접촉하였고, 연구의 필요성을 인지하고 연구를 허락한 6개 초등학교 및 2개 중학교의 650명이 자발적으로 연구에 참여하였다. 연령대상은 아동으로서 발달론적 관점상 청소년의 특징을 보이기 시작하는 초등학교 5, 6학년을 포함하여 중학교 1학년으로 하였다. 초등학교는 5학년 165명(여자 80, 남자 85), 6학년 238명(여자 100, 남자 138)이었으며 중학교는 1학년 247명(여자 115, 남자 132)이었다. 전체 연령분포는 11세에서 13세까지였다.

### 2) 연구도구

#### (1) 독립변인

선행연구에서 논의된 내용을 기초하여 다음과 같은 변인이 투입되었다(〈표 7-1〉 참조). 중추신경장애와 같은 신체건강 요인은 연구대상에게서 발견되지 않았고, 향정신성 약물은 연구대상이 초등학생과 중학생으로 그 사용 빈도가 극히 낮아 영향요인에 포함하지 않았다.

〈표 7-1〉 연구에 사용된 독립변인

| 변인 | 설명 |
| --- | --- |
| 성별 | 여자, 남자 |
| 연령 | 11~13세 |
| 형제자매 수 | 동거 중인 형제자매 수 |

〈계속〉

| 동거인 | 조부모와 함께, 양부모, 한부모, 친인척, 기타 보호자 |
|---|---|
| 부모 교육 정도 | 초졸, 중졸, 고졸, 대졸, 대학원졸 |
| 부모 직업 | 홀링 쉐드의 사회적 지위 직업 인덱스(1949)를 참고로 작성; 무직 = 0, 생산직 = 1, 판매직 = 2, 사무직 = 3, 전문관리직 = 4 |
| 생활 정도 | 아주 어려움(국민기초생활 수급대상자) = 0, 약간 어려움 = 1, 보통 = 2, 잘 사는 편 = 3, 매우 잘 산다 = 4 |
| 종교 유무 | 유 = 1, 무 = 0 |
| 예배 참석 정도 | 한달 평균 종교집회 참석 수 측정 |
| 수강 중인 학원 수 | 현재 수강 중인 학원 수 |
| 한 달 내 따돌림 경험 유무 | 있다 = 1, 없다 = 0 |
| 한 달 내 구타 경험 유무 | 있다 = 1, 없다 = 0 |
| 한 달 내 담배 경험 유무 | 있다 = 1, 없다 = 0 |
| 한 달 내 술 경험 유무 | 있다 = 1, 없다 = 0 |
| 한 달 내 인터넷 온라인게임 유무 | 있다 = 1, 없다 = 0 |
| 한 달 내 인터넷 성인물 시청 유무 | 있다 = 1, 없다 = 0 |
| TV 시청내용 | 어린이/청소년 성장 프로그램, (순정)드라마, 폭력성 프로그램, 성인 프로그램, 기타 |
| 양육 태도 | 크레이그(Craig, 1989)와 바움린드(Baumrind, 1972)를 참고하여 작성된 13개 문항에 대하여 '전혀 그렇지 않다 = 0, 대체로 그렇지 않다 = 1, 대체로 그렇다 = 2, 항상 그렇다 = 3'로 표시하도록 하여 응답한 전체 문항을 합산한 수 = 0~39 분포(높을수록 긍정적) |
| 한 달 내 신체폭력 경험 | 있다 = 1, 없다 = 0 |
| 한 달 내 부모 폭언 경험 | 있다 = 1, 없다 = 0 |

## (2) 종속변인

종속변인은 연구의 목적을 위하여 ADHD 판별과 치료 효과를 분석하기 위해 널리 사용되는 코너스 단축평가척도(Abbreviated Conners Rating Scales: ACRS)를 사용하였다. ACRS는 충동성과 과잉행동을 측정하는 10항목으로 구성되어 있으며 0~3의 네 단계 평정을 하도록 되어 있다. 여기에서는 교사가 초기 청소년의 행동을 평가하여 평정하도록 하였다. 평정 점수를 합산하여 17 이상일 경우 ADHD 성향이 있는 것으로 보아 로지스틱 회귀분석이 가능하였다. ACRS 측정표는 주의력결핍과 과잉행동장애의 제 증상을 측정하는 임상 표준척도로서 통계적으로 유의한 $\alpha$지수(Cronbach $\alpha$ = .913)를 보였다.

### 3) 자료분석

수거된 설문지 중 내용 기입이 부실한 34매를 제외한 총 616매(여자 299매, 남자 337매)로부터의 데이터에 대해 SPSS를 사용해 연구목적에 부합한 분석을 실시하였다. 남녀 ADHD의 집단 간 차이를 분석하기 위하여 t검정을 실행하였고, 남녀 ADHD에 미치는 변인의 영향력을 측정하기 위하여 로지스틱 회귀분석을 실시하였다. 로지스틱 회귀분석을 위하여 남녀 ADHD를 종속변인으로 하고 〈표 7-1〉에 제시된 변인을 독립변인으로 포함하였다.

## 3. 연구결과

### 1) 남녀 청소년의 집단 간 ADHD 비교

연구에 참여한 남녀 청소년 616명 중 ADHD 문제 수준에 분류되는 청소년은 68명으로 전체 참여대상의 11%였다. 〈표 7-2〉는 ADHD를 경험하고 있는 남녀집단 간 비교결과인 독립 t검정을 보여 준다. 남자

〈표 7-2〉 ADHD의 남녀집단 간 비교(N = 616: 여자 = 299, 남자 = 337)

| 분류 | 여자 | 남자 | 평균 차 | t |
|---|---|---|---|---|
| ADHD | .0538 | .1573 | .1035 | 4.130* |

*p<.001.

청소년이 ADHD 문제 양상이 더 높게 나타나는 것으로 조사되어(t = 4.130, p<.001), ADHD는 여자 청소년들보다 남자 청소년들에게서 문제의 심각성이 큰 것으로 드러났다.

## 2) 여자 청소년의 ADHD에 영향을 주는 변인 분석

〈표 7-3〉은 여자 청소년의 ADHD에 영향을 주는 변인을 분석한 것이다. 상관관계 분석을 통해 통계적 유의도에 이르지 못한 술, 담배, 부모 이외 보호자 교육 정도, 부모 이외 보호자 종교를 제외한 변인이 분석에 투입되었는데, 지면상 제약 때문에 로지스틱 회귀분석에 투입된 변인 중 통계적 유의도를 보이는 것들만 범주분석표를 제시한다.

먼저 흥미롭게도 어머니의 교육 정도는 통계적 유의도를 획득하지 못한 반면 아버지의 교육 정도는 여자 청소년의 ADHD에 영향을 주는 것으로 조사되었다. 즉, 아버지의 높은 교육 정도는 여자 청소년의 ADHD에 기여할 가능성을 보이는 것으로 나타났다(OR = .006, p<.01). 플로리와 부캐넌(Flouri & Buchanan, 2003)은 어린 시절 아버지의 긍정적 양육 형태가 청소년의 정신건강에 영향을 미친다고 보고한 바 있다. 그러나 아버지의 교육적 지위가 여자 청소년의 ADHD에 직접적인 영향을 준다는 사실은 아직까지 발견되지 않았다. 이는 아마도 높은 교육 수준이 아버지의 가족 내 역할 강화의 필요성을 인지하게 만들고, 아버지의 존재가치를 중요시하는 일반적인 여자 청소년의 특성(Dudley, 1991; Thomas & Forehand, 1993)과 결합하여 여자 청소년의 ADHD 예방과 초기 차단에 긍정적 기여를 하는 것으로 여겨진다.

〈표 7-3〉 여자 청소년의 ADHD에 영향을 미치는 로지스틱 회귀분석 결과

| 구분 | B | 교차비 | 교차비에 대한 95% 신뢰구간 | |
|---|---|---|---|---|
| | | | 하위 | 상위 |
| 나이 | .119 | 1.126 | .449 | 2.821 |
| 형제자매의 수 | .188 | 1.207 | .477 | 3.052 |
| 부 교육 정도 | | | | |
| 　초등 졸 | | | | |
| 　중졸 | -2.891 | .056 | .001 | 6.090 |
| 　고졸 | -3.691 | .025** | .001 | 1.042 |
| 　대졸 | -4.405 | .012** | .000 | .839 |
| 　대학원 졸 | -5.136 | .006** | .000 | 1.204 |
| 모 교육 정도 | 1.055 | 2.872 | .646 | 12.762 |
| 부 직업 | .874 | 2.397 | .957 | 6.003 |
| 모 직업 | -.217 | .805 | .474 | 1.368 |
| 생활 정도 | | | | |
| 　매우 어려움 | | | | |
| 　약간 어려움 | -17.935 | .000 | .000 | — |
| 　보통 | -1.347 | .260 | .013 | 5.374 |
| 　잘 사는 편 | -3.263 | .038** | .003 | .525 |
| 　매우 잘 사는 편 | -1.520 | .219 | .021 | 2.312 |
| 종교 유무 | -.128 | .880 | .382 | 2.025 |
| 예배 참석 빈도 | -.126 | .082* | .515 | .509 |
| 부 종교 | -.487 | .614 | .209 | 1.807 |
| 모 종교 | -.112 | .894 | .390 | 2.050 |
| 수강 중인 학원 수 | -.096 | .909 | .516 | 1.602 |
| 한 달 내 따돌림 | .565 | 1.760 | .039 | 79.645 |
| 한 달 내 교내외 폭력 | -18.814 | .000 | .000 | — |
| TV 시청 | .110 | 1.116 | .682 | 1.826 |
| 온라인 게임 | .099 | 1.104 | .515 | 2.366 |
| 한 달 내 인터넷 성인물 접촉 경험 | -18.122 | .000 | .000 | — |
| 양육 태도 | .065 | 1.067 | .927 | 1.229 |
| 한 달 내 부모 폭언 | .880 | 2.412 | .382 | 15.214 |
| 한 달 내 신체적 학대 | 2.449 | 11.575** | 2.293 | 58.436 |
| Constant | -4.522 | .011 | | |
| 카이제곱 = 32.277 for 26 자유도 | | | | |

*p< .05, **p<.01.

스티븐스 등(Stevens et al., 2005)의 연구와 유사하게 가정의 경제적 상황도 여자 청소년의 ADHD에 영향을 미치는 것으로 나타났다. 생활 형편이 어려운 가정의 여자 청소년에 비하여 경제적으로 윤택한 여자 청소년에게서 ADHD는 현저하게 줄어드는 것으로 보인다(OR = .038, p<.01). 다만 경제적 상황이 ADHD에 대하여 남자 청소년에게 유의하게 작용하지 않은 반면 여자 청소년에게는 유의하게 작용하는 것은 경제적으로 열악한 환경에 대하여 심각하게 받아들이는 지각 정도의 차이에서 기인하는 것으로 판단된다. 남자 청소년에 비하여 여자 청소년이 열악한 환경에 대한 부정적 지각 정도가 높아 심리적 불안으로 이어질 가능성이 높다는 손병덕(2005)의 연구는 이를 뒷받침해 준다.

여자 청소년의 ADHD에 영향을 미치는 요인이 발견된 것은 최근 1개월 내 경험된 신체적 학대였다. 신체적 학대가 아동·청소년의 ADHD 발생에 중요한 요인으로 작용한다는 사실은 여러 연구들(Biederman et al., 1995; Kurtz, 2002; McLeer et al., 1994)이 제시해 왔다. 여기에서도 신체적 학대가 청소년들에게 ADHD 문제를 증가시킬 수 있는 매우 심각한 요인이 될 수 있으며, 특히 남자 청소년(OR = 4.543, p<.001)보다 여자 청소년(OR = 11.575, p<.01)에게 거의 3배 이상의 영향을 미칠 수 있다는 점을 밝힌다. 신체적 학대를 성적 학대와 구분하지 못한 아쉬움이 있으나, 남녀 청소년 모두 신체적 학대가 ADHD에 주요한 영향을 미치며 여자 청소년의 경우는 더 심각한 결과를 가져올 수 있다는 점이 분명히 드러난다.

나아가 여자 청소년의 ADHD에 영향을 미치는 또 다른 요인으로 예배 참석 정도는 ADHD의 가능성을 낮추는 것으로 작용한다(여자 청소년 OR = .082, p<.01). 여자 청소년은 남자 청소년에 비하여 정서적 문제에 민감한 특성이 있는 것을 고려할 때, 신앙생활에 의한 심리적·정서적 고양은 ADHD의 문제를 해소하는 데 긍정적인 영향을 줄 수 있음을 추측할 수 있다.

### 3) 남자 청소년의 ADHD에 영향을 주는 변인 분석

〈표 7-4〉는 남자 청소년의 ADHD 문제에 영향을 미치는 변인을 분석한 통계자료를 보여 준다. 투입한 변인 중 어머니의 교육 정도, 인터넷 성인물 접촉 경험, 그리고 신체적 학대가 통계적 유의도를 획득하였다. 여자 청소년들과는 달리, 남자 청소년들은 아버지보다는 어머니의 교육 정도와 그에 따른 관심의 정도에 영향을 더 받는 것으로 나타났다 (OR = .024, p<.05). 어머니의 학력이 높은 남자 청소년은 낮은 청소년에 비해서 ADHD 발생 가능성이 97%까지 현저하게 줄어드는 것으로 분석되었다.

〈표 7-4〉 남자 청소년의 ADHD에 영향을 미치는 로지스틱 회귀분석 결과

| 구분 | B | 교차비 | 교차비에 대한 95% 신뢰구간 | |
| --- | --- | --- | --- | --- |
| | | | 하위 | 상위 |
| 나이 | -.033 | .967 | .515 | 1.817 |
| 형제자매의 수 | .471 | 1.601 | .937 | 2.736 |
| 부 교육 정도 | 2.164 | 1.848 | .232 | 5.931 |
| 모 교육 정도(초등 졸) | | | | |
| 　모 교육 정도(중졸) | -1.737 | .176 | .010 | 3.230 |
| 　모 교육 정도(고졸) | -3.257 | .038* | .002 | .734 |
| 　모 교육 정도(대졸) | -3.806 | .022* | .001 | .505 |
| 　모 교육 정도(대학원 졸) | -3.714 | .024* | .001 | .838 |
| 부 직업 | .167 | 1.182 | .703 | 1.987 |
| 모 직업 | .018 | 1.018 | .736 | 1.408 |
| 생활 정도 | -.142 | .867 | .521 | 1.445 |
| 종교 유무 | -.254 | .776 | .418 | 1.440 |
| 예배 참석 빈도 | .065 | 1.067 | .792 | 1.436 |
| 부 종교 | -.210 | .810 | .425 | 1.545 |
| 모 종교 | -.034 | .966 | .478 | 1.953 |
| 수강 중인 학원 수 | .034 | 1.034 | .735 | 1.455 |
| 한 달 내 따돌림 | 1.123 | 3.073 | .641 | 14.737 |

〈계속〉

| | | | | |
|---|---|---|---|---|
| 한 달 내 교내외 폭력 | −1.390 | .249 | .016 | 3.946 |
| TV 시청 | −.288 | .750 | .545 | 1.031 |
| 온라인 게임 | −.293 | .746 | .502 | 1.109 |
| 한 달 내 인터넷 성인물 접촉 경험 | 5.078 | 160.445** | 5.472 | 4704.125 |
| 양육 태도 | .004 | 1.004 | .938 | 1.076 |
| 한 달 내 부모 폭언 | .029 | 1.029 | .341 | 3.102 |
| 한 달 내 신체적 학대 | 1.514 | 4.543** | 1.578 | 13.075 |
| Constant | −.027 | .974 | | |
| | 카이제곱 = 49.197 for 31 자유도 | | | |

*p< .05. **p<.001.

한 달 내 인터넷 성인물 접촉 경험은 남자 청소년들의 ADHD 문제에 매우 심각한 영향을 미치는 것으로 나타났는데(OR = 110.445, p<.001), 이것은 남자 청소년들의 인터넷중독의 심각성과 이로 인한 심리적 불안의 가중 가능성(손병덕, 2005)을 보여 주는 것일 것이다. 여러 경로를 통하여 알려진 것처럼 청소년의 성인물에의 잦은 접촉은 비행행동, 술·담배 등과 높은 상관성이 있고, 뿐만 아니라 보호자와의 친밀감을 약화시키는 원인으로도 작용한다.

나아가 부모에 의한 신체적 학대는 여자 청소년뿐만 아니라 남자 청소년에게도 ADHD 문제를 촉발시키는 요인으로 발견된다(OR = 4.543, p<.001). 학대와 방임은 청소년의 내외적 행동을 부정적으로 발달시키는 데 심각한 영향을 준다. 아동·청소년기의 학대 경험은 성년이 된 이후의 심리적 상태에도 부정적인 영향을 줄 수 있으며 일반적 사회생활에도 나쁜 영향을 미칠 수 있다(Sohn, 2005).

## 4. 아동 · 청소년의 ADHD 문제와 교회의 역할

이 장에서는 남녀 아동 · 청소년 616명을 대상으로 ADHD 발생 빈도의 성별 간 차이, 남녀 아동 · 청소년의 ADHD에 영향을 미치는 변인을 분석하였다. 이를 통해 다음과 같은 결론이 도출되었다.

첫째, 아동 · 청소년에게서 관찰되는 우울감과 같은 내적 불안과 공격 · 비행행동과 같은 외적 행동의 문제에 있어 남녀 차이가 줄어드는 양상이 있음에도 ADHD에 관하여는 여전히 남자 아동 · 청소년에게서 그 발생 빈도가 훨씬 높게 나타나는 것으로 조사된다. 전체 616명 중 11%가 ADHD로 판명되었는데, 그중 남자 청소년이 337명 중 52명(15.4%), 여자 청소년은 299명 중 14명(4.7%)으로, 남자 청소년이 여자 청소년보다 약 3배 이상 ADHD 발생 빈도가 높았다(t = 4.130, p<.001). ADHD가 남자 청소년의 행동발달의 중요한 문제이고, 이후 사회적 행동양식의 형성에도 지대한 영향을 미칠 수 있는 있으며, 15% 이상에서 발생함에도 불구하고 일선학교에서는 거의 다루어지고 있지 않은 상황은 속히 개선되어야 할 것이다.

둘째, 여자 아동 · 청소년의 ADHD에 영향을 미치는 주요한 변인은 선행연구들과는 다르게 아버지의 교육 정도와 경제적 어려움, 그리고 신체적 학대로 파악되었다. 아버지의 교육 정도가 낮을수록, 경제적 어려움이 가중될수록, 그리고 신체적 학대를 경험했을 때 ADHD의 문제는 보다 심각해질 가능성이 있다. 부모의 교육 정도, 경제적 어려움, 신체적 학대는 일반적으로 서로 연관성이 높은 것으로 조사되는 바, 특히 경제적 어려움을 경험하면서 신체적 학대가 발견되는 여자 아동 · 청소년에 대한 전문인들의 관심과 주의가 요구된다. ADHD도 다른 문제행동과 비슷하게 가정의 문제로 인하여 증폭될 가능성이 높기 때문에 학대 상황이 예견되는 가정에 대한 파악과 해당 아동 · 청소년을 위한 지속적 관찰은 여자 아동 · 청소년 ADHD 문제의 해소와 예방을 위한 단초로 작용할 것이다. 특별히 여자 아동 · 청소년의 경우 아버지의 교육 정도에 따라 영향의 정도가 달라지므로 여자 아동 · 청소년과 아버지의 교육적 관심의 방향이 긍정적으로 수반될 때 ADHD 문제 해소의 매개효과를 이끌어 낼 수 있을 것이다.

셋째, 남자 아동 · 청소년의 ADHD에는 어머니의 교육 정도, 인터넷 성인물 접촉 경험, 신체적 학대가 각각 중요한 연관성을 갖는 것으로 나타났다. 여자 아동 · 청소년과는 달리, 남자 아동 · 청소년은 ADHD와 관련하여 아버지보다는 어머니의 교육적 관심에 더 큰 영향을 받는 것으로 이해된다. 아울러 인터넷 성인물의 잦은 접촉 경험도 ADHD에 상당히 부정적인 영향을 미치는 것으로 조사되었다. 이에 남자 아동 · 청소년을 둔 가정의 경우 어머니의 교육적 관심의 긍정적 변화를 목표로 개입하는 시도와 인터넷 성인물 접촉의 개도에 초점을 맞추는 교육적 노력이 ADHD의 해소에 도움이 될 것임을 제안한다. 뿐만 아니라 여자 아동 · 청소년과 마찬가지로 남자 아동 · 청소년의 경우에도 신체적 학대는 ADHD에 부정적 영향을 미치는 것으로 조사되었기에 신체적 학대를 줄이기 위한 노력이 계속되어야 할 것이다.

끝으로 이 장의 주요 관심사 중 하나였던 ADHD에 대한 아동 · 청소년의 종교나 부모의 신앙생활의 영향력은 여자 청소년에게서 통계적으로 유의미한 결과를 얻을 수 있었다. 이것은 아마도 여자 청소년이 정서적 문제에 좀 더 민감한 특성이 있어, 신앙생활을 통한 심리 · 정서적 수준의 고양이 결국 ADHD와 같은 여자 청소년의 부정적 발달문제에 더 긍정적으로 기여한 것이라고 추측할 수 있다. 아동 · 청소년의 ADHD에 부정적 영향을 미치는 주요 요인인 신체적 학대, 인터넷 성인물 접촉 경험은 사실 기독교 세계관이 매우 적극적으로 배격해야 할 영적 문제로 지적되고 있다. 그렇기에 규칙적인 신앙생활을 통한 신앙의 구체적 경험이 청소년 가운데 빈번하게 발생하고 있는 다양한 형태의 문제행

동을 해소·해결하는 데 긍정적인 역할을 해 왔고 또 앞으로도 매우 역
동적으로 작용할 것임을 확인할 수 있다.

  이 장의 연구는 다양하고 적절한 표집절차, 아동·청소년의 ADHD
에 영향을 미치는 다중요인에 대한 추가적 분석, 성별 간 영향요인의 차
이조사라는 강점을 가지고 있지만 한계점 또한 가지고 있다. 우선 연구
대상은 서울과 인천 지역의 비교적 제한된 인원과 초등학생과 중학교 1학
년으로 하였기 때문에 광범위한 아동·청소년에게 연구결과를 일반화
하기 어렵다는 점을 감안해야 한다. 그리고 독립변인 중 '생활 정도' 변
인은 아동·청소년의 이해에만 의존하였으므로 엄밀한 분석에 유의하
여야 할 것이다. 더구나 횡단적 조사의 한계로 신체적 학대와 ADHD의
상관관계를 명확하게 단정짓는 데 어려움이 있어 종단적 조사를 통해
보다 분명한 관계를 제시할 필요가 있다.

## 참고문헌

강은실, 송양숙, 조향숙, 강성년(2004). 청소년의 자살의도, 우울, 영적 안녕과
    의 관계. 정신간호학회지, 13(2), 190-199.
공희자, 문재우(2004). 주의력결핍 및 과잉행동장애 아동과 일반 아동 어머니의
    양육 태도 비교연구. 보건교육·건강증진학회지, 21(1), 297-317.
김선애(2000). 주의력결핍아의 집중력 향상을 위한 인지행동 집단상담 효과.
    성균관대학교 교육대학원 석사학위논문.
김혜원, 이해경(2004). 학생들의 집단 괴롭힘 관련경험들에 대한 예언변인들의
    탐색: 초·중·고등학생들간 비교를 중심으로. 교육심리연구, 15(1), 183-
    210.
손병덕(2004). 일반청소년, 범죄청소년의 개인적 특성과 우울 및 영적 복지와의
    상관성 연구. 청소년학연구, 11(2), 371-397.

손병덕(2005). 일반청소년, 학습장애 청소년의 우울 및 자살충동에 미치는 다변
　　적요인 예측. 청소년학연구, 12(1), 207-228.
손병덕, 이재서(2007). 가정폭력에 대한 교회사회복지 개입방안연구. 신앙과학
　　문, 12(1), 35-67.
송찬원, 김경민, 변찬석(2006). 만다라 미술치료가 ADHD 아동의 과제수행 태
　　도와 주의력결핍 · 과잉행동 · 충동성 변화에 미치는 효과. 정서 · 행동장애
　　연구, 22(1), 123-144.
신민영, 김호영, 김지혜(2005). 주의력결핍/과잉행동장애증상을 호소하는 청소
　　년의 우울: 자기 개념의 매개변인 효과. 한국심리학회지 임상, 24(4), 903-
　　916.
신현숙, 이경성, 이해경 · 신경수(2004). 비행 청소년의 생활적응 문제에서 우울/
　　불안 및 공격성의 합병 효과와 성차. 한국심리학회지 상담 및 심리치료, 16(3),
　　491-510.
오원옥, 박은숙(2007). 주의력결핍과잉행동장애(ADHD) 아동 부모의 양육경
　　험: 정상에 다가가기. 대한간호학회지, 37(1), 91-104.
온싱글, 김은정(2003). 주의력결핍과잉행동장애 아동의 사회적 이해와 행동. 한
　　국심리학회지: 임상, 22(4), 793-813.
이승희, 윤호열(2007). 가족놀이치료가 주의력결핍과잉행동 경향을 지닌 아동
　　가족의 가족기능과 아동의 주의산만 행동에 미치는 효과. 정서 · 행동장애
　　연구, 23(3), 25-50.
임경희, 조붕환(2004). 성, 학년, 지역에 따른 초등학생의 ADHD 출현율 조사
　　연구. 초등교육연구, 17(1), 235-260.
조붕환, 임경희(2002). 게임을 이용한 행동적 집단상담이 ADHD 아동의 행동변
　　화에 미치는 효과. 아동학회지, 23(5), 167-182.
최민주, 홍인실(2005). 주의력결핍과 과잉행동장애의 음악치료사례. 음악과 문
　　화, 17, 161-183.
홍영수, 전선영(2005). 청소년기의 생활스트레스가 자살생각에 미치는 영향과
　　우울의 매개효과. 정신보건과 사회사업, 19, 125-149.
통계청(2005). 행정구역/성/연령/종교별 인구: 청소년(10~19세)종교인구.
　　http://kosis.nso.go.kr/cgi-bin/sws_999.cgi

Arnold, E. (1996). Sex differences in ADHD: Conference summary. *Journal of Abnormal Child Psychology, 24*(5), 555−569.

Baker, R. L. (1991). *The Social Work Dictionary.* Washington, DC: NASW Press.

Bandura, A., & Walters, R. H. (1959). *Adolescent Aggression.* New York: Ronald Press.

Barkley, R. A., Anastopoulos, A. D., Guevermont, D. G., & Fletcher, K. F. (1992). Adolescents with attention deficit hyper activity disorder: Mother adolescent interactions, family belief and conflicts, and maternal psychopathology. *Journal of Abnormal child Psychology, 20,* 263−288.

Biederman, J., Faraone, S., Mick, E., & Lelon, E, (1995). Psychiatric comorbidity among referred juveniles with major depression: fact or artifact? *Journal of the Academy of Child and Adolescent Psychiatry, 34,* 579−590.

Boyles, S. (2003). ADHD Linked to Later Substance Abuse: Study Shows Severity and Duration of Symptoms to Be Major Risk Factors. *WebMD Medical News.* http://www.webmd.com/content/article/72/81784.htm

Calvin, J. (1536). Institutes of the *Christian Reliqion.* 원광연 역(2004). 기독교강요(상 · 중 · 하). 서울: 크리스챤다이제스트.

Clark, C., Prior, M., & Kinsella, G. (2000). Do Executive Function Deficits Differentiate Between Adolescents with ADHD and Oppositional Defiant/Conduct Disorder? A Neuropsychological Study Using the Six Elements Test and Haying Sentence Completion Test. *Journal of Abnormal Child Psychology, 28*(5), 403−414.

Craig, G. (1989). *Human Development.* New Jersey: Prentice Hall.

Crystal, D., Ostrander, S., Chen, R., & August, G. (2001). Multimethod Assessment of Psychopathology Among DSM−IV Subtypes of Children With Attention−Deficit/Hyperactivity Disorder: Self, Parent, and Teacher Reports. *Journal of Abnormal Child Psychology, 29*(3), 189−205.

Delfos, M. (2004). *Children and Behavioural Problems: Anxiety, Aggression, Depression and ADHD A Biopsychological Model with Guidelines for*

*Diagnostics and Treatment.* London: Jessica Kingsley Publisher.

Dudley, J. R. (1991). Increasing Our Understanding of Fathers Who Have Infrequent Contact With Their Children. *Family Relations, 40*(3), 279–285.

Epstein, J., Conners, K., Erhardt, D., Arnold, E., Hechtman, L., Hinshaw, S., Hoza., B., Newcorn, J., Swanson., J., & Vitiello, B. (2000). Familial Aggregation of ADHD Characteristics. *Journal of Abnormal Child Psychology, 28*(6), 585–594.

Famularo, R. Fenton, T., Kinscherff, R., & Augustyn, M. (1996). Psychiatric comorbidity in childhood posttraumatic stress disorder. *Child Abuse & Neglect, 20,* 953–961.

Flory, K., & Lynam, D. (2003). The Relation Between Attention Deficit Hyperactivity Disorder and Substance Abuse: What Role Does Conduct Disorder Play? *Clinical Child and Family Psychology Review, 6*(1), 1–16.

Flouri, E., & Buchanan, A. (2003). The role of father involvement in children's later mental health. *Journal of Adolescence, 26,* 63–78.

Giedd, J. (2006). Drug Tolerance After Long-term Use of Stimulants. Medscape Psychiatry & Mental Health. http://www.medscape.com/viewpublication/530_toc?vol=11&iss=1.

Handen, B., McAuliffe, S., Janosky, J., Feldman, H., & Breaux, A. (1998). A Playroom Observation Procedure to Assess Children with Mental Retardation and ADHD. *Journal of Abnormal Child Psychology, 26*(4), 269–277.

Heslam, P. S. (1998). *Creating A Christian Worldview: Abraham Kuyper's Lectures on Calvinism.* Grand Rapids, MI: The Paternoster Press.

Hollingshead, A. B. (1949). *Occupation Index for Social Position of Hollingshead in Elmtown's Youth: The Impact of Social Classes on Adolescents.* New York: J. Wiley.

Johnston, C. (1996). Parent characteristics and parent-child interactions in families of nonproblem children and ADHD children with higher and lower levels of oppositional-defiant behavior. *Journal of Abnormal*

*Child Psychology, 24*(1), 85-104.

Kalff, A., Hendriksen, J., Kroes, M., Vles, J., Steyaert, J., Feron, F., van Zeben, F., & Jolles, J. (2002). Neurocognitive Performance of 5- and 6-Year-Old Children Who Met Criteria for Attention Deficit/ Hyperactivity Disorder at 18 Months Follow-Up: Results from a Prospective Population Study. *Journal of Abnormal Child Psychology, 30*(6), 589-598.

Kurtz, S. (2002). Treating Attention-Deficit/Hyperactivity Disorder (ADHD) in school setting. Child Study Center. http://www.aboutourkids.org/aboutour/letter/2002/may_jun.pdf.

Kuyper, A. (1994). *Lectures on Calvinism*. Grand Rapids, MI: W. M. B. Eerdmans Publishing Company.

McLeer, S. V., Callaghan, M., Henry, D., & Wallen, J. (1994). Psychiatric disorders in sexually abused children. *Journal of the American Academy of Child & Adolescent Psychiatry, 33*, 313-319.

Modestin, J., Matutat, B., & Wurmle (2001). Antecedents of opioid dependence and personality disorder: attention-defict hyperactivity disorder and conduct disorder. *Eurpean Archives of Psychiatty and Clinical Neuroscience, 251*, 42-47.

Morrison, J. R. (1995). *DSM-IV Made Easy*. New York: The Guildford Press.

Rohde, L., Biederman, J., Zimmermann, H., Schmitz, M., Martins, S., & Tramontina, S. (2000). Exploring ADHD age-of-onset criterion in Brazilian adolescents. *European Child & Adolescent Psychiatry, 9*(3), 212-218.

Rothenberger, A., Banaschewski, T., Heinrich, H., Moll, G., Schmidt, M., & van't Klooster, B. (2000). Comorbidity in ADHD-children: Effects of coexisting conduct disorder or tic disorder on event-related brain potentials in an auditory selective-attention task. *European Archives of Psychiatry and Clinical Neuroscience, 250*(2), 101-110.

Satake, H., Yamashita, H., & Yoshida, K. (2004). The Family Psychosocial Characteristics of Children with Attention-Deficit Hyperactivity Disorder with or Without Oppositional or Conduct Problems in Japan.

*Child Psychiatry and Human Development. 34*(3), 219-235.

Sohn, B. (2005). The Long-Term Effects of Familial Difficulties Experienced in Childhood: Predictors of Internalizing Behavior Problems during the Early Adolescent Period and Late Life Periods. International *Journal of Human Ecology, 6*(1), 103-116.

Steven, J., Harman, J. S., & Kelleher, K. (2005). Race/Ethnicity and Insurance Status as Factors Associated with ADHD Treatment Patterns. *Journal of Child and Adolescent Psychopharmacology, 15*(1), 88-96.

Thomas, A. & Forehand, R. (1993). The Role of Paternal Variables in Divorced and Married Families. *American Journal of Orthopsychiatry, 63*(1), 126-35.

Treuting, J., & Hinshaw, S. (2001). Depression and Self-Esteem in Boys with Attention-Deficit/Hyperactivity Disorder: Associations with Comorbid Aggression and Explanatory Attributional Mechanisms. *Journal of Abnormal Child Psychology, 29*(1), 23-39.

제 / 8 / 장
# 기독교청소년의 영적 복지

## 1. 기독교청소년의 교회생활 특성과 복지적 문제

한국교회의 미래를 담보할 기독교청소년 인구가 한국 기독교의 최고 부흥기였던 지난 1995년 이래 지속적으로 감소하는 추세에 있다는 것은 주지할 사실이다. 1995년 170만 8,153명에 달하던 기독교청소년은 2005년에 133만 5,277명으로 21.9% 감소한 것으로 나타났다(〈표 8-1〉 참조). 반면 가톨릭은 28.8% 성장하였고, 불교도 기독교 인구보다 적은 감소 추세를 보이고 있다. 가톨릭청소년은 1985년 이래 성장세를 보이고 있는데, 왜 이처럼 기독교청소년은 급감하고 있을까? 그 답을 찾기 위해서는 매우 다양한 측면에서 여러 요인을 고려해야 할 것이므로 간

〈표 8-1〉 10~19세 청소년기 종교인구 구성비 증감 비교

|  | 1985 | 1995 | 2005 |
|---|---|---|---|
| 기독교 | 1,589,648 | 1,708,153(+7.0%) | 1,335,277(−21.9%) |
| 가톨릭 | 389,658 | 544,973(+28.5%) | 763,458(+28.8%) |
| 불교 | 1,317,638 | 1,387,839(−5.1%) | 1,159,472(−16.6%) |

출처: 통계개발원(2005).

단하게 해결될 수 있는 것이 아니다. 하지만 올바른 청소년 신앙교육을 통하여 한국교회의 밝은 미래와 한국사회의 건전한 발전을 고대하는 기독교청소년에 대한 급감 이유에 대하여 기독교계는 심도 높은 반성과 대비를 해야 할 것은 분명해 보인다.

청소년기에는 성인으로서 성숙한 사회인으로 살아가기 위하여 적절한 준비가 필요하고, 신앙인으로서도 다양한 교회 경험을 통한 영적 성장을 기해야 한다. 그러나 우리나라의 경우 일본, 중국 등 아시아 주변 국가들과 마찬가지로 과도한 입시경쟁으로 인해 청소년들은 입시와 관련된 억압된 생활에 매몰되어 자기실현의 기회를 좀처럼 가지기가 어렵고, 억압된 환경의 부정적 결과로 일탈적 대중문화와 반사회적 문화를 통하여 쉽게 욕구분출을 하는 경향이 있다. 반면 교회는 청소년들이 경험하는 문제와 욕구를 진단하여 그들의 문제 해소와 해결에 근접하는 신앙교육과 실천을 실현하기보다 과거 관례를 따라 전통적 교회교육을 지속하는 경향을 적지 않게 보이고 있다. 이와 같은 교회 현장의 청소년에 대한 적극적 관심 부재는 일부 청소년들이 자신들의 문제에 관심을 보이지 않고 귀 기울이지 않는 교회에 대하여 부정적 태도를 가지게 되어 점차 교회에 대한 열의를 줄이는 결과를 가져올 수 있다.

예수님은 어린아이들을 안고 축복하시되(막 10:16), 어린아이는 업신여김을 받지 말아야 하며(마 18:5), 어린아이들 하나라도 잃어지는 것은 하나님의 뜻이 아니기 때문에(마 18:14) 믿는 어린아이 하나를 실족케 하면 연자 맷돌을 그 목에 달리우고 바다에 던지는 것이 낫다고 하실(마 18:6) 정도로 아동에 대한 적극적인 사랑과 관심을 표현하셨다. 이에 예수 그리스도의 가르침과 삶을 실현해야 하는 교회는 아동·청소년들에게 생명을 주는 신앙교육을 목표로 하되, 그들의 신체적·정서적 욕구와 가족·또래·학교 등 환경적 욕구를 동시에 파악하여 적절한 신앙 발전에 부정적 영향을 미치는 요인을 최소화할 수 있는 방안을 모색해야 한다.

　따라서 이 장에서는 교회청소년의 영적 복지(신앙)에 영향을 미치는
가족, 또래, 학교 등 환경적 요인과 교회활동의 영향이 어느 정도인지
파악하여 청소년들의 현재 어려움을 이해하고, 교회청소년의 필요를
채우는 방안을 제안하고자 한다. 이러한 목적을 달성하기 위하여 여기
에서 제시하는 연구문제들은 다음과 같다.

- 교회청소년들의 사회인구학적, 교회생활 특성은 무엇인가?
- 교회청소년들의 사회인구학적 특성과 교회생활 특성은 영적 복지
  와 상관관계를 가지는가?
- 교회청소년의 영적 복지에 영향을 미치는 주요 요인은 무엇인가?

## 2. 이론적 배경

### 1) 교회청소년의 신앙생활

　청소년이 자신의 신앙을 기독교 범주에 넣는다고 해서 신앙을 고백
할 만큼 교회를 정기적으로 출석하며 신앙생활을 잘한다고 보기는 쉽
지 않다. 한국교회는 교회청소년의 신앙생활을 거의 이해하지 못하고
있다고 평가할 수 있을 정도로 청소년의 신앙생활 전반에 대한 데이터
를 가지고 있지 않은 것이 사실이다. 그것은 개별 교회에 소속된 청소
년들의 출석 여부 정도만을 파악하고 있을 뿐 총회별로 분류된 기독교
청소년 전체 인구 통계를 전혀 모르고 있기 때문이다. 통계청에서 5년
마다 전국통계를 위해 실시하는 총인구조사에서 연령별 기독교 인구의
증감 정도를 감지할 수 있으나, 이 통계에 나타나는 기독교청소년 인구
에는 이단과 유사 기독교 인구가 모두 포함되어 있어 정확한 통계라고

보기 어렵다. 그런데도 이 자료 외에는 전국통계를 알 수 있는 방법이 없으므로 현재로서는 이에 근거한 추정을 할 수밖에 없는 상황이다. 미국의 경우 미래예측 청소년 건강 조사, 부모와 청소년 조사(Monitoring the Future, Survey of Adolescent Health, The Survey of Parents and Youth) 같은 전국단위 조사를 정기적으로 실시하여 청소년의 신앙생활 정도를 파악하고 있는데, 미국 청소년의 경우 전체 개신교청소년 중 약 절반 정도가 매 주일 출석하고 있는 것으로 나타난다(Smith et al., 2002). 이를 기준으로 한다면 우리나라의 청소년도 10~19세 기독교청소년 전체 133만 5,277명의 절반에 해당하는 66만 7,000여 명이 매주 교회출석을 하는 인구라고 추정할 수 있을 것이다.

　우리나라의 경우 10~19세 전체 청소년의 26.7%인 133만 5,277명이 기독교 신앙을 가지고 있으며 그중 남자가 67만 6,670명(50.7%), 여자가 65만 8,607명(49.3%)이다(통계청, 2005). 전체 광역시 · 도 중 10~19세 전체 인구 대비 기독교청소년 인구비율이 가장 높은 지역은 전라남도, 전라북도, 서울특별시, 인천광역시, 대전광역시, 충청남도, 광주광역시, 강원도의 순으로 파악된다. 반면 제주도, 경상남도, 울산광역시, 대구광역시, 부산광역시, 경상북도는 기독교청소년의 비율이 매우 낮은 지역으로 분류된다(통계청, 2005).

## 2) 삶의 의미 발견과 영적 복지

　하나님의 존재와 구원에 대한 확신, 삶의 목적과 의미 인식으로 요약할 수 있는 영적 복지는 종교 여부, 종교기관 참석, 기도의 양, 신앙생활의 만족도와 상관관계가 깊은 것으로 알려져 있다(Gorsuch & McPherson, 1989). 구체적으로는 신앙을 가지고 있고, 교회참석 빈도가 높으며, 기도의 양이 많고, 신앙생활에 대한 만족도가 높을수록 영적 복지 수준이 높아진다. 대체로 남자에 비하여 여자의 영적 복지 수준이 높고, 영적 복지 수준이 높은 사람은 목적 지향적이며 삶에 대한 만족도가 높은 경향이 있다(Pargament, 1996).

개인의 목표와 목적은 자신이 의미 있다고 규정한 것에 대하여 이루고자 하는 과정에서 현실화할 수 있는 행동양식을 형성하게 하여 성취를 위해 노력하도록 만드는 특성이 있다(Austin & Vancouver, 1996). 만약 자신의 삶에서 의미 있는 어떤 것을 발견하고 그것을 성취하려 노력한다면, 개인의 삶은 의미 있는 목표를 성취해 나가는 데서 오는 즐거움과 기쁨으로 인하여 삶의 의미와 목표를 가지고 있지 않은 사람에 비하여 현재 경험할 수 있는 부정적 사건에 대하여도 긍정적인 태도로 극복해 나갈 수 있을 것이다. 특히 그리스도를 체험함으로써 얻을 수 있는 죄와 그로 인한 고통의 문제 해결, 그리스도 안에서의 새 삶의 발견, 하나님 나라 현실화에의 참여, 온전한 구원을 고대하는 삶은 신앙인에게 삶의 분명한 목표를 설정해 주고, 날마다의 생활에 의미와 기쁨을 가져다줄 수 있다(김의환, 2003). 교회청소년은 일반 청소년과 동일한 입시제도의 압박과 그로 인한 여러 가지 부정적 경험이 존재한다 할지라도 올바른 신앙 경험을 통하여 영적 복지의 상태가 구현된다면 의미 있는 삶을 계획하고 경험할 수 있을 것이다.

## 3. 연구방법

### 1) 연구대상

이 장의 연구에서는 서울시에 위치한 4개 중학교를 임의 표집하여 협조를 구한 뒤 학년, 성별 비율을 맞추어 설문조사를 실시하였다. 수거한 설문지 중 기독교 학생들의 설문지에서 정보를 채택하여 자료를 얻었다. 〈표 8-2〉에 따르면 전체 남자 171명, 여자 180명의 기독교청소년이 연구에 참여한 것으로 나타났으며 평균 연령은 13.66세였다. 부모의 혼인 상태는 이혼 3.4%(12명), 별거 2.3%(8명), 재혼 0.6%(2명), 초혼 유지 93.7%(326명)로 나타났으며, 가족의 경제 상황은 기초생활 수급대상자인 극빈층이 7.5%(22명), 월 700만 원 이상 고소득자는 26.6%(78명)인 것으로 조사되었다. 그리고 학업성취 수준에서 하위 0~30%에 해당하는 학생이 9%(30명), 상위 10% 이내에 해당하는 학생은 14.2%(47명)였다.

한편 연구대상 기독교청소년의 또래관계 만족 수준은 대체로 높은 것으로 나타났는데, '만족'과 '매우 만족'에 해당하는 학생이 78%를 상회하였다. 반면 학교생활 만족 수준, 외모 만족 수준, 부모 양육 태도 만족 수준은 '만족'과 '매우 만족'에 해당하는 학생이 각각 53.9%, 39%, 54.8%로 조사되었다.

연구대상 기독교청소년 중 한 달에 4번 이상 교회에 출석하는 학생은 43.3%에 불과하였고, 거의 참석하지 않는 학생도 31.2%나 되었다. 교회생활 만족 수준에 대하여 53.8%의 학생들이 '만족' 혹은 '매우 만족'을 선택하였고, '매우 불만족' 혹은 '불만족'을 선택한 학생들도 10%가 넘었다.

〈표 8-2〉 연구변인의 특성(N = 351)

| 분류 | 변인 | N | % |
|---|---|---|---|
| 성별 | 남자 | 171 | 48.7 |
| | 여자 | 180 | 51.3 |
| 혼인 상태 | 이혼 | 12 | 3.4 |
| | 별거 | 8 | 2.3 |
| | 재혼 | 2 | .6 |
| | 초혼 | 326 | 93.7 |
| 경제적 수준 (부부 합산) | 기초생활 수급대상자/무직/일용직 | 22 | 7.5 |
| | 월 200만 원 이하 | 59 | 20.1 |
| | 월 400만 원 이하 | 83 | 28.3 |
| | 월 700만 원 이하 | 51 | 17.4 |
| | 월 700만 원 이상 | 78 | 26.6 |

〈계속〉

| 부모 양육 태도 인식 | 권위적 | 51 | 15.0 |
|---|---|---|---|
| | 방임적 | 16 | 30.2 |
| | 허용적 | 103 | 4.7 |
| | 민주적 | 171 | 50.1 |
| 학업성취 수준 | 하위 0~30% | 30 | 9.0 |
| | 하위 31~50% | 68 | 20.5 |
| | 중간 51~69% | 114 | 34.3 |
| | 상위 30~19% | 73 | 22.0 |
| | 상위 10% 이내 | 47 | 14.2 |
| 또래관계 만족 수준 | 매우 불만족 | 8 | 2.3 |
| | 불만족 | 5 | 1.4 |
| | 보통 | 62 | 17.7 |
| | 만족 | 139 | 39.6 |
| | 매우 만족 | 137 | 39.0 |
| 학교생활 만족 수준 | 매우 불만족 | 18 | 5.2 |
| | 불만족 | 33 | 9.5 |
| | 보통 | 110 | 31.5 |
| | 만족 | 133 | 38.1 |
| | 매우 만족 | 55 | 15.8 |
| 자신의 외모 만족 수준 | 매우 불만족 | 15 | 4.3 |
| | 불만족 | 54 | 15.7 |
| | 보통 | 176 | 51.0 |
| | 만족 | 57 | 16.5 |
| | 매우 만족 | 43 | 12.5 |
| 교회예배 참석 횟수 | 거의 참석 않음 | 109 | 31.2 |
| | 한 달 1회 | 28 | 8.0 |
| | 한 달 2회 | 26 | 7.4 |
| | 한 달 3회 | 35 | 10.0 |
| | 한 달 4회 이상 | 151 | 43.3 |
| 교회생활 만족 수준 | 매우 불만족 | 17 | 5.0 |
| | 불만족 | 19 | 5.6 |
| | 보통 | 121 | 35.6 |
| | 만족 | 100 | 29.4 |
| | 매우 만족 | 83 | 24.4 |
| 평균 연령 | 13.66세 | | |

## 2) 측정도구

여기에서는 버포드 등(Bufford et al., 1991)의 영적 · 존재론적 복지척도 (Spiritual and Existential Well−Being Scale: SEWS)를 이종범 등(2001)이 신뢰도와 타당도를 검증해 개발한 한국판 영적 안녕척도(Spiritual Well−Being Scale)를 사용하였다. SEWS 척도는 신앙적, 삶의 존재론적 목적 및 삶의 질 수준을 분석하기 위한 20문항으로 구성되어 있으며, 응답에 소요되는 시간은 10분 정도다.

20문항은 5개 요인으로 분류할 수 있다. 즉, 요인 1은 교육 정도가 반영된 영적 복지 문항들, 요인 2는 신체건강이 반영된 실존적 복지 문항들, 요인 3은 하나님에 대한 신앙이 더 강조된 영적 복지 문항들, 요인 4는 삶의 의미 관련 문항들, 그리고 요인 5는 현실관이 반영된 실존적 복지 문항들이다. 연구의 문항 신뢰도는 $\alpha$ = .72로 나타났다.

## 3) 자료분석

수집된 자료는 PASW 18 프로그램을 통하여 분석하였다. 연구대상의 인구사회학적 변인의 일반적 특징을 파악하고자 빈도가 산출되었으며, 척도의 내적 일치도를 검토하기 위하여 크론바흐(Cronbach) $\alpha$계수가 산출되었다. 연구문제에서 변인 간 관계를 알아보기 위해 피어슨(Pearson) 적률상관계수와 선택된 변인이 청소년의 영적 복지 수준에 미치는 영향력을 검증하기 위하여 중다회귀분석이 실시되었다.

## 4. 연구결과

### 1) 연구변인들 간 상관관계

연구변인들 간 상호관계를 피어슨 적률상관계수를 사용하여 분석한 결과는 〈표 8-3〉에 제시되어 있다. 성별은 외모 만족 수준과 정적 상관관계를 나타냈으며(r = .138, p<.05), 나이는 혼인 상태(r = −.050, p<.05), 가족경제 수준(r = −.208, p<.01), 또래관계 만족 수준(r = −.116, p<.05), 학교생활 만족 수준(r = −.126, p<.05), 외모 만족 수준(r = −.171, p<.0.5)과 모두 부적 상관관계를 나타냈다. 부모 혼인 상태는 가족경제 수준(r = .193, p<.01), 또래관계 만족 수준(r = .109, p<.05), 부모 양육 태도 인식(r = .118, p<.05)과 정적 상관관계를 보였다. 그러나 성별, 나이, 부모 혼인 상태는 모두 영적 복지 수준과 통계적으로 유의미한 상관관계를 나타내지 않았다.

가족경제 수준은 영적 복지 수준과 정적 상관관계가 있었으며(r = .197, p<.01), 학업성취 수준도 영적 복지 수준과 정적 상관관계가 있었다(r = .247, p<.01). 또한 또래 만족 수준(r = .147, p<.01), 학교생활 만족 수준(r = .199, p<.01), 외모 만족 수준(r = 135. p<.05), 부모 양육 태도 인식(r = .170, p<.05)은 모두 영적 복지 수준과 정적 상관관계가 있었다. 요컨대 가족의 경제 수준이 높고, 학업성취도가 높으며, 학교 · 또래 · 외모 · 부모 양육에 대한 만족도가 높을수록 영적 복지 수준도 높은 것으로 나타났다.

나아가 교회예배 참석 횟수(r = .106, p<.05)가 많고 교회생활 만족 수준(r = .230, p<.01)이 높을수록 영적 복지 수준도 높아지는 상관관계가 있었다. 즉, 교회예배에 자주 참석하고, 교회생활에 대한 만족도가 높을 때 영적 복지 수준도 유의미하게 높아지는 것으로 나타났다.

〈표 8-3〉 연구변인들 간 상관관계

| 구분 | 나이 | 혼인 상태 | 가족 수준 | 학업성취 수준 | 또래관계 만족 수준 | 학교생활 만족 수준 |
|---|---|---|---|---|---|---|
| 성별 | .086 | .005 | .055 | −.040 | −.047 | −.072 |
| 나이 | | −.050 | −.208** | .039 | −.116* | −.126* |
| 부모 혼인 상태 | | | .193** | .035 | .109* | .025 |
| 가족경제 수준 | | | | .281** | .242** | .120* |
| 학업성취 수준 | | | | | .078 | .039 |
| 또래 만족 수준 | | | | | | .400** |
| 학교생활 만족 수준 | | | | | | |
| 외모 만족 수준 | | | | | | |
| 부모 양육 태도 인식 | | | | | | |
| 교회예배 참석 횟수 | | | | | | |
| 교회생활 만족 수준 | | | | | | |

| 구분 | 외모 만족 수준 | 부모 양육 태도 | 예배 참석 정도 | 교회 만족 수준 | 영적 복지 수준 |
|---|---|---|---|---|---|
| 성별 | .138* | −.038 | .096 | −.050 | −.039 |
| 나이 | −.171** | −.075 | −.002 | −.048 | −.006 |
| 부모 혼인 상태 | −.004 | .118* | .090 | .083 | .049 |
| 가족경제 수준 | .202** | .095 | −.022 | .081 | .197** |
| 학업성취 수준 | .077 | .019 | .074 | .088 | .247** |
| 또래 만족 수준 | .230** | .052 | −.033 | .096 | .147** |
| 학교생활 만족 수준 | .126* | .074 | .073 | .157** | .199** |
| 외모 만족 수준 | | .123* | .122* | .178** | .135* |
| 부모 양육 태도 인식 | | | .016 | .077 | .170** |
| 교회예배 참석 횟수 | | | | .461** | .106* |
| 교회생활 만족 수준 | | | | | .230** |

*$p<.05$, **$p<.01$.

## 2) 선택된 변인이 청소년의 영적 복지에 미치는 상대적 영향력

청소년의 영적 복지에 영향을 미치는 변인의 영향을 분석하기 위하여 중다회귀분석을 실시하였다(〈표 8-4〉 참조). 독립변인 가운데는 학업성취 수준이 가장 영향력이 높은 변인이었고($\beta$ = .224, p<.001), 다음은 교회생활 만족 수준($\beta$ = .174, p<.01), 학교생활 만족 수준($\beta$ = .148, p<.05), 가족경제 상황($\beta$ = .135, p<.05), 그리고 부모 양육 태도 인식($\beta$ = .132, p<.05) 순으로 나타났다. 이들 변인은 전체 변량 중 15.8%를 설명하였다. 상관관계에서 상호관련성을 보이지 않았던 성별, 나이, 부모 혼인 상태 외에 또래 만족 수준, 외모 만족 수준, 교회예배 참석 횟수 등은 유의미한 영향력을 나타내지 못했다.

〈표 8-4〉 청소년의 영적 복지에 영향을 미치는 변인에 대한 중다회귀분석

| 구분 | 비표준화 계수 | | 표준화 계수 |
|---|---|---|---|
| | B | 표준오차 | $\beta$ |
| (상수) | 11.65 | 12.266 | |
| 성별 | -.873 | 1.479 | -.036 |
| 나이 | 1.343 | .810 | .101 |
| 부모 혼인 상태 | -.914 | 1.236 | -.045 |
| 가족경제 상황 | 1.274 | .623 | .135* |
| 학업성취 수준 | 2.344 | .643 | .224*** |
| 또래 만족 수준 | -.313 | .877 | -.024 |
| 학교생활 만족 수준 | 1.796 | .779 | .148* |
| 외모 만족 수준 | .608 | .792 | .049 |
| 부모 양육 태도 인식 | 1.357 | .618 | .132* |
| 교회예배 참석 횟수 | .041 | .463 | .006 |
| 교회생활 만족 수준 | 1.950 | .746 | .174** |
| F | | 5.261*** | |
| R | | .196 | |
| 수정 $R^2$ | | .158 | |

*p<.05, **p<.01, ***p<.001.

**5. 기독교청소년의 영적 복지에 영향을 주는 요인**

이 장에서는 중학교 청소년을 대상으로 청소년의 영적 복지에 미치는 변인의 영향력을 살펴보았다. 그 결과를 요약해 보면 다음과 같다.

우선 인구사회학적 변인 중 가족의 경제 수준이 높을수록 청소년의 실존적 복지 수준도 높아지는 경향이 있었다. 이러한 사실은 경제력이 미약하면 건강과 현실적 문제에 대한 어려움을 느낄 수 있으므로 가족의 경제 수준이 영적 복지와 상관관계가 있음을 추측하게 한다. 또한 부모의 양육 태도가 강압적이지 않고 민주적이라고 인지할 때에도 청소년의 실존적 복지 수준은 높아짐을 볼 수 있었다. 청소년의 일차적 사회화는 가족 내에서 이루어지고 부모와의 긍정적인 상호작용은 정서적 안정과 심리적 불안을 해소하는 데 중요한 역할을 한다. 그러나 부모의 양육 태도가 강압적이고 청소년의 건강한 발달을 저해하는 정도라면 청소년은 절망을 경험할 가능성이 높다. 이러한 결과는 부모의 강압적 양육 태도에 대하여 자녀는 부정적인 행동양식을 표출하게 된다는 선행연구들과 일치한다. 나아가 부모의 양육 태도는 청소년의 존재론적 복지를 포함하는 영적 복지에 영향을 미치는 요인으로 작용할 수 있다.

청소년이 대부분의 시간을 소요하고 청소년의 정서와 심리에 많은 영향을 줄 수 있는 학교의 생활과 관련해 학업성취 수준과 또래관계 그리고 외모 만족 수준은 모두 청소년의 실존적 복지와 정적 상관관계를 나타냈다. 학업성취 수준은 여전히 청소년에게 불안을 야기하는 원인으로 작용하며, 또래관계와 외모 불만족도 청소년의 실존적 어려움을 느끼게 하는 변인으로 보였다. 경쟁적인 학업생활에서 청소년은 많은 정서적 불안을 경험하며 부정적 또래관계나 외모 중시 사회에서 자신의 외모에 대한 부정적 인식 역시 실존적 고민을 가중시키는 원인으로 작용하였다. 따라서 청소년이 고민하는 학업생활, 또래관계, 외모에 대한 자신감 부족 등 실질적인 문제를 해소할 수 있는 방안에 대한 연구가 지속적으로 이루어질 필요가 있다.

나아가 교회예배 참석 횟수가 많고 교회생활에 대한 만족도가 높을수록 청소년의 영적 복지는 높아진다는 사실이 검증되었다(Pargament et al., 1979). 청소년이 경험하는 다양한 스트레스 원인에 대처하여 긍정적 자아관과 심리적 안정을 찾을 수 있도록 돕는 신앙 경험은 예배를 참석하고 말씀을 들음으로써 가능해진다. 그런데 연구대상 청소년들에게서도 드러나는 것처럼 일반 청소년 가운데 기독교 신앙을 고백함에도 상당수가 공적 예배에 참석하지 않고 있다는 사실은 청소년 사역과 관련하여 교회가 여러모로 반성할 필요가 있다는 점을 지적해 준다. 청소년은 그 특성상 자신이 흥미를 가지는 것에 생활의 초점을 맞추는 경향이 있다. 그러므로 교회는 청소년의 생활 특성을 고려한 프로그램의 개발을 시도할 필요가 있다. 또한 현대사회의 교육 중시 풍토 때문에 학업에 대한 치중 역시 청소년의 교회 출입을 저해하는 요인으로 작용하고 있으므로 이에 적극적으로 대처하는 방안 또한 강구할 필요가 있을 것이다.

한편 청소년의 영적 복지에 영향을 미치는 변인을 살펴본 결과 학업성취 수준, 교회생활 만족 수준, 학교생활 만족 수준, 가족경제 상황 그리고 부모 양육 태도 인식이 높을수록 청소년의 영적 복지에 긍정적 영향을 주었다. 앞에서 선택된 변인과 기독교청소년의 영적 복지 간 상관관계에서도 드러난 바와 같이 학업성취도가 높을수록, 학교생활에 만족할수록, 가족경제 상황이 나을수록, 그리고 부모의 양육 태도에 대한 만족도가 높을수록 자녀의 실존적 복지 수준은 높아지는 것을 알 수 있다. 이러한 결과는 영적 복지 수준이 높은 청소년이 학업성취도가 높고 학교생활 만족도도 높으며 부모의 양육 태도에 대하여도 긍정적으로 인식한 것이라고 볼 수 있다. 즉, 기독교가정에서 부모의 기독교적인 긍정적 양육방식으로 인해 부모의 양육 태도에 만족하며, 가정의 안정감 속에서 신앙적 목표를 가지고 학업에 임한 결과 학교생활과 학업성취도에서도 만족스러운 결과를 나타낸 것으로 이해된다(Parsons et al., 1982).

　교회생활 만족 수준이 높을수록 영적 복지 수준이 높아지는 것도 상관관계 분석과 같은 결과를 보였다. 그러나 상관관계 연구에서 유의미한 결과를 보였던 교회예배 참석 횟수는 영향력을 나타내지 않았다. 단순히 교회예배 참석 횟수가 높다는 것이 영적 복지에 영향을 주는 것이 아니며, 실질적인 예배생활 만족도가 높아질 때 청소년의 영적 복지에도 영향력이 미친다는 것이다(Pargament et al., 1979). 따라서 청소년의 영적 복지를 증대하기 위하여 청소년의 교회생활이 그들의 영적 생활 전반에 긍정적 영향을 미칠 수 있도록 돕는 노력들이 다각도로 강구되어야 할 것이다.

　이 장의 연구는 기독교청소년을 대상으로 처음으로 영적 복지를 조사했으며, 영적 복지에 영향을 미치는 인구사회학적 요인 및 교회생활 관련 요인의 영향력을 확인했다는 점에서 의의가 있다. 나아가 기독교 신앙을 고백하는 청소년도 일반 청소년이 경험하는 인구사회학적 변인에 지대한 영향을 받으며, 그것은 청소년의 영적 복지에도 직간접적인 영향을 미치므로 청소년의 영적 복지 수준을 높이기 위한 교회의 역할이 중요하다는 지적을 하였다는 점에서도 의의가 있다.

　그럼에도 연구가 가지고 있는 제한점과 더불어 후속 연구를 위한 제안을 하자면 다음과 같다.

　첫째, 연구에서 기독교 신앙을 고백하는 청소년의 영적 복지에 영향을 미치는 요인을 조사하기 위하여 기독교청소년들만 대상으로 분석하였으나, 향후 일반 청소년과 비교하여 기독교청소년의 영적 복지의 하위 수준에 영향을 미치는 요인은 어떤 차이를 보이는지 조사해 보는 것이 의미 있을 것이다. 이런 연구를 위하여 영적 복지척도의 내용 중 실존적 복지 문항만을 별도로 설문해 보는 것이 필요할 것이다.

둘째, 연구에서 분석된 내용을 토대로 기독교청소년의 영적 복지를 증대하기 위한 교회 프로그램의 개발을 시도할 필요가 있다. 이러한 노력은 기독교청소년도 일반 청소년과 비슷하게 가정과 학교, 또래 그리고 지역사회의 영향을 받으나, 그런 것을 신앙으로 극복하고 심리 · 정서적 스트레스를 최소화하며 오히려 또래의 문제 상황을 이해하고 돕는 위치에 있을 수 있도록 기독교청소년을 지지하는 역할을 하는 데 기여할 수 있을 것이다.

셋째, 연구에서 청소년의 영적 복지에 영향을 미치는 주요 요인을 살펴보는 데 주력하였으나, 향후 개발된 기독교 관련 프로그램이 실질적으로 청소년의 다양한 정서적 수준을 매개하는 역할을 하고 있는지에 대해 연구하는 것도 바람직할 것이다.

## 참고문헌

김의환(2003). 한눈에 보는 대조 설명판 개혁주의 신앙고백. 서울: 대한예수교장로회 총회.

이종범, 박형배, 김진성, 배대석, 이광헌, 사공정규(2001). 한국판 영적 안녕 척도(Spiritual Well-Being Scale)의 신뢰도 및 타당도 연구. 신경정신의학, 40(2), 230-242.

통계개발원(2005). 한국의 인구 · 주택. 한국의 종교인구. www.sri.nso.go.kr.

통계청(2005). 전국총인구조사. http://kosis.kr/nsportal/index/index.jsp.

Austin, J. T., & Vancouver, J. B. (1996). Goal constructs in psychology: Structure, process, and content. *Psychological Bulletin, 120.*

Bufford, R. K., Paloutzian, R. F., & Ellison, C. W. (1991). Norms for the spiritual well-being scale. *Journal of Psychology and Theology, 19,* 56-70.

Gorsuch, R. L., & McPherson, S. E., (1989). Intrinsic/extrinsic measurement: I/E-revised and single-item scales. *Journal for the Scientific Study of Religion, 28,* 348-354.

Pargament, K. I., Steele, R. E., & Tyler, F. B. (1979). Religious participation, religious motivation and individual psychosocial competence. *Journal for the Scientific Study of Religion, 18,* 412-419.

Pargament, K. I. (1996). Religious methods of coping: Resources for the conservation and transformation of significance. In E. P. Shafranske (Ed.), *Religion and the Clinical Practice of Psychology,* 215-239. American Psychological Association, Washington, DC.

Parsons, J. E., Adler, T. F., & Kaczala, C. M. (1982). Socialization of achievement attitudes and beliefs: Parental influences. *Child Development, 53,* 310-321.

Smith, C., Denton, M. L., Faris, R., & Regnerus, M. (2002, December). Mapping. American Adolescent Religious Participation. *Journal for the Scientific Study of Religion, 41*(4), 397-612.

제 / 9 / 장

# 목회자의 은급복지와 교회
## —성경적 정당성과 해외교단 실천사례 및 방안 제시

## 1. 고령화와 한국교회 목회자 은급복지의 문제

현재 우리나라의 인구 고령화는 선진국에서도 경험하지 못한 속도로 빠르게 진행되고 있어 사회경제적 불안이 증폭되고 있는 실정이다. 2000년 이미 고령화 사회로 진입하였고, 현재 추세라면 2019년에 고령사회 (aged society), 그리고 2026년에 초고령사회에 도달할 것으로 추정된다. 이는 고령화 사회에서 고령사회로 가는 데 19년, 고령사회에서 초고령사회로 가는 데는 불과 7년이 소요되는 것으로서 국가적인 어려움이 초래될 것으로 예상된다. 농어촌의 경우에는 2002년 65세 이상 인구 비율이 15.8%로 이미 고령사회에 진입하여 어려운 농어촌의 삶에 불안한 그림자를 드리우고 있다.

외국의 경우, 고령화 사회에서 고령사회로 도달하는 데 일본은 24년, 프랑스는 115년이 소요되고, 초고령사회에 도달하는 데는 일본 12년, 프랑스 41년, 미국은 15년이 소요될 전망이다(〈표 9-1〉 참조). 이렇게 볼 때 우리나라가 얼마나 빠른 속도로 고령사회로 진입하고 있는지를 알 수 있다.

〈표 9-1〉 OECD 국가 대비 우리나라의 고령화 속도

| 구분 | 도달 연도 | | | 소요 연수 | |
|------|-----------|------|--------------|------------|--------------|
| | 7%(고령화 사회) | 14%(고령사회) | 20%(초고령사회) | 7% → 14% | 14% → 20% |
| 한국 | 2000 | 2019 | 2026 | 19 | 7 |
| 일본 | 1970 | 1994 | 2006 | 24 | 12 |
| 프랑스 | 1864 | 1979 | 2020 | 115 | 41 |
| 미국 | 1942 | 2013 | 2028 | 71 | 15 |

출처: 통계청(2001).

  게다가 최근 우리나라의 경우 미혼남녀의 상당수가 혼인을 필수가 아닌 선택으로 보는 가치관의 변화,[1] 반드시 자녀를 가져야 한다는 의식의 급격한 감소,[2] 가족을 이루기 위하여 혼인할 책임성이 없다고 생각하는 조류,[3] 독신 선호에 의한 미혼여성 증가, 자녀양육 및 가사노동 부담 증가에 따른 출산율의 심각한 저하, 여성의 경제활동참가비율 증대에 따른 혼인연령 상승 등의 사회적 변화로 결국 출산율이 세계 최저인 국가가 되었다. 더불어 불임가정의 증가, 청소년의 성교육 부재와 남아선호사상 등으로 인하여 해마다 증가하는 낙태율도 저출산·고령화 사회를 만드는 데 상당 부분 기여하는 것[4]으로 조사되었다.
  이와 같은 저출산·노령화 추세에 따라 우선 생산가능인구는 감소하고 피부양 노인인구는 급증함으로써 생산가능인구의 노년부양비가 크게 증가할 전망이다. 둘째, 생산가능인구의 노인부양 부담 증가, 부담의 적정성·형평성 논란 등으로 인해 세대 간 갈등이 심화될 것으로 예상된다. 셋째, 노인의료비, 연금 등의 공적 부담 증가, 세입기반 약화,

---

1. 이삼식, 가치관의 변화가 결혼 및 출산 행태에 미치는 영향, 보건사회연구, 26(2)(844-865, 1990).
2. 김용문, 오영희, 인구구조의 변화에 대비한 교육의 방향(정책현안자료 2006-06)(한국보건사회연구원, 2006).
3. 같은 책.
4. 전효숙, 서용관, 해방 이후 우리나라 낙태의 실태와 과제, 醫史學, 12(2)(129-143, 2003).

노인 관련 재정지출 급증으로 재정수지가 악화될 것이다. 넷째, 가족기
능 약화, 가족복지의 국가·사회 공동부담 전환으로 다양한 복지서비
스 요구가 증폭될 전망이다. 마지막으로 결국 국가적으로 노동생산성
저하, 저축 감소와 소비·투자 위축, 재정 악화 등으로 경제성장의 둔
화가 초래될 것이다.[5] 2047년 고갈될 것으로 추정되는 일반 국민의 노
후보장성 국민연금 수급예상률만 감안하더라도 노령화로 인한 미래의
갈등 및 문제 양상이 어느 정도 초래되겠는가를 가히 짐작할 수 있다
(〈표 9-2〉 참조).

　저출산·고령화 문제로 인해 예견되는 사회경제적 문제의 심각한 결
과를 직면해야 할 한국의 일반적 상황과 관련하여 한국교회, 특히 예장
총회 은퇴목회자들의 미래는 어떠한가?

　현재 예장총회의 목회자(목사)는 132개 노회, 1만 905개 교회에서 1만
7,874명이 사역 중이고, 그중 1,246명만이 은급재단에 가입해 은급혜택
을 일부나마 준비하고 있다. 하지만 이는 전체 목회자의 10%에 못 미치
는 수준이다. 더구나 은급재단 가입자 중 상당수는 은퇴 후 실제 혜택
이 은퇴 후 생활수준을 충분히 담보할 수 없는 수준의 납입자일 것이기

〈표 9-2〉 65세 이상 총인구 대비 국민연금 수급자 수 증가 추이

(천 명, %)

| 연도 | 65세 이상 총인구 수(A) | 노령연금 수급자 수(B) | 수급률(B/A) |
|---|---|---|---|
| 2007 | 4,822 | 864 | 17.9 |
| 2010 | 5,354 | 1,200 | 22.4 |
| 2030 | 11,899 | 6,095 | 51.2 |
| 2050 | 15,793 | 10,422 | 66.0 |

출처: 문형표 편(2007: 100)에서 재인용.

---

5. 대통령비서실 고령사회대책 및 사회통합기획단 인구·고령사회대책팀, 저출산·고
　령사회 대응을 위한 국가실천전략(대통령비서실 고령사회대책 및 사회통합기획단 인
　구·고령사회대책팀, 2003).

에 교단 산하 목회자들의 은퇴 후 미래가 밝지 않을 것으로 전망된다.

　이와 같은 총회 은급 상황을 고려할 때 총회 산하 지역교회에서 최선을 다해 복음전파 사역을 감당하는 목회자들의 은퇴 이후의 계획이 어떻게 전개되어야 할지 고민해야 하는 것은 당연한 일일 것이다. 이를 위하여 먼저 은퇴 준비에 대한 성경의 가르침을 생각해 보고, 미국 교단의 사례를 살펴보면서 우리나라의 은급문제 해소를 위한 제안을 해 보고자 한다.

## 2. 은퇴 이후를 준비하는 것은 성경적으로 정당한가

### 1) 은퇴 레위인을 위한 하나님의 배려

　목회 일선에서 은퇴를 생각하며 일하는 목회자들을 만나기는 어렵다. 지금 당장 하나님의 사역을 한다는 소명감에 충만해 있고, 날마다 하나님의 권속으로 들어오는 양을 돌보고 말씀을 준비하고 당회를 이끌며 심방하는 일상적인 회무를 보기에도 바쁜 날을 보내는 것이 일반적이기에 그런 여유를 부릴 틈이 없는 것이다. 교인들은 그렇게 정신없이 바쁜 목회자의 생활을 은연 중 기대하고 있고, 목회자는 그런 사실을 잘 알기에 은퇴를 생각하고 관련 준비를 한다는 자체를 하나님 앞에 불경스러운 것으로 스스로 판단하는 경향이 있다. 또 교인들은 그런 목회자를 부족함이 많은 목회자로 생각하는 교회적 풍토가 존재한다. 그러므로 현 상황에서 은퇴 준비는 목회자에게나 교인에게나 어려운 과제임은 분명하다.

　민수기 8장 24절 이하에서는 이런 딜레마에 대하여 적절한 답을 제시하고 있다.

> 여호와께서 또 모세에게 말씀하여 이르시되 레위인은 이같이 할지
> 니, 곧 이십오 세 이상으로는 회막에 들어가서 복무하고 봉사할 것이
> 요, 오십 세부터는 그 일을 쉬어 봉사하지 아니할 것이나 그의 형제와
> 함께 회막에서 돕는 직무를 지킬 것이요 일하지 아니할 것이라. 너는
> 레위인의 직무에 대하여 이같이 할지니라.

하나님이 모세에게 명령한 바에 따르면 레위인은 50세부터 회막봉사
의 무거운 직무를 내려놓고 쉬어 봉사하지 아니하도록 하되, 회막봉사
를 하는 젊은 레위인을 돕는 역할을 하는 정도로 그 직무를 한정하고 있
다. 이처럼 하나님은 연로한 레위인이 최소한의 직무만 감당하며 쉴 수
있도록 배려하셨을뿐더러, 레위인에게 주어지는 십일조를 기초로 한
노후생활에 대한 경제적 혜택은 지속적으로 누릴 수 있게 하여 은퇴 이
후의 염려와 문제가 존재하지 않도록 하셨다.

그리하여 현대교회에서도 레위인의 은퇴 이후의 생활에 대해 삶의
질과 실제적인 재정적 도움 맥락에서 배려하신 하나님의 가르침을 따
라 목회자를 위한 은퇴 이후의 준비를 할 필요가 있을 것이다.

## 2) 목회자의 은퇴를 위한 준비

경제적으로 여유가 있을 때 미래에 곤란을 겪을 가능성을 상정하여
예비하여야 할 것을 말씀한 본문은 교회가 생각해 보아야 할 또 다른 지
혜를 일깨운다. 바로 구약 창세기에서 요셉을 통해 흉년을 예비케 하신
사건(창 41:1-57)이 그것이다.

형제들의 시기 때문에 애굽에 노예로 팔려 여러 가지 힘든 상황에서
도 요셉은 하나님을 경외하기를 지속하여 신자의 거룩을 훼손하려는
여러 가지 시험을 이기는 아름다운 모습을 보였다. 특별히 시위대장 보
디발의 아내의 유혹 때문에 감옥에 갇힌 상황에서 애굽왕 바로의 꿈에
나타난 아름답고 살진 일곱 소를 흉악하고 파리한 일곱 소가 잡아먹은

사건, 그리고 줄기가 무성하고 충실한 일곱 이삭을 쇠약하고 동풍에 마른 일곱 이삭이 삼킨 사건에 대해 요셉은 7년 풍년이 들고 7년 흉년이 들 것을 하나님이 보여 주신 것이라 해석하고는 다가올 흉년에 대비할 것을 바로에게 제시하였다. 이때 요셉의 풍년을 대비하는 방법은 특별하였는데, 풍년이 들 때 총소득의 20%를 세금으로 받아 7년간 저축하도록 한 것이었다. 14% 정도 세금으로 보전해도 7년을 감당할 수 있는데, 왜 그보다 많은 세금을 거두었을까? 그것은 기근이 일어난 이후 창세기에서 야곱의 입을 통해 해답을 알 수 있다. "야곱이 또 이르되, 내가 들은즉 저 애굽에 곡식이 있다 하니 너희는 그리로 가서 거기서 우리들 위하여 사오라."(창 42:2) 즉, 애굽을 포함한 근동 지역 전체가 흉년으로 허덕이고 있을 때 애굽만이 요셉의 지혜로 미래를 준비한 덕택에 흉년에 대한 국가적 자구책을 마련할 수 있었다. 뿐만 아니라 국내 소비를 한 잉여분에 해당하는 약 6% 혹은 그 이상을 가지고 국제무역을 하여 엄청난 부를 축적할 수 있었던 것이다. 요셉의 미래 준비에 대한 바로의 평가는 요셉의 지혜로운 행위를 가늠하게 한다. "하나님이 이 모든 것을 네게 보이셨으니 너와 같이 명철하고 지혜 있는 자가 없도다."(창 41:39)

잠언에서는 땅 위에서 작지만 가장 지혜로운 것 네 가지 중 가장 으뜸으로 "힘이 없는 종류로되 먹을 것을 여름에 준비하는 개미"(잠 30:25)를 꼽은 바 있다. 시편에서도 인생에 행하신 하나님의 기적 가운데 하나는 믿음의 사람으로 하여금 주린 자들이 거주할 곳을 준비하시도록 하서서 궁핍한 인생의 고통을 경감하게 하는 것이었다고 하셨다(시 107:31- 41). 요컨대 형편이 나을 때 예상치 못하게 부딪힐 수 있는 어려운 미래를 준비하는 것이 적절하며, 특히 신앙공동체가 미래에 경험할 수 있는 재정적 어려움을 위하여 준비하고 노력을 기울이는 것은 매우 중요한 과제라고 여겨진다. 무엇보다 현재 경험할 수 있는 목회자의 은퇴 후 생활의 어려움을 돌아보는 것은 경건의 참된 도리 중 하나일 것이다(약 1:27).

## 3. 은퇴목회 준비의 미국(PCA & RCA 총회) 사례

미국의 경우 이미 1998년에 목회자의 89%가 은퇴 후 보험 프로그램에 가입한 것으로 알려져 있고, 그 가운데 약 70%에 해당하는 교회가 목회자의 은퇴보험 가입을 재정적으로 돕고 있는 것으로 보고되었다. 그리고 연간 보험부담액에서도 20년 이상 목회자는 연간 평균 430만 원가량을, 그 이하 목회자는 평균 350만 원가량을 은퇴 후 보험료로 납부하고 있는 것으로 조사되었다.[6] 총회별로 차이가 있으나 전체 총회 가운데 약 61%의 목회자들이 교단 자체 연금기금 운영에 의하여 은퇴 후 연간 3,000만 원가량의 연금수혜(국가 사회보장에 따른 연금 제외)를 추가적으로 받고 있는 것으로 조사되었다.[7]

10여 년이 지난 현재는 교단별 현황 파악이 어려운 감이 있으나 대부분의 교단이 국가 사회보장에 따른 연금 이외의 추가적 은퇴연금펀드 운영을 하고 있고, 대부분의 교회가 이러한 추가적 보장성 연금을 가입하여 노후보장을 기하고 있는 것으로 추산되며, 은퇴 후 개별 연금수혜액도 연간 3,400~4,000만 원 정도(사회보장연금 제외) 되는 것으로 예상된다.

이처럼 미국의 총회는 사회보장연금 외에 일반적으로 목회자들의 은퇴를 준비할 수 있는 실질적 대안으로 연금보장성 보험재단을 총회별로 세우고(혹은 적절한 보험사를 연결시켜 주는 서비스국을 총회 내에 설치), 지역교회에서 섬기는 목회자의 은퇴 후 설계를 돕고 있다. 또한 은급문제에 관한 미국 교회들의 기본적 전제는 목회자는 국가 사회보장제도의 기본적 편입을 예상하지만 그것으로 충분하지 않기 때문에 교회가

6. J. C. LaRue, Pastors and Retirement(Christian Today, 1998)(http://www.christianitytoday.com/yc/8y2/8y2080.html).
7. 같은 책.

목회자를 위하여 추가적 은급계획을 가져야 한다는 것, 그리고 이 두 가지를 고려하면서 해당 목회자는 자신의 은퇴 이후 재정 상황을 충분히 고려하여 자신의 은퇴 이후 은급계획을 스스로 세워야 한다는 것이다. 따라서 이런 준비를 총회적으로, 개별 교회적으로, 그리고 목회자 개개인이 목양생활 중 하는 것으로 예상하기 때문에 은퇴 이후에는 교회가 목회자의 은급대책을 마련하기 위해 추가적 재정 부담을 하지 않는 것이다.

이와 같은 점을 염두에 두고 예장총회와 개혁주의적 신앙을 공유하는 PCA(Presbyterian Church in America)와 RCA(Reformed Church in America)의 은퇴서비스를 살펴보면 다음과 같다.

## 1) 미국 PCA 은퇴계획[8]

### (1) 은퇴계획

- 대상: PCA 산하 교회에 소속된 모든 목회자라면 PCA 은퇴계획에 참여할 수 있다.
- 납입방법 및 수혜 시점: 두 가지 방식의 보험료 납입방법이 있는데, 월 사례비의 일정 부분을 보험료로 산정하고 납부하는 방식과 교회가 보험료를 사례비 외 추가적으로 산정하고 대신 내주는 방식이다. 이때 교회는 PCA가 추천하는 다양한 방식의 펀드 중 하나를 선택하여 장기투자형식으로 가입한다. 펀드의 연간 이익률은 최저 4%에서부터 다양하며 일반적으로 10% 정도의 수익을 보이는 것으로 조사된다. 50세가 넘어 가입하게 되는 경우 교회는 69+1/2 은퇴 시점 기준 근속연수 25년에 못 미치는 만큼의 추가 보험료를 선납할 수 있다.

---

8. PCA Retirement & Benefits, Inc, http://www.pcarbi.org/retirement/index.htm.

- 보험료 액수: PCA는 일반적으로 교회에게 목회자가 사회보장제도 수혜자가 아닌 경우 (각종 집기완비 하우스 월세/공과금이 포함된) 월 사례의 약 20%에 해당하는 금액을 보험료로 산정할 것을 추천하고, 목회자가 사회보장제도 수혜자에 해당된다면 (각종 집기완비 하우스 월세/공과금이 포함된) 월 사례의 약 10%에 해당하는 금액을 적어도 보험료로 산정할 것을 추천한다. 목회자 혹은 교회사역 종사자가 지불하는 은퇴설계형 보험료는 각종 면세혜택을 받는다. 우리나라의 경우는 은퇴설계형 보험료라고 하여 종교 관련 종사자를 위한 면세혜택은 일반적으로 주어지지 않는다.
- 은퇴 후 보험료 지불: 은퇴 시점까지 납입된 액수의 최종 수익금액을 기준으로 일시불 혹은 연금 형태로 나누어 지불한다. 수혜자가 사망 시 배우자가 보험료를 대신 수혜받을 수 있다.

## (2) 생명보험

- 대상: 주 30시간 이상 일하는 PCA 소속 모든 고용인들
- 보험료 액수: 월 20달러, 연간 240달러 납입
- 수혜 예상액

| 나이 | 보험료 수혜 액수 |
|---|---|
| 50세 이하 | $250,000 |
| 50~54세 | $150,000 |
| 55~59세 | $100,000 |
| 60~64세 | $60,000 |
| 65~69세 | $38,000 |
| 70~74세 | $30,000 |
| 75~79세 | $21,000 |
| 80세 이상 | $15,000 |

## (3) 장애보험

장애란 갑작스러운 부상이나 질병으로 인해 현재 일하고 있는 정규 고용의 일상업무를 수행할 수 없는 상황을 일컫는다. 장애보험은 사회보장세를 내고 있을 경우 수혜가 줄어들거나 받지 못하는 상황이 발생할 수 있으므로 사회보장세를 내는 목회자의 경우에는 선택할 필요가 없다. 장애보험은 기존 질병이나 상해로 인해 발생하는 (일반적으로 보험가입 후 12개월 이내) 어떤 종류의 장애에도 보험혜택이 주어지지 않는다.

### ① 장애보험 수혜기간

60세 이후에는 최대 보험 수혜기간이 정해져 있다.

| 나이 | 보험 수혜기간 |
|---|---|
| 60세 이하 | 최대 65세까지, 그러나 60개월을 넘지 않는다. |
| 60세 | 60개월 |
| 61세 | 48개월 |
| 62세 | 42개월 |
| 63세 | 36개월 |
| 64세 | 30개월 |
| 65세 | 24개월 |
| 66세 | 21개월 |
| 67세 | 18개월 |
| 68세 | 15개월 |
| 69세 이상 | 12개월 |

### ② 수혜 액수

수혜 액수는 가입한 보험내용이나 보험료에 따라 다르다.

## 2) 미국 RCA 은퇴계획[9]

Fidelity Investments Tax-Exempt Services Company
A division of Fidelity Investments Institutional Services Company, Inc.
82 Devonshire Street, Boston, MA 02109

RCA 총회는 2004년 12월 31일까지는 교회의 은퇴기금 기여 없이 목회자의 사례에 포함된 은퇴급여보험 가입을 실행해 왔으나 2005년 1월 1일부터 교회와 목회자 양자가 은퇴급여보험의 납부금을 반씩 부담하는 정책을 실시해 오고 있다. 이는 감세 효과를 가져온다.

- 대상: RCA 산하 교회에 소속된 모든 목회자, 선교사, 평신도 사역자 모두 RCA의 은퇴계획에 참여할 수 있다.
- 납입방법 및 수혜 시점: 교회로 하여금 사례의 약 11%에 해당하는 금액을 보험료로 산정하며, 50세가 넘어 가입하게 되는 경우 교회는 69+1/2은퇴 시점 기준 근속연수 25년에 못 미치는 만큼의 추가 보험료를 선납할 수 있다.

| 개인별 보험료 연 납입 한도액 | 2007년 | 2008년 |
|---|---|---|
| 일반 한도 | $15,500 | $15,500 |
| 50세 이후 가입 시 우선 연 납입 한도액 | $5,000 | $5,000 |

- 은퇴 후 보험료 지불: 은퇴 시점까지 납입된 액수의 최종 수익금액을 기준으로 일시불 혹은 연금 형태로 나누어 지불한다. 수혜자 사망 시 배우자가 보험료를 대신 수혜받을 수 있다.

---

9. RCA(Reformed Church in America) Retirement Services, http://www.rca.org/ NETCOMMUNITY/Page.aspx?pid=1966&srcid=1986.

• RCA에서는 장애보험, 생명보험 등도 PCA와 비슷한 수준의 정책을 가진 연금보험 운영을 하고 있다.

## 4. 목회자의 은퇴설계를 위한 교회실천 제안

이상에서 우리나라 일반인들의 은퇴 준비 상황과 정부정책을 일견하고, 은퇴 준비에 대한 성경적 기초와 해외 교단사례를 중심으로 한 목회자들의 은퇴를 위한 교회 준비 상황을 살펴보았다. 해외교단정책은 그 나라의 국가정책과 환경을 고려하여 제정된 것이기에 우리나라의 은급정책에 그대로 적용하기에는 무리가 따른다. 그러나 해외 교단이 행하고 있는 노력 중 일부는 우리나라의 그것과 목회자들의 은퇴와 관련한 전반적 상황을 고려할 때 긍정적 선례가 될 수 있다고 생각한다. 다음과 같이 교회실천을 위한 몇 가지 제안을 하고자 한다.

첫째, 목회자의 은퇴 준비는 성경적 지지를 기반으로 교회가 기본적으로 감당해야 할 부분으로 이해되기 때문에 지역교회들이 개별적으로 목회자의 은퇴계획을 위한 실질적 준비를 시작하는 것이 좋다고 판단된다. 예를 들어, 목회자가 위임할 당시를 기점으로 총회은급재단에 가입하거나 (경우에 따라 추가적으로) 보장성 연금보험을 미리 가입한다면 교회가 최소한의 재정으로 은퇴를 준비할 수 있을 것으로 보인다. 연금가입 시점에서 미래 연금수령 시점의 실질 물가상승분을 고려한 실물 물가 상황을 충분히 고려한 실질수혜 정도를 엄밀하게 분석하는 작업을 동시에 수행하여, 교회의 향후 부담을 최소화하면서도 은퇴목회자의 노후를 안정적으로 보장하는 수준으로 진행하는 것이 좋을 것이다.

동시에 지역교회의 목회자 개개인도 개별적으로 미래 은퇴를 위하여 교회의 현재 상황이나 미래 상황을 고려하여 목회자 자신의 은퇴 후 생활에 적절한 재정 상황을 만들 여력이 어려워질 가능성이 있을 때 교회의 준비와는 별도로 추가적으로 개인적 준비를 하는 노력이 필요하지 않을까 생각된다. 그런데 이런 상황은 아마도 미자립 교회의 목회자들에게 주로 해당될 것으로 간주된다. 왜냐하면 자립이 충분한 교회의 경우 노회가 은퇴목회자들의 처우와 관련한 지침을 가지고 있기 때문에 그에 따라 시행하면 될 것이기 때문이다.

둘째, 총회 차원에서도 은급재단의 생산적 활성화를 기할 수 있는 노력을 더욱 기울여야 할 것이다. 서두에서 밝힌 것처럼, 총회목회자들의 은급가입 수준은 약 10%에 불과할 정도로 매우 미미한 상태다. 이러한 상황은 은급재단의 긍정적 측면과 실제 은급 참여의 긍정적 효과에 대한 홍보의 필요성을 제기하고, 나아가 일반적으로 신뢰할 만한 수준의 은급재단 운용을 지속할 필요성을 요청한다. 우리나라의 국민연금을 위시한 공무원연금, 사학연금에 이르기까지의 모든 연금정책은 불확실한 미래 재정 상태를 예고하고 있다. 따라서 총회은급재단의 수혜대상의 가파른 상승에 따른 미래 재정운용의 확실성을 재고할 수 있는 객관적 데이터의 제시와 건전한 수익률을 담보하는 수준에서 은급재단의 활성화를 위해 다양한 파생상품의 개발이 뒤따라야 할 것이다.

셋째, 현재 노후가 준비되지 않은 미자립 교회 은퇴목회자들을 위한 소속 교회, 노회 및 총회 차원의 구제 노력이 있어야 한다. 우리나라의 특성상 대부분의 미자립 교회 목회자들은 노후를 위한 준비가 되어 있지 않은 경우가 많기 때문에, 국가의 국민연금 수혜자가 되지 못하는 현 재정적 상황은 개인의 노력으로는 해결될 수 없는 심각한 문제일 수밖에 없다. 따라서 미국의 PCA 혹은 그 밖의 총회에서 일반적으로 행하는 것처럼 총회 차원에서 은퇴목회자의 어려운 재정을 돕는 구제기금을 세우고, 전국 교회의 헌금 동참에 의한 기금충당 및 구제 노력을 병행하는 것이 한 방법일 수 있을 것이다.

목회자의 은퇴 이후 생활이 생애 전반에 걸친 헌신에 대하여 충분히 보상되기는 어려운 현실이라 할지라도, 향후 지역교회들과 총회 차원의 노력이 증대되어 선교 100년 고군분투의 결과 한국교회의 변화된 위상에 어느 정도 비례하여 '은퇴목회자의 덕스러운 삶의 질'이 안정화될 수 있는 은급 상황이 구축되기를 간절히 고대한다.

무엇보다 목회자들의 은급문제를 개선하기 위하여 이 제안에 대한 충분한 논의가 이루어져 더 이상 목회자나 교회가 은급문제를 두고 고민하지 않고 복음전파 사역과 교회를 든든히 세우는 일에 더욱 헌신할 수 있는 제도와 방안의 마련이 재고되어야 할 것이다.

## 📄 참고문헌

김용문, 오영희(2006). 인구구조의 변화에 대비한 교육의 방향(정책현안자료 2006-06). 한국보건사회연구원.

대통령비서실 고령사회대책 및 사회통합기획단 인구·고령사회대책팀(2003). 저출산·고령사회 대응을 위한 국가실천전략.

문형표 편(2007). 우리나라 노후소득보장체계 구축에 관한 종합연구: 공적연금제도의 평가와 정책과제. 한국개발연구원.

이삼식(1990). 가치관의 변화가 결혼 및 출산 행태에 미치는 영향. 보건사회연구, 26(2), 844-865.

전효숙, 서용관(2003). 해방 이후 우리나라 낙태의 실태와 과제. 醫史學, 12(2), 129-143.

통계청(2001). 장래인구추계. http://www.nso.go.kr.

Church of England. Statement of Ethical Investment Policy. http://www.churchinvestorsgroup.org.uk/~churchin/system/files/Policy+Statement+of+Ethical+Investment+2007.pdf.

LaRue, J. C. (1998). Pastors and Retirement. Christian Today. http://www.christianitytoday.com/yc/8y2/8y2080.html.

Internal Revenue Service (2008). United States Department of the Treasury. http://www.irs.gov/faqs/faq-kw178.html.

PCA Retirement & Benefits, Inc, http://www.pcarbi.org/retirement/index.htm.

PCUSA Presbytery of the Western Reserve (1996). Guidelines for Pastors and Congregations Regarding Pastoral Retirements. http:// www.pcusa.org/ mgbconnect/pubs/pastoralretirementpbywreserve.pdf.

RCA(Reformed Church in America) Retirement Services, http://www.rca.org/ NETCOMMUNITY/Page.aspx?pid=1966&srcid=1986.

제 / 10 / 장
# 장애인과 교회 그리고 장애인 편견 인식 개선

## 1. 장애인 현황과 장애인의 삶

2009년 12월 말 기준 등록 장애인은 총 242만 9,547명이며, 연평균 11.2%씩 증가하는 추세에 있고, 전체 인구 대비 장애인은 약 4.5%에 해당한다(〈표 10-1〉 참조). 장애유형별[1]로 살펴보면 지체장애인 129만 3,331명, 시각장애인 24만 1,237명, 청각장애인 24만 5,801명, 언어장애인 1만 6,249명, 지적장애인 15만 4,953명, 뇌병변장애인 25만 1,818명, 자폐성장애인 1만 3,933명, 정신장애인 9만 4,776명으로 나타나 지체장애인이 가장 높은 비율을 차지하고 있다(보건복지부, 2009). 연령별로는 20세 미만 9만 6,404명, 20대(20~29세)는 10만 2,284명, 30대(30~39세)는 20만 8,859명, 40대(40~49세)는 39만 9,235명, 50대(50~59세)는 50만 403명, 60세 이상은 112만 2,362명(보건복지부, 2009)으로 나타나 연령이 높아질수록 장애의 출현정도가 높은 것을 알 수 있다. 대부분의 장애는 각종 질환 및 사고 등 후천적 원인(89%)[2]에 의해 발생하고 있어 장애는 선천적이라는 통념을 벗어나고 누구에게나 발생할 수 있는 것이

---

1. 장애인복지법 제32조에 따른 장애인의 분류다.

라는 점을 알 수 있다.

〈표 10-1〉 2009년 12월 말 기준 전국장애인등록현황

| 1급 | | | 2급 | | | 3급 | | | 4급 | | | 5급 | | | 6급 | | | 합계 |
|---|---|---|---|---|---|---|---|---|---|---|---|---|---|---|---|---|---|---|
| 남 | 여 | 합계 | 남 | 여 | 합계 | 남 | 여 | 합계 | 남 | 여 | 합계 | 남 | 여 | 합계 | 남 | 여 | 합계 | |
| 4,823 | 3,624 | 8,447 | 8,113 | 5,866 | 13,979 | 10,411 | 6,303 | 16,714 | 6,550 | 6,914 | 13,464 | 9,945 | 8,605 | 18,550 | 12,963 | 6,841 | 19,804 | 90,958 |
| 127,755 | 92,745 | 220,500 | 213,609 | 153,470 | 367,079 | 264,859 | 159,462 | 424,321 | 183,438 | 177,235 | 360,673 | 266,040 | 233,228 | 499,268 | 370,195 | 187,511 | 557,706 | 2,429,547 |

출처: 보건복지부(2009). 시·도별 장애인 등록현황.

장애인의 삶의 수준이 열악함은 경제적인 측면에서 가장 쉽게 드러나는데 우리나라 전체 가구의 평균 월소득이 340만 원인 데 비하여 장애인 가족은 180만 원(보건사회연구원, 2008)으로서 장애인 가족의 월평

| 대분류 | 중분류 | 소분류 | 세분류 |
|---|---|---|---|
| 신체적 장애 | 외부 신체기능 의 장애 | 지체장애 | 절단장애, 관절장애, 지체기능장애, 변형 등의 장애, 척수장애 |
| | | 뇌병변장애 | 뇌 손상으로 인한 복합적인 장애 |
| | | 시각장애 | 시력장애, 시야결손장애 |
| | | 청각장애 | 청력장애, 평형기능장애 |
| | | 언어장애 | 언어장애, 음성장애, 구어장애 |
| | | 안면장애 | 안면부의 추상, 함몰, 비후 등 변형으로 인한 장애 |
| | 내부기관 의 장애 | 신장장애 | 투석치료 중이거나 신장을 이식받은 경우 |
| | | 심장장애 | 일상생활이 현저히 제한되는 심장기능 이상 |
| | | 간장애 | 일상생활이 현저히 제한되는 만성·중증의 간기능 이상 |
| | | 호흡기장애 | 일상생활이 현저히 제한되는 만성·중증의 호흡기기능 이상 |
| | | 장루·요루장애 | 일상생활이 현저히 제한되는 장루·요루 |
| | | 간질장애 | 일상생활이 현저히 제한되는 만성·중증의 간질 |
| 정신적 장애 | 발달장애 | 지적장애 | 지능지수와 사회성숙지수가 70 이하인 경우 |
| | | 자폐성장애 | 소아청소년 자폐 등 자폐성 장애 |
| | 정신장애 | 정신장애 | 정신분열병, 분열형 정동장애, 양극성 정동장애, 반복성 우울장애 |

2. 교육과학기술부, 행정안전부, 문화체육관광부, 보건복지가족부, 노동부, 여성부, 국토해양부, 국가보훈처, 방송 통신위원회관계부처합동(장애인정책발전 5개년 계획, 2008).

균 소득이 일반 가정의 월평균 소득의 절반 수준임을 알 수 있다. 이는 장애인의 경제활동 참가율이 적은 데서 그 이유를 찾을 수 있는데 전체 인구의 경제활동 참가율이 61.5%인 데 비하여, 장애인은 41.1%에 불과 하고(한국노동연구원, 2009) 성별에 따른 경제활동 참가율을 비교해 보 면, 남자 장애인의 경우는 52.2%로 전체 남자의 73.6%보다 낮은 수준 이고, 여자 장애인의 경제활동 참가율은 25.5%(한국노동연구원, 2009)로 전체 여성의 절반 수준으로 매우 심각한 상황임을 알 수 있다. 학력 수 준에 있어서도 2005년 보건사회연구원 조사에 의하면 무학 및 초졸 이 하의 학력을 가진 장애인이 47.3%, 중졸 이하 16.6%, 고졸 이하 25.5%, 대졸 이상 10.6%로 조사되었고 2008년 현재 특히 장애여성의 67.3%가 초등학교 이하의 학력을 나타내(한국여성정책연구원, 2010) 여자 장애인 의 능력 개발을 위한 노력이 경주되어야 함을 보여 준다. 교육에 있어 서 이와 같은 심각한 격차는 장애인 당사자의 삶의 질뿐만 아니라, 향후 전체적인 소득 감소로 이어질 가능성이 높고 교육에 대한 관심과 투자 가 높은 우리나라의 교육현실을 고려할 때 더욱 심각하다는 사실을 알 수 있다.

장애인이 경험하는 일상적 어려움은 공적연금 가입률, 건강 상태, 인 터넷 사용시간 등 전반적으로 나타나고 있다. 먼저 공적연금 가입률을 보면, 장애인의 경우 2008년 36.7%, 전체 인구의 경우는 2007년 87.7% 로 장애인의 미래보장 상황이 일반인에 비하여 매우 열악한 상황(통계 청, 2009)에 있음을 알 수 있다. 주관적인 건강평가에 대한 응답을 보면 장애인의 경우는 건강한 편이라고 응답한 비율이 전체의 22.4%이며 건 강이 나쁘다고 응답한 비율은 51.9%인 반면, 전체 인구는 건강한 편이 51.5%, 건강이 나쁜 편이 13.9%로 나타나 일반인들이 스스로 평가하는 건강인식 수준의 절반에 못 미치는 것으로 나타났다(한국보건사회연구 원, 2009). 인터넷 이용률의 경우 2008년 말 현재 만 7~69세 장애인의 인터넷 이용률은 51.8%이며, 전체 인구의 인터넷 이용률 77.1%보다

25.3%p 낮은 수준에 있다(한국정보문화진흥원, 2009). 이와 함께 장애인은 다양한 수준에서 차별을 경험하고 있는데 취업차별 경험(42%), 교통수단의 어려움(68%), 보도 장애물 부상 경험(53%), 장애아동 특수교육 수혜율(70.2%) 등 광범위한 분야에서 차별이 상존하고 있는 것으로 알려진다(교육과학기술부, 2008).

이상과 같은 장애인에 대한 차별 상황이 존재함에도 불구하고 여전히 국민의 23.8%는 우리나라에서 장애인에 대한 차별이 전혀 없거나, 별로 없다고 생각하고 있는 것으로 조사(한국보건사회연구원, 2009)되어 장애인에 대한 인식 개선 노력이 강구되어야 함을 알 수 있다. 한편 여가활동에 대한 통계는 종교계의 인식 개선과 장애인을 위한 노력을 다시금 강조해야할 필요성을 인식시키고 있다. 그것은 일반 국민들이 여가활동으로 TV 시청, 휴식 수면, 가사일, 사교 관련, PC 관련 순으로 생각하고 있는 반면 장애인들은 TV 및 비디오 시청, 휴식, 종교활동, 가사, 사교 관련 일 등으로 종교에 대한 기대를 가지며 실제 생활에서 종교생활이 큰 비중을 차지하고 있음을 알 수 있다(통계청, 2009). 이것은 장애인들에게 사회적 차별의 어려움은 다각도로 경험되고 있으나, 여전히 현재의 어려움을 해소할 수 있는 중요한 요인으로 종교에 대한 기대를 하고 있다는 사실을 나타난다고 볼 수 있다.

## 2. 교회와 장애인에 대한 차별적 언어사용과 장애인 편의시설 비제공의 문제

그렇다면 과연 교회는 장애인을 일반적인 사회의 차별적 인식과 행위와 다르게 장애인과 장애인 모든 사람을 창조하시고(출 4:11), 보호하시며(레 19:14), 그리스도 안에서 무차별적인 사랑을 보이시는 하나님의 시각에서 보고 비차별적인 태도를 드러내면서 살고 있을까? 많은 그리스도인은 장애인에 대하여 비차별적 태도와 행위를 하고 있다고 볼 수 있으나 여전히 많은 그리스도인은 그렇지 않은 모습을 보이고 그 결과는 일상 교회생활에서 장애인에 대한 차별적 언어사용과 장애인을 위한 편의시설을 교회에서 제공하지 않는 형태로 나타난다고 볼 수 있다.

먼저 전통적으로 장애인에 대한 차별적 태도를 가지도록 하여 장애인으로 하여금 실제 사회적 소외를 경험하게 하는 차별적 행동을 하게 하는 것은 장애인에 대한 차별적 언어사용에서 비롯된다고 할 수 있는데 최근 개정하여 많은 교회들이 사용하고 있는 성경번역본(개역개정)[3]에 있어서도 그런 용어가 다수 발견된다.

- 레위기 21:18
  누구든지 흠이 있는 자는 가까이 하지 못할지니 곧 <u>맹인이나 다리 저는 자나</u> 코가 불완전한 자나 지체가 더한 자나
- 레위기 21:20
  <u>등 굽은 자나 키 못 자란 자나</u> 눈에 백막이 있는 자나 습진이나 버짐이 있는 자나 고환 상한 자나
- 사무엘하 5:8
  그날에 다윗이 이르기를 누구든지 여부스 사람을 치거든 물 긷는 데로 올라가서 다윗의 마음에 미워하는 <u>다리 저는 사람과 맹인</u>을 치라 하였으므로 속담이 되어 이르기를 맹인과 다리 저는 사람은 집에 들어오지 못하리라 하더라
- 욥기 29:15
  나는 <u>맹인의 눈도 되고 다리 저는 사람의 발도 되고</u>
- 시편 58:4
  그들의 독은 뱀의 독 같으며 그들은 귀를 막은 <u>귀머거리</u> 독사 같으니
- 잠언 26:7
  <u>저는 자의 다리는 힘 없이 달렸나니</u> 미련한 자의 입의 잠언도 그러하니라

---

3. 개역개정판이 수치심이나 혐오감을 줄 수 있는 어휘 수정(문둥병, 소경, 앉은뱅이, 병신) 같은 장애인 기피, 차별 용어를 고쳤다는 점을 강조하고 있으나, 위에서 소개되고 있는 차별적 용어를 여전히 사용하였다는 사실은 2008년 개정 시행되고 있는 장애인차별금지법의 맥락과 일치하고 있다고 보기 어렵다.

- 이사야 42:7

  네가 <u>눈먼 자들</u>의 눈을 밝히며 갇힌 자를 감옥에서 이끌어 내며 흑암에 앉은 자를 감방에서 나오게 하리라
- 이사야 56:10

  이스라엘의 파수꾼들은 <u>맹인</u>이요 다 무지하며 <u>벙어리</u> 개들이라 짖지 못하며 다 꿈꾸는 자들이요 누워 있는 자들이요 잠자기를 좋아하는 자들이니
- 미가 4:6

  여호와께서 말씀하시되 그날에는 내가 <u>저는 자</u>를 모으며 쫓겨난 자와 내가 환난 받게 한 자를 모아
- 마태복음 21:14

  <u>맹인과 저는 자들</u>이 성전에서 예수께 나아오매 고쳐 주시니
- 요한복음 5:3

  그 안에 많은 병자, <u>맹인</u>, <u>다리 저는 사람</u>, 혈기 마른 사람들이 누워

공식용어 및 일반생활에서도 사용을 배제하도록 하는 위와 같은 용어가 성경에서 그대로 사용됨으로써 성경독자들은 본인의 의사와 무관하게 장애인에 대한 차별적 용어를 읽고, 사용하는 잘못을 범할 수 있는 것이다.

나아가 장애인·노인·임산부 등의 편의증진보장에 관한 법률은 ① 시설주는 장애인 등이 공공건물 및 공중이용시설을 이용함에 있어 가능한 최단거리로 이동할 수 있도록 편의시설을 설치하여야 하고, ② 장애인 등은 인간으로서의 존엄과 가치 및 행복을 추구할 권리를 보장받기 위하여 장애인 등이 아닌 사람들이 이용하는 시설과 설비를 동등하게 이용하고 정보에 자유롭게 접근할 수 있는 권리를 가진다는 사실을 규정하고 있으나 교회 시설 중 상당수는 여전히 장애인을 위한 편의시설을 제공하지 않은 경우가 많고, 일반인과 동등한 이용과 정보 공유를 할 수 있도록 배려하지 않는 일도 자주 발생한다(아이굿뉴스, 2008)는 사실을 기억할 필요가 있다. 교육과학기술부가 주관하는 장애학생 교육복지 지원 실태 평가(총신대학교 2008년 장애학생교육지원자체평가, 2008)내

용 중 시설부분이 교회시설의 장애인을 위한 편의를 제공하고 있는 여부를 판단하는 데 도움을 줄 수 있다.

- 보도 및 접근로의 바닥재질과 마감상태는 보행 장애인에게 적절한가?(잘 미끄러지지 아니하는 재질로 평탄하게 마감되어야 한다. 보도블록 등 이음새의 틈이 벌어지지 않고 평탄하게 마감하여야 한다. 빠질 위험이 있는 곳에는 덮개를 설치하되, 그 표면은 동일한 높이가 되도록 한다. 덮개에 격자구멍 또는 틈새가 있는 경우 그 간격이 2cm 이하가 되어야 한다.)
- 보도 및 접근로의 단차는 휠체어 등의 통행에 적절한가? (시설로 연결된 모든 보도 및 접근로에 단차(段差)가 있을 경우에는 진행 방향의 높이 차이가 3cm 이하가 되어야 한다.)
- 보도 및 접근로의 유효 폭과 기울기는 '편의증진법'의 요구조건을 충족시키고 있는가? (휠체어 사용자가 통행할 수 있도록 보도 또는 접근로의 유효 폭은 1.2m 이상 확보되어야 한다. 휠체어 사용자가 교행할 수 있도록 50m마다 1.5m×1.5m 이상의 교행구역이 설치되어야 한다. 경사진 보도 등이 연속될 경우에는 휠체어 사용자가 휴식할 수 있도록 30m마다 1.5m×1.5m 이상의 수평면으로 된 참[4]을 설치되어야 한다. 보도 등의 진행방향 기울기는 18분의 1 이하 다만, 지형상 곤란한 경우 12분의 1까지 완화)
- 시각장애인의 유도에는 문제가 없으며 방향 전환, 위험지역 등에서의 경고시설은 적절한가? (보행자와 차량이 교행(郊行)하는 부분은 보행자의 안전이 우선되도록 바닥재의 재료, 색상 등을 달리하고 있으며 시각장애인이 안전하게 통행 또는 횡단할 수 있도록 배려되어 있는가? 보도는 시각장애인이 안전하게 유도되어 보행할 수 있도록 경계석, 턱, 바닥재의 색상 또는 질감 구분 등의 적정한 조치가 되어 있는가? 구분된 보도 없이 보행자와 차량이 혼용(混用)하는 도로의 경우 보행자의 안전을 확보하기 위한 바닥재의 색상 및 질감 차이, 난간, 경고시설 등의 조치가 되어 있는가? 추락, 전복 등의 위험이 있는 지역에 난간, 경고 등의 안전시설 설치)
- 주차장의 설치 위치, 크기 및 수는 적절한가? (장애인 전용 주차구역은 장애인 등의 출입이 가능한 건축물의 출입구 또는 장애인용 승강설비와 가장 가까운 장소에 설치되어 있는가? 장애인 전용 주차구역의 크기는 폭 3.3m 이상, 길이 5m 이상(평행주차인 경우 폭 2m 이상, 길이 6m 이상)의 규정에 적합한 것이 전체 확보면수의 몇 %인가? 장애인 전용 주차구역의 확보 수는 적정한가?)
- 주차구역의 표시, 유도, 안내표시는 적절하며 주출입구까지의 안전통로는 확보되어 있는가? (장애인 전용 주차구역의 바닥에 장애인 전용 주차장 표시 및 입식 안내표시는 적정하게 설치되어 있는가? 주차장 입구에는 장애인 전용 주차구역

안내표지를 식별하기 쉬운 장소에 부착 또는 설치하고 주차구역까지의 유도표시는 적절한가? 장애인 전용 주차구역에서 건축물의 출입구 또는 장애인용 승강설비에 이르기까지 장애인 안전통행로가 확보되어 있으며 높이 차이를 없애고, 그 유효 폭은 1.2m 이상으로 되어 있는가?)
- 시설의 주출입구는 타인의 도움 없이 접근 가능한가? (모든 시설은 출입하는 데 문제가 없어야 하며, 수평 및 수직 이동에 장애로 인한 차별이 없어야 한다.)
- 시설 안에서의 수직 이동에 장애는 없는가? (승강기, 경사로, 휠체어 리프트 등 장애인이 수직으로 이동할 수 있는 편의시설이 설치되어 있는가?)
- 장애인이 이용 가능한 화장실이 각 건물마다 설치되어 있는가? (장애인이 이용 가능한 화장실은 장애인 등이 편리하게 이용할 수 있도록 구조, 바닥 재질 및 마감과 부착물 등을 고려하여 설치하되, 장애인용 대변기는 남자용 및 여자용 각 1개 이상을 설치하여야 한다.)
- 화장실 출입문의 구조, 화장실의 크기, 위생기기의 설치 위치가 휠체어 등의 접근과 이동에 적절한가? (장애인 화장실이 접근 가능한 위치에 설치되어 있는가? 출입문의 통과 유효 폭 80cm 이상 확보 화장실의 유효 바닥면 크기가 폭 1m 이상, 깊이 1.8m 이상이고 대변기 전면에 1.4m×1.4m 크기의 활동공간이 확보되어 있는가? 대변기는 양변기 형태이고 좌대의 높이는 바닥 면으로부터 40cm 이상 45cm 이하로 설치되어 있는가? 남녀 장애인 화장실의 위치안내는 적절한가?)
- 위생기기의 손잡이, 세정장치, 높이, 배치 등은 적정하며 위치 안내표시 등은 적정한가?
- 정보통신 및 공중전화 등에 장애인의 접근과 이용에 어려움이 없도록 고려되어 있는가?
- 장애인의 이용 가능한 모든 시설에 대한 적정한 유도와 안내표시가 갖추어져 있는가?
- 음료대의 높이와 수도꼭지의 구조는 적절한가?
- 식당 등의 진출입에 장애가 없는가?

출처: 총신대학교 2008년 장애학생교육지원자체평가, '시설·설비부분' 재정리

장애인에 대한 부족한 관심과 배려는 장애인 선교 결과로 나타난다고 볼 수 있는데 정확한 통계 결과는 보고되지 않지만 장애인의 약 3~5% 정도가 기독교인으로 추정된다(남동우, 2010)는 사실은 우리나라 기독

---

4. '참'이란 여행자가 중간에 쉬는 곳이라는 의미로 장애인이 쉴 수 있도록 하는 편의 설치물을 말한다.

교 인구가 18%인 것을 감안할 때 매우 낮은 것으로 평가할 수 있다.

　시설 개선과 함께 장애인교회를 활성화하고, 장애인 부서를 돕는 노력도 필요한데 현재 예장합동장로교회 1만 2,000개소 중 장애인 교회는 20개소, 예장통합은 8,000교회 중 100개소, 감리교회 5,690개소 중 장애인 교회 20개소에 불과한 것으로 나타나 장애인의 신앙생활을 돕기 위한 적극적 노력이 강구되어야 한다는 사실도 알려 준다.

# 3. 정부와 지자체, 민간단체 그리고 교회의 장애인식 개선 발전방향

　장애인에 대한 인식 개선사업은 그 중요성에 비하여 추진이 교육청과 민간단체 중심으로 전개되고 있어, 부가적으로 지자체 및 정부 차원의 지원과 노력이 보다 확대되어야 하고 이와 함께 교회의 장애인에 대한 인식 개선을 위한 노력이 지속되어야 함을 알 수 있다.

## 1) 장애인 인식 개선 및 차별금지 관련 법령의 적절한 시행

　현재 우리나라의 장애인 인식 개선사업은 장애인복지법, 장애인차별금지 및 권리구제 등에 관한 법률, 장애인고용촉진 및 직업재활법에서 그 법적 근거를 가진다. 심신장애자복지법(1981)이 제정되면서부터, 1989년 장애인복지법으로 개정되어 현재 이르고 있는 장애인복지법 제25조(사회적 인식 개선) ①항 '국가와 지방자치단체는 학생, 공무원, 근로자, 그 밖의 일반국민 등을 대상으로 장애인에 대한 인식 개선을 위한 교육 및 공익광고 등 홍보사업을 실시하여야 한다'와 ②항 '국가는 초·중등교육법에 따른 학교에서 사용하는 교과용 도서에 장애인에 대한 인식 개선을 위한 내용이 포함되도록 하여야 한다'를 명시하고 있다.

2007년 4월 제정된 장애인차별금지 및 권리구제 등에 관한 법률도 제6절 가족·가정·복지시설, 건강권 등 32조 ⑥항에 '국가 및 지방자치단체는 장애인에 대한 괴롭힘 등을 근절하기 위한 인식 개선 및 괴롭힘 등 방지 교육을 실시하고 적절한 시책을 강구하여야 한다'고 하였고, 제3장 장애여성 및 장애아동 등 제33조(장애여성에 대한 차별금지) 4절에는 교육기관, 사업장, 복지시설 등의 성폭력 예방교육 책임자는 성폭력 예방교육을 실시함에 있어서 장애여성에 대한 성인식 및 성폭력 예방에 관한 내용을 포함시켜야 하며, 그 내용이 장애여성을 왜곡하여서는 아니된다고 하였으며, 제34조(장애여성에 대한 차별금지를 위한 국가 및 지방자치단체의 의무) ①항에 국가 및 지방자치단체는 장애여성에 대한 차별요인이 제거될 수 있도록 인식 개선 및 지원책 등 정책 및 제도를 마련하는 등 적극적 조치를 강구하여야 한다고 하여 장애인식 개선교육의 중요성을 말하였다. 또한 장애인고용촉진 및 직업재활법(법률 제8817호) 제5조 ③항에 의하면 2008년 1월 1일부터 모든 사업주에게 직장 내 장애인 인식 개선교육 실시의 의무화를 지적하고 있다. 따라서 이상의 법률적 제시를 기초로 정부와 지자체는 법의 운용과 정책 마련에 있어 장애인 인식 개선의 중요성을 기초로 하여야 할 것이다.

## 2) 장애인정책발전계획에 주관부처와 협력 여부 명시한 사업추진 계획 포함

정부는 2008년 8월 수립된 제3차 장애인정책발전 5개년 계획('08~'12)[5]에서 범국민 대상 장애인식 개선사업으로 다음과 같은 4개 사업 ① 시도 교육청 주관의 다양한 '장애인식 개선 예술행사' 개최, ② 대상

---

5. 교육과학기술부, 행정안전부, 문화체육관광부, 보건복지가족부, 노동부, 여성부, 국토해양부, 국가보훈처, 방송 통신위원회, 장애인정책발전 5개년 계획(2008. 8. 6).

별 '장애이해 영상물' 제작 · 보급 및 활용, ③ 대한민국 1교시 · 장애이해 수업 실시, ④ 범국민 장애인식 개선을 위한 '장애이해 UCC 공모전' 개최 추진('09~'12), 그리고 장애인차별금지법 대국민 홍보 및 인식 개선사업으로 법령 내용 홍보를 위한 포스터, 리플릿, 홍보 동영상, 교육자료 및 법령 시행의 성과에 대한 영상물 등 제작 · 배포를 포함하고 있으나 제2차 장애인정책발전 5개년 계획('03~'07)에서 추진했던 ① 캠페인 강화, 장애인 관련 공익광고 등 지속적인 홍보를 통한 일반 국민에 대한 인식 개선, ② 초 · 중 · 고 교과서에 장애 관련 내용의 심화 보충자료 및 장애 이해교육 자료 개발 · 보급 등 학교에서의 인식 개선 노력과 비교할 때 장애인차별금지법 홍보 외에 실현 가능하고 인식 개선에 실질적인 도움을 줄 수 있는 방안이 추가되었다고 보기 어렵고, (교육과학기술부에서 주도할 내용이라 삭제된 것으로 이해되지만) 대학을 포함한 학교에서의 인식 개선 노력 부분이 오히려 빠진 것은 향후 정책 개발 시 재고할 필요가 있다고 여겨진다.

### 3) 보건복지부 장애인정책목표와 추진전략에 장애인식 개선사업 포함

현 정부의 장애인정책목표와 추진전략[6]을 효과적으로 수행하는 데 장애인식 개선이 근간이 되나 구체적인 추진전략 안에 들어와 있지 않고([그림 10-1] 참조) 따라서 보건복지부에서 시행하는 장애인복지시책 사업([부록 1]), 지방이양 사업([부록 2]), 지방자치단체에서 조례에 의거 시행하는 사업([부록 3]), 민간기관에서 자체운영규정에 의하여 실시하는 사업([부록 4])에 들어 있지 않은 것이 현실[7]이다. 우리나라의 사회복

---

6. 보건복지부 장애인정책목표와 추진전략, http://www.mw.go.kr/front/jc/ sjc0112mn.jsp? PAR_MENU_ID=06&MENU_ID=06120102(2010. 11. 6).

7. 보건복지부 장애인복지시책, http://www.mw.go.kr/front/jc/sjc0112mn.jsp?PAR_MENU_ID=06&MENU_ID=0612010305(2010. 11. 6).

지 시행의 특성상 up-down 형태, 즉 관이 주도적으로 법적·제도적 구비, 역점사업 지정 등의 역할을 하면서 민간기관이 사업 활성화를 꾀할 수 있도록 자원 지원을 하는 것이 바람직할 것이다. 따라서 우선적으로 장애인정책의 추진전략과 시책사업, 지방이양사업, 지방자치단체 조례에 의거한 시행사업에 포함하는 노력을 강구하는 것이 효과적인 장애인 인식 개선사업을 추진하는 데 도움을 줄 수 있을 것이다.

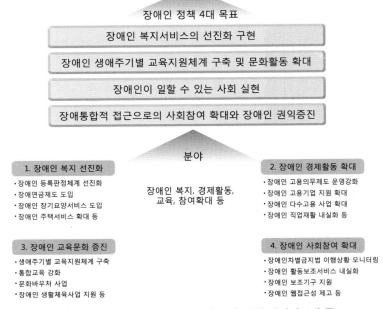

**비전–장애인의 권리에 기반한 참여 확대와 통합사회 구현**

장애인 정책 4대 목표

- 장애인 복지서비스의 선진화 구현
- 장애인 생애주기별 교육지원체계 구축 및 문화활동 확대
- 장애인이 일할 수 있는 사회 실현
- 장애통합적 접근으로의 사회참여 확대와 장애인 권익증진

분야

장애인 복지, 경제활동, 교육, 참여확대 등

**1. 장애인 복지 선진화**
- 장애인 등록판정체계 선진화
- 장애연금제도 도입
- 장애인 장기요양서비스 도입
- 장애인 주택서비스 확대 등

**2. 장애인 경제활동 확대**
- 장애인 고용의무제도 운영강화
- 장애인 고용기업 지원 확대
- 장애인 다수고용 사업 확대
- 장애인 직업재활 내실화 등

**3. 장애인 교육문화 증진**
- 생애주기별 교육지원체계 구축
- 통합교육 강화
- 문화바우처 사업
- 장애인 생활체육사업 지원 등

**4. 장애인 사회참여 확대**
- 장애인차별금지법 이행상황 모니터링
- 장애인 활동보조서비스 내실화
- 장애인 보조기구 지원
- 장애인 웹접근성 제고 등

[그림 10-1] 2010년 보건복지부 장애인 정책 비전과 4대 목표

## 4) 여성가족부 정책에 보육대상 아동을 위한 장애인식 개선사업 포함

여성가족부의 제3차 여성정책 기본계획('08~'12)에 따르면 여성장애자 권익 증진, 장애아동 보육서비스 확충(장애아 출현율을 감안한 장애아동 보육 수혜율은 14.8%)은 계획하고 있으나 장애여성, 보육시설의 장애

아동 인식 개선사업의 내용을 포함하고 있지 않은 형편이다. 인지수준이 발달하는 시점에서 장애인식 개선교육이 효과적임을 감안할 때, 특히 우리나라 어린이집을 위시한 보육시설에서 장애인식 개선교육이 적절하게 이루어져야 함은 필수적이다. 따라서 국·공립, 사립 보육대상 아동을 위한 장애인식 개선사업이 여성정책 기본계획안에 포함되고, 실행되어야 한다.

## 5) 노동부의 인식 개선 교육 프로그램 및 사업 개선

장애인의 고용촉진과 기업 종사자의 인식 개선을 위하여 기업과 관련된 장애인식교육을 계획하고 실행하는 것도 중요하게 다루어질 필요가 있다. 2008년 1월 1일부터 시행되는 사업주 장애인 인식 개선교육 의무화를 명시한 법률에 따라 장애인 고용을 촉진하기 위하여 한국장애인고용촉진공단 고용개발원이 2008년 법률시행 시점인 3월부터 사업주, 인사담당자, 일반인 근로자를 대상으로 사업장을 찾아 매월 체험교육과 장애인 인식 개선교육을 실시하고 있다. 동 프로그램은 프로그램 실시 후 프로그램 전체 만족도와 추천의도를 평가하는 형태로 프로그램 효과를 측정하고 있는데 향후 현재 노동부 고용안정센터 상담원 교육교재인 '함께해요 장애인 고용'에 포함되어 있지 않은 장애인 고용의 장점과 장애 접근성, 장애인을 위한 직원 지원도 프로그램 안에 추가하여 장애인 고용의무 대상기업 전체를 대상으로 실시하는 것이 바람직하다.

## 6) 모든 교원의 통합전문성 강화를 위한 연수과정 이수

유·초·중·고 대상 장애인 인식 개선사업을 위하여 교육과학기술부에서는 2008년 8월 수립된 제3차 특수교육발전 5개년계획('08~'12)[8]

을 발표·진행하고 있다. 제2차 특수교육 발전 종합계획('03~'07) 평가에 따르면 2008년 4월 현재 특수교육대상 학생은 유치원 3,236명, 초등학교 3만 3,974명, 중학교 1만 6,833명, 고등학교 1만 5,686명, 전공과 1,755명으로 총 7만 1,484명이고, 특수교육대상 학생 7만 1,484명 중 67.3%(4만 8,048명)이 통합교육을 받고 있는 것으로 파악(〈표 10-2〉 참조)되었고, 일반학교에서 통합교육을 담당하는 일반교육교원 3만 1,204명 중 15.6%가 통합교육 전문성 향상을 위한 연수를 이수하였으며, 장애학생이 가정, 일반학급 등 어떤 교육환경에 배치되더라도 특수교육지원을 제대로 받을 수 있도록 하기 위해 지역별로 전국 180개 지역교육청에 특수교육지원센터를 설치하였으며, 정규 및 기간제 특수교사·치료교육교사 등 전담인력 540명이 배치되어 있어 ① 특수학급의 확충, 장애인식 개선, 편의시설 설치 등을 통해 통합교육 환경에서의 교육기회를 개선한 측면, ② 특수교육 e-러닝 구축 등 교육방법의 다양화와 교원의 특수교육 전문성 제고를 통해 특수교육의 질이 향상된 측면, ③ 보조원 배치, 특수교육지원센터 운영 등 특수교육 전달 및 지원제체를 강화하였다는 점에서 긍정적 평가를 할 수 있다. 또한 특수학급이 설치되어 있는 초·중·고의 경우 2005년에 이미 96%가 장애인식교육을 실시한 것으로 조사[9]되어 장애인식교육과 관련하여 초중고의 교육실시율은 상당히 높다고 할 수 있다.

그러나 통합교육을 담당하는 일반교육 중 여전히 낮은 수가 통합교육 전문성 향상을 위한 연수를 거친 점은 장애인 인식 개선 실천에 부정적 영향을 미칠 것으로 이해된다. 따라서 모든 교원이 통합교육 전문성 향상을 위한 연수를 이수할 수 있도록 해야 할 것이다.

---

8. 교육과학기술부, 장애인의 자아실현과 사회통합을 위한 제3차 특수교육발전 5개년 계획('08~'12)(2008. 10).
9. 다름네트워크, 초·중·고등학교 장애인식교육 실태조사 결과 발표 및 인권교육 활성화를 위한 토론회. 서울시의회별관 열린의회교실(2005. 9. 14).

## 7) 유치원·대학생을 대상으로 하는 장애인식 개선사업의 확대

정부는 제3차 특수교육발전 5개년계획('08~'12)에서 범국민 대상 주요 장애인식 개선사업으로 장애인식 개선 예술행사, 초·중·고 교과용 도서의 장애이해 관련 내용 확대, 장애이해 방송물 제작 보급 및 활용, 대한민국 1교시 장애이해수업 실시, 범국민 장애인식 개선을 위한 공모전을 계획(〈표 10-2〉 참조)하고 있어 비교적 체계적이고 순차적인 장애인식사업을 진행하는 것으로 평가된다. 특히 2012년까지 인식 개선사업의 효율성을 위하여 현재 활발히 장애인식 개선사업을 전개하고 있는 복지관과의 긴밀한 협조체제 구축을 명시하여 진행하고 있는 것은 적절하고 실현 가능한 인식 개선사업이라고 할 수 있다.

한편 현재 유치원 과정의 특수교육대상 학생이 초·중·고 등 다른 학교급 학생 수에 비해 매우 적은 것을 고려(〈표 10-3〉 참조)하여 현재 초·중·고 중 특수학교와 통합학급을 가장 많이 활발하게 운영하고 있는 초등학교 사례를 기초하여 유치원 과정에서 통합교육을 활성화하는 방안과 장애인식 개선교육 방안을 마련하는 것이 필요해 보인다.

나아가 현재 교육과학기술부 주도로 '대학 장애학생 교육복지 지원 실태조사 및 평가'만 이루어지고 있을 뿐 장애인식 개선을 위한 실제 교육사업이 전혀 이루어지고 있지 않고 있으므로 대학생을 대상으로 하는 장애이해 관련 사업도 추진할 필요가 있을 것으로 여겨진다.

**〈표 10-2〉 특수교육대상학생 현황(2008. 4.)**

(단위: 명)

| 구분 | 특수학교 | 일반학교 | | 계 |
| --- | --- | --- | --- | --- |
| | | 특수학급 | 일반학급 | |
| 유치원 | 976 | 634 | 1,626 | 3,236 |
| 초등학교 | 7,458 | 22,887 | 3,629 | 33,974 |
| 중학교 | 6,346 | 8,379 | 2,108 | 16,833 |
| 고등학교 | 6,865 | 5,957 | 2,864 | 15,686 |
| 전공과 | 1,755 | ― | ― | 1,755 |
| 계 | 23,400 | 37,857 | 10,227 | 71,484 |

출처: 교육과학기술부(2008: 5).

**〈표 10-3〉 제3차 특수교육발전 5개년 계획('08~'12)상 범국민 대상 장애인식 개선사업**

| | '08 | '09 | '10 | '11 | '12 |
| --- | --- | --- | --- | --- | --- |
| • '장애인식 개선 예술행사' 개최 | | | | | |
| ―전국 16개 시·도 교육청 모두 참여할 수 있도록 행사 추진 | ■ | | | | |
| • 초·중·고 교과용 도서의 장애 이해 관련 내용 확대 | | | | | |
| ―초·중·고 교과용 도서 개발과정에서 장애 이해 관련 내용 포함 권장 | ■ | | | | |
| ―초·중·고 교과용 도서 장애 이해 관련 내용 분석 | | ■ | | | |
| ―초·중·고 교과용 도서 장애 이해 관련 내용 보완 자료 마련 | | | ■ | | |
| • '장애 이해 방송물' 제작·보급 및 활용 | | | | | |
| ―중·고등학생용 장애 이해 애니메이션(또는 드라마) 개발 | ■ | | | | |
| ―유치원 아동용 장애 이해 애니메이션(또는 드라마) 개발 | | ■ | | | |
| ―성인용 장애 이해 애니메이션(또는 드라마) 개발 | | | ■ | | |
| ―장애인식 개선을 위한 '장애에 대한 의학적·교육적 이해를 돕는 TV 다큐멘터리' 제작 | | | | ■ | |

〈계속〉

| | | | | |
|---|---|---|---|---|
| ―장애인식 개선을 위한 '장애인의 사회적 자립과 성<br> 공 TV 다큐멘터리' 제작 | | | | |
| ―개발된 애니메이션의 활용 극대화 | | | | |
| • 대한민국 1교시 장애 이해 수업 실시 | | | | |
| ―매년 4월 20일 장애인 주간에 정기적으로 행사 개최 | | | | |
| • 범국민 장애인식 개선을 위한 공모전 개최 | | | | |
| ―장애인식 개선을 위한 '장애 이해 UCC 공모전' 개최 | | | | |

출처: 교육과학기술부(2008: 60).

## 8) 장애인식 개선사업의 일원화된 창구 마련

　장애인식 개선사업은 현재 지자체의 관심 정도와 재정적 능력, 교육
청·보건소·지역사회복지관·사회복지법인·사회복지단체·NGO
(NPO)의 기관 목적과 특성에 따라 매우 다양한 수준에서 각기 운영(특
히 교육내용에 있어 가장 중요하게 다루어져야 하는 장애인차별금지법 관련
교육이 미흡한 측면)되고 있는 것으로 파악된다(〈표 10-4〉 참조). 소관부
처도 보건복지부, 교육과학기술부, 노동부, 여성가족부로 서로 분리되
어 사업이 진행되고 있는 상황이다. 각 기관의 특성을 고려하여 자체적
으로 인식 개선사업을 진행하는 것도 의미가 있을 수 있으나 인식개선
사업을 전담하는 정부 책임 전담기구를 설립하는 것을 고려할 수 있을 것
이다. 호주의 인권 및 기회균등위원회(Human Right and Equal Opportunity
Commission)처럼 보건복지부 소속 '장애인식 개선교육위원회'를 구성하
되 정부, 전문가, 관련 사회복지단체 등 이해관계 당사자를 최대한 포
함하여, 인식 개선교육 매뉴얼 제작·교육 실행 방안 계획, 인식 개선
모니터링 업무, 재정 지원 등 인식 개선에 관한 전반적인 사업을 총괄하
고 관련 정부부처와 조율 및 협력관계 업무를 진행한다면 인식개선사
업의 효율성과 효과성을 보다 기대하기 용이할 것으로 보인다.

〈표 10-4〉 장애인식 개선사업 현황[10]

| | 사업주체 | 대상 | 교육방법 | 교육내용 | 재정 지원 | 비고 |
|---|---|---|---|---|---|---|
| 지자체 | 서울시 2010 년 장애인인 식 개선지원 사업 | 사회복지법인 민간단체 대학 | 사회저명인사 · 연예 인 · 스포츠스타 등과 연계된 사업, 장애인 예술활동 통합 프로그 램을 통한 인식 개선사 업, 일반인 대상 이해 증진 프로그램, 장애인 재활 및 사회 참여를 통한 인식 개선사업, 장애인 인식을 개선할 수 있는 다양하고 참 신한 사업 | 장애인식 개선 | 80개 신청사 업 중 25개사 업에 6억 원 지원 | |
| 사회 복지 법인 · 단체 · NGO (NPO) | (재)한국장 애인복지진 흥회 | 지방자치단체 공무원 | 선택전문교육훈련과 정으로 편성 운영, 교 육훈련실시 결과를 인 사관리에 반영 | 편의증진 인식 개선 교육 | 지자체 | 공무원교 육훈련법 제14조, 제 16조의 규 정 적용 |
| | (사)한국장 애인고용안 전협회 | 전국 지역 중 고등학교 | 장애인식 개선 홍보포 스터 학교게시판 부착 학교 장애인식 개선 교 육 장애인식 개선 교육 평가회 | 장애유형 별 특성 | 자체 | 찾아가는 교육 회당 200명 |
| | (사)경기장애 인인권포럼 | 경기도 내 공 무원 | 교재와 동영상 및 장 애인권 강사 | 장애인식 개 선 및 인권교육 | 경기도 사회 단체보조금 지원 | 찾아가는 교육 |
| | 사회복지법 인승가원 | 중 · 고등학교 학생 | PPT 및 영화 | 장애유형 | 자체 | 초청 |
| | 한국장애인 부모회 | 전국 비장애 학생학교 초중고생 | 장애인 부모 강사 파견 | 인식 개선 교육 | 한국장애인 재단 | 찾아가는 교육 |

〈계속〉

10. 인터넷 검색을 통해 취합한 최근 자료를 분석한 것으로 전국에서 이루어지고 있 는 모든 사업을 담고 있지 않으며 분류된 일부 자료를 포함하여 사업운영형태를 소개하고자 한 것이다.

| | | | | | | |
|---|---|---|---|---|---|---|
| 사회<br>복지<br>법인<br>· 단체<br>· NGO<br>(NPO) | 아산시장애<br>인복지관 | 온양온천역전<br>캠페인 | 복지관 이용 장애인 20<br>여 명이 자원봉사자로<br>참여해 직접 만든 리<br>본공예, 핸드폰 고리,<br>수제비누 등 다양한 작<br>품 전시<br>장애인식 개선 홍보물<br>전시 | 장애인식<br>개선 | 자체 | 캠페인 |
| | 서울시 북부<br>장애인종합<br>복지관 | 장애인, 일반<br>인 통합<br>프로그램 | 레크리에이션, 짝꿍에<br>게 편지쓰기, 사진액자<br>만들기 | 장애인식<br>개선 | 자체 | 통합 프로<br>그램 |
| | 경기재활협회 | 아주대학교 대<br>학생 | 장애인과 함께하는 어<br>울림 세상이라는 주제<br>강연, 휠체어, 클러치,<br>구필화, 낱말퀴즈, 흰<br>지팡이 등의 장애체험 | 장애인식<br>개선 | 자체 | 찾아가는<br>교육<br>캠퍼스방문 |
| | 장애인먼저 실<br>천 운동본부,<br>소년한국일보,<br>삼성화재 | 전국초중등<br>학생 | 백일장 | 장애인식<br>개선 | 교육과학기<br>술부, 보건복<br>지가족부,<br>KBS, CBS, 사<br>회복지공동<br>모금회 | |
| 보건소 | 울산 동구 보<br>건소 | 방어진중학교<br>축제 | 장애인식 개선 홍보관<br>운영<br>OX 퀴즈 프로그램 실시 | 장애체험<br>및 장애인<br>식 개선 | 자체 | 찾아가는<br>교육 |
| | 경북성주 보<br>건소 | 초전고등학교<br>장애예방 및<br>인식 개선을<br>위한 시범학<br>교로 지정 | 인형극, 장애체험 | 장애체험<br>및 장애인<br>식 개선 | 자체 | 찾아가는<br>교육 |
| 교육청 | 인천광역시<br>교육청 | 예술행사를<br>개최할 수 있<br>는 장애인 관<br>련 단체 | 각종 콘서트, 공연, 연<br>극행사, 미술행사, 등<br>다양한 예술행사 | 장애인식<br>개선 | 교육과학기<br>술부에서 특<br>별교부금 2억<br>원 지원 | |
| | 경북상주 교<br>육지원청[11] | 콘서트 | 시각장애인 실내 관현<br>악단 '하트 시각장애<br>인 체임버 오케스트라' | 장애인에<br>대한 편견<br>해소 및<br>장애인식<br>개선 | 자체 | 찾아가는<br>교육 |

---

11. 사회복지공동모금회 연간보고서, 2007, p. 43.

## 9) 사회복지공동모금회 장애인식 개선사업 배분 증액

사회복지 관련 단체의 장애인식 개선사업 운영을 위해 중요한 재정적 자원은 사회복지공동모금회의 지원으로 이해된다. 장애인 분야의 2007년 공동모금회 전체 배분액이 285억 원 정도였는데 그 가운데 인식 개선 및 예방 관련 사업 예산이 17억 3,000만 원에 불과(〈표 10-5〉 참조)한 것은 전국 사회복지 관련 기관들이 수행하는 인식 개선사업을 강화하는 데 상당부분 미흡한 것으로 평가될 수 있다. 장애인식 개선 관련 사업을 일선에서 주로 담당하고 있는 사회복지 관련 기관들이 장애인식 개선사업을 수행하기에 용이하도록 관련 예산의 배분액을 증대시키는 것이 필요하다.

〈표 10-5〉 사회복지공동모금회 2007년 장애인 분야 배분액

| | 지원금액<br>(천만 원) | 지원금액<br>비율(%) | 지원 건수(건수) | 기관수(개소) |
|---|---|---|---|---|
| 생계 | 620 | 21.73 | 31,437 | 1,839 |
| 주거 | 255 | 8.95 | 1,224 | 643 |
| 교육 | 485 | 17.00 | 525 | 157 |
| 의료/건강 | 174 | 6.09 | 700 | 94 |
| 학대/폭력 | 7 | 0.24 | 2 | 2 |
| 보호 | 217 | 7.62 | 293 | 293 |
| 심리정서 | 60 | 2.12 | 75 | 74 |
| 여가/문화 | 353 | 12.39 | 427 | 366 |
| 인식 개선/예방 | 173 | 6.05 | 73 | 73 |
| 자활 | 227 | 7.98 | 152 | 108 |
| 조사연구 | 11 | 0.38 | 87 | 87 |
| 지역사회 개발 | 49 | 1.72 | 94 | 94 |
| 기타 | 221 | 7.74 | 966 | 68 |
| 합계 | 2,852 | 100.00 | 36,055 | 3,898 |

출처: 사회복지공동모금회(2007).

## 10) 지역교회의 장애인 차별 인식 개선을 위한 노력

교회는 장애인이나 일반인이나 차별 없이 사랑하시는 그리스도의 사랑에 기초하여 믿음의 삶을 살고, 그러한 사랑을 증거하기 위하여 존재한다. 따라서 존재할 수 있는 교회 안과 밖의 장애인에 대한 차별적 인식을 개선하고, 실제 교회시설 개선과 프로그램 개발을 통하여 장애인이 자유롭게 교회를 찾을 수 있도록 시설과 프로그램의 개발이 필요하다. 즉 예배시간과 각종 교육 프로그램에서 장애인에 대한 차별적 용어를 고치고 오히려 장애인을 향한 그리스도의 사랑과 관심을 가르치며 장애인을 위한 봉사와 이웃 사랑을 실천할 것을 제시하여 장애인에 대한 교회의 책임과 의무를 다해야 할 것이다. 또한 휠체어를 탄 장애인이나 시각장애인이 시설 사용을 용이하게 하도록 노력을 기울이고, 장애부서를 활성화하는 방안을 찾으며 이웃에 있는 장애인교회가 활동하는데 도움을 주는 재정적·인적 자원교류를 시도하는 것도 한 방법이다.

지역교회들이 연합하여 장애인 인식 개선교육 프로그램을 만들고, 차별의식 개선을 위한 자원봉사 프로그램을 공동으로 마련하여 장애인과 일반인이 함께하는 시간을 가질 수 있다면 일반인의 장애인에 대한 거리감을 줄이고 더 깊이 이해할 수 있는 장이 될 것이다.

장애발생 원인을 개선하고 장애인의 다양한 복지수요 및 욕구를 대응하며, 양질의 교육 및 훈련기회를 가져 고용기회를 극대화하고, 대등한 시민으로 삶을 누릴 수 있도록 사회보장제도와 실시를 강화하는 것은 정부와 지자체의 기본적인 업무일 것이다. 그러나 장애인을 위한 법과 제도가 정착할 수 있도록 돕고, 장애인에 대한 차별 인식을 개선하여 장애인이 사회에서 차별 없는 삶의 질을 유지할 수 있도록 하고 특별히 교회가 줄 수 있는 그리스도의 사랑을 차별 없는 신앙용어와 편의시설 유지를 통하여 장애인의 고통을 경감하는 데 기여할 수 있도록 해야 한다.

**부록 1** 2010년 보건복지부에서 시행하는 사업

| 주요사업 명 | 지원대상 | 지원내용 | 비고 |
|---|---|---|---|
| 1. 장애수당 지급 | 국민기초생활보장법에 의한 수급자 및 차상위계층(120% 이하)의 18세 이상 등록 장애인(보장시설 장애인은 연령에 상관없이 장애수당만 지급)<br>• 중증장애인: 장애등급이 1, 2급인 자(다른 장애가 중복된 3급 지적장애인 및 자폐성장애인 포함)<br>• 경증장애인: 장애등급이 3~6급인 자<br>※ 특례수급 장애인이 차상위계층에 해당시 차상위 장애수당 지급 | • 기초중증: 1인당 월 13만 원<br>• 차상위중증: 1인당 월 12만 원<br>• 기초 및 차상위 경증: 1인당 월 3만 원<br>• 보장시설 장애인<br> ―기초 및 차상위 중증: 1인당 월 7만 원<br> ―기초 및 차상위 경증: 1인당 월 2만 원 | 읍·면·동에 신청 |
| 2. 장애아동 수당 지급 | 국민기초생활보장법에 의한 수급자 및 차상위계층(120% 이하)의 18세 미만 재가 장애아동<br>• 중증장애인: 장애등급이 1, 2급인 자(다른 장애가 중복된 3급 지적장애인 및 자폐성장애인 포함)<br>• 경증장애인: 장애등급이 3~6급인 자<br>※ 특례수급자 중 장애아동보호자(보호자가 없는 경우 장애아동 당사자)가 차상위계층에 해당시 차상위 장애아동수당 지급 | • 기초중증: 1인당 월 20만 원<br>• 차상위중증: 1인당 월 15만 원<br>• 기초 및 차상위 경증: 1인당 월 10만 원 | 읍·면·동에 신청 |
| 3. 장애인 자녀 교육비 지원 | 소득인정액이 일정 금액 이하인 가구의 1~3급 장애인인 중학생·고등학생 및 1~3급 장애인의 중학생·고등학생 자녀<br>※ 소득인정액 기준(가구원/월)<br>• 1인: 638,099원 이하<br>• 2인: 1,086,492원 이하<br>• 3인: 1,405,542원 이하<br>• 4인: 1,724,592원 이하<br>• 5인: 2,043,640원 이하<br>• 6인: 2,362,690원 이하<br>※ 7인 이상 가구는 1인 증가 시마다 319,050원씩 증가 | • 고등학생의 입학금 및 수업료 전액<br>• 고등학생의 교과서대 10만 9천 원(연 1회)<br>• 중학생의 부교재비 3만 3천 원(연 1회)<br>• 중학생, 고등학생의 학용품비 4만 5천 원(학기당, 연 2회) | 읍·면·동에 신청 |

〈계속〉

| | | | |
|---|---|---|---|
| 4. 장애인 자립 자금 대여 | 저소득 가구의 장애인가구주 또는 가구주의 배우자인 장애인<br>※ 국민기초생활보장법상의 수급자 및 차상위계층은 생업자금을 대여하므로 자립자금대여 대상에서 제외 | • 대여한도: 가구당 2,000만 원 이내<br>• 대여이자: 3%(고정금리)<br>• 상환방법: 5년 거치 5년 분할 상환 | 읍·면·동에 신청 |
| 5. 장애인 의료비 지원 | 의료급여법에 의한 의료급여 2종 수급권자인 장애인 | • 1차 의료급여기관 진료<br>  −본인부담금 1,000원 중 750원 지원(의약분업 적용)<br>  −본인부담금 1,500원 중 750원 지원(의약분업 예외)<br>• 2차, 3차 의료급여기관 및 국·공립결핵병원 진료<br>  −의료급여수가 적용 본인부담진료비 15%(암, 심장 및 뇌혈관 질환은 본인부담진료비 10%) 전액을 지원하되 본인부담금 식대 20%는 지원하지 않음<br>• 의료급여 적용 보장구 구입시 상한액 범위 내에서 본인부담금(15%) 전액 | 의료급여증과 장애인등록증을 제시 |
| 6. 장애인 등록진단비 지급 | 국민기초생활보장법상의 수급자로서 신규 등록 장애인 및 직권에 의한 등급 재조정 대상 장애인 | 진단서 발급 비용 지원<br>• 지적장애 및 자폐성장애: 4만 원<br>• 기타 일반장애: 1만 5천 원<br>※ 장애판정을 위한 검사비용은 본인 부담 | 시·군·구에서 의료기관에 직접 지급 |
| 7. 장애인 재활 보조기구 무료 교부 | 국민기초생활보장법상의 수급자 및 차상위계층으로서 등록 장애인중 교부품목자 | • 욕창방지용 매트: 1∼2급 지체·뇌병변·심장장애인<br>• 음향신호기의 리모콘과 음성탁상시계: 시각장애인<br>• 휴대용 무선신호기와 진동시계: 청각장애인<br>• 자세보조용구, 워커, 식사보조기구와 기립보조기구: 뇌병변장애인, 근육병 등 지체장애인 1, 2급 | 읍·면·동에 신청 |

〈계속〉

| | | | | |
|---|---|---|---|---|
| 8. 건강보험 지역 가입자 의 보험료 경감 | 자동차분 건강 보험료 전액 면제 | 장애인복지법 규정에 의해 등록한 장애인 소유 자동차<br>• 지방세법에 의하여 장애인을 위하여 사용하는 자동차로서 지자체가 자동차세를 면제하는 자동차 | 건강보험료 책정시 자동차분 건강보험료 전액 면제 | 국민건강보험공단지사에 확인 |
| | 생활수준 및 경제활동 참가율 등급별 점수 산정시 특례 적용 | 등록장애인 | 건강보험료 책정시 지역가입자의 연령·성별에 상관없이 기본구간(1구간)을 적용하고, 자동차분건강보험료를 면제받는 장애인용자동차에 대하여 모두 기본구간(1구간)을 적용하여 보험료를 낮게 책정 | 국민건강보험공단지사에 신청 |
| | 산출 보험료 경감 | 지역가입자 중 등록장애인이 있는 세대로 소득이 360만 원 이하이고, 동시에 과표 재산이 1억 3천만 원 이하이어야 함 | • 장애등급 1~2급인 경우: 30% 감면<br>• 장애등급이 3~4급인 경우: 20% 감면<br>• 장애등급 5~6급인 경우: 10% 감면 | 국민건강보험공단지사에 신청 |
| 9. 장애인 생산품 판매 시설(공판장) 운영 | | 장애인직업재활시설 등에서 물품을 생산하는 장애인 | • 장애인들이 생산한 물품의 판로 확보로 장애인 취업 확대 및 소득 보장<br>• 설치지역: 시·도당 1개소(16개 지역) | 인근 장애인 생산품 판매 시설에 의뢰 문의: 장애인복지시설협회 02-718-9363 |
| 10. 장애인 직업재활 기금사업 수행기관 운영 | | | 장애인이 취업을 통하여 안정된 생활을 할 수 있도록 직업상담, 직업평가, 직업적응훈련, 취업알선, 지원고용, 취업 후 지도 등 취업과 관련된 종합적인 서비스 제공 | 사업 수행기관(장애인복지관, 장애인단체, 직업재활시설 등) 내방, 전화 등으로 이용 신청 |

〈계속〉

| | | | |
|---|---|---|---|
| 11. 보장구 건강보험 급여(의료급여) 실시 | 등록장애인 보장구급여비지급청구서 제출 시 첨부서류<br>1. 의사발행 보장구 처방전 및 보장구 검수확인서 각 1부<br>2. 요양기관 또는 보장구 제작·판매자 발행 영수증 1부<br>※ 지팡이·목발·휠체어(2회 이상 신청 시) 및 흰지팡이의 경우는 위 1호 서류 첨부생략<br>• 보장구급여비지급청구서 제출기관<br>1. 건강보험: 공단<br>2. 의료급여: 시·군·구청 | 건강보험대상자: 적용대상 품목의 기준액 범위 내에서 구입비용의 80%를 공단에서 부담<br>－의료급여수급권자: 적용 대상품목의 기준액 범위 내에서 전부(1종) 또는 85%(2종)를 기금에서 부담<br>[적용대상 보장구 및 기준액] | 신청기관<br>• 건강보험: 공단<br>• 의료급여: 시·군·구청 |
| 12. 장애인 자동차 표지 발급 | • 장애인 또는 장애인과 세대별 주민등록표상 같이 기재되어 있는 배우자 직계존·비속, 직계비속의 배우자, 형제, 자매명의로 등록하여 장애인이 주로 사용하는 자동차 1대<br>• 국내거소신고를 한 재외동포와 외국인 등록을 한 외국인으로서 보행장애가 있는 사람 명의로 등록한 자동차 1대<br>• 장애인복지시설 및 단체 명의의 자동차<br>• 장애인 본인 또는 장애인과 세대별 주민등록표상 같이 기재되어 있는 직계 존·비속이나 배우자, 형제자매, 직계비속의 배우자 명의로 계약한 자동차대여사업자 또는 시설대여업자로부터 1년이상 임대한 계약자 명의 자동차 1대<br>• 노인의료복지시설 명의의 자동차 | 장애인전용주차구역 이용(일부에 한함), 10부제 적용 제외 지방자치단체별 조례에 의거 공영주차장 주차요금 감면 등<br>※ 장애인의 보행상 장애 여부에 따라 장애인전용주차구역을 이용할 수 있는 표지가 발급되며, 장애인이 탑승한 경우에만 표지의 효력을 인정 | 읍·면·동에 신청 |

〈계속〉

| 13. 장애인 결연 사업 | 시설 입소 장애인 및 재가 저소득장애인 | 결연을 통하여 장애인에게 후원금품 지원, 자원봉사활동, 취업 알선<br>※ 신청기관<br>• 시설생활장애인: 한국장애인복지시설협회(T. 718-9363~4)<br>• 재가장애인: 한국복지재단(T. 777-9121~4) | — |
| --- | --- | --- | --- |
| 14. 장애인용 LPG연료 세금인상액 지원 | 복지(구입)카드 또는 보호자카드로 수송용 LPG를 이용하는 장애인용 LPG 승용차 소지자 | • 지원대상: 1급 및 2급 중 기초생활수급자와 차상위계층(2010. 6. 31까지 지원)<br>• 지원금액: 월 250리터 한도(리터당 220원 지원) | 읍·면·동에 신청 |
| 15. 농어촌 재가 장애인 주택 개조사업 | 기초생활보장수급자 및 차상위계층 중 등록장애인으로 자가소유자 및 임대주택 거주자 | 가구당 380만 원(1,000가구 지원) | 읍·면·동에 신청 |
| 16. 실비장애인생활시설입소이용료 지원 | • 아래의 소득조건을 만족하여 실비장애인생활시설에 입소한 장애인<br>• 소득조건<br>－등록 장애인이 속한 가구의 가구원 수로 나눈 월 평균소득액이 통계청장이 통계법시행령 제3조의 규정에 의하여 고시하는 '07년도의 도시근로자가구 월평균 소득을 평균가구원 수로 나누어 얻은 1인당 월 평균소득액 이하인 가구의 등록장애인 | 실비장애인생활시설 입소 시 입소비용 중 매월 27만 원 지원 | 국고에서 시·도로 지원하며, 시·군·구에서 해당시설에 지원 |

**부록 2** 2010년 보건복지부 지방이양 장애인복지시책 사업

| 주요사업 명 | 지원대상 | 지원내용 | 비고 |
|---|---|---|---|
| 1. 청각장애 아동 인공달팽이관 수술비 지원 | 인공달팽이관 수술로 청력 회복이 가능한 저소득 청각장애 아동 | 인공달팽이관 수술비 지원 | 읍·면·동사무소에 신청 |
| 2. 장애인생활 시설 운영 | 등록장애인<br>－국민기초생활보장 법상의 수급자 우선 입소 | 생활시설 입소 보호, 의식주 제공<br>－재활서비스 제공(사회심리 재활, 교육재활, 직업재활, 의료재활) | 시·군·구에 신청 |
| 3. 장애인복지 시설치과 유니트 지원 | 치과치료 기본장비가 필요한 장애인 복지시설 | 통원치료가 곤란한 시설 입소 장애인에 대해 치과치료 기본장비인 유니트 설치 지원 | － |
| 4. 장애인 직업 재활 시설운영 | 등록장애인 | 일반사업장 취업이 어려운 저소득 중증장애인에게 자신의 능력과 적성에 맞는 직업생활을 할 수 있도록 보호고용 실시 | 시·군·구에 상담 |
| 5. 재활병·의원 운영 | 등록장애인 | • 지원 내용<br>－장애의 진단 및 치료<br>－보장구 제작 및 수리<br>－장애인 심리검사 및 평가<br>• 국민기초생활보장법상의 수급자는 무료, 그외의 자는 실비 부담 | 의료급여증과 장애인 등록증(복지카드) 제시 |
| 6. 장애인 심부름센터 운영 | 등록장애인 | • 사업 내용<br>－민원업무 대행, 직장 출·퇴근, 장보기, 이사짐 운반, 가사 돕기, 취업안내 등<br>• 이용요금: 실비<br>• 사업 주체: 한국시각장애인연합회 | 해당지역 장애인심부름센터에 필요한 서비스를 요청 문의: 한국시각장애인연합회 (02-950-0114) |

〈계속〉

| 7. 수화통역센터 운영 | 청각 · 언어장애인 | • 출장수화통역<br>－관공서 · 법률 관련 기관 방문, 의료기관 진료 등의 경우에 수화통역 필요 시 출장통역 실시<br>• 일반인에 대한 수화교육<br>• 청각 · 언어장애인에 대한 고충 상담 | 해당지역 수화통역센터에 필요한 서비스를 요청<br>문의: 한국농아인협회 (02-871-4857) |
|---|---|---|---|
| 8. 장애인복지관 운영 | 등록장애인 및 가족 | 장애인에 대한 상담, 의료재활, 직업재활, 사회생활 적응지도, 사회교육 및 계몽사업 등 | 해당지역 복지관 내방 및 전화 등으로 이용 신청 |
| 9. 장애인공동 생활가정 운영 | 등록장애인 | 가정과 같은 주거환경에 거주하면서 독립적인 생활에 필요한 재활서비스 지원 | 해당지역 공동생활가정에 이용 신청 |
| 10. 주간 · 단기 보호시설 운영 | 등록장애인 | 재가장애인 낮동안 보호 또는 장애인보호자가 출장, 여행 등의 경우 일시적으로 보호 | 해당지역 복지관, 주간 · 단기보호시설 등을 내방 이용 |
| 11. 장애인체육 시설운영 | 등록장애인 등 | 장애인의 체력증진 및 신체기능 회복활동 지원<br>－국민기초생활보장법상의 수급자는 무료, 그 외의 자는 시설별 산정이용료 부담 | 해당지역 장애인체육시설 등으로 이용신청 |
| 12. 장애인 재활 지원센터 운영 | 등록장애인 및 가족 | 장애인에게 재활정보 제공으로 사회참여 확대 및 복지 증진<br>• 사업주체: 한국장애인재활협회 (13개 시 · 도협회)<br>• 사업내용<br>－정부사업, 서비스 등 재활 전문 데이터베이스 운영<br>－온라인 상담 및 정보 제공 등 재활 지원<br>－장애인복지정책 개발을 위한 조사 · 연구 | 인터넷서비스<br>－www.freeget.net<br>• ARS서비스 및 복지사업 상담(02-835-6456) |

〈계속〉

| 13. 장애인 재가복<br>지 봉사센터<br>운영 | 등록장애인 | 장애인복지관에 재가복지봉사센터<br>를 부설하여 운영<br>－재가장애인을 방문, 상담, 의료 ·<br>　교육재활, 직업재활 등의 서비스<br>　제공 | 해당 복지관에 이용 신청 |
|---|---|---|---|
| 14. 지적장애인 자<br>립지원 센터<br>운영 | 등록 지적장애장<br>애인과 가족 | 지적장애인에 대한 상담 지원<br>• 지적장애인의 사회활동 수행 보<br>　호를 위한 도우미 서비스 제공<br>• 지적장애인 자립 지원 프로그램<br>　개발 · 보급등 | 문의:(사)한국지적장애인<br>애호협회(02－5923~4) |
| 15. 장애인특별 운<br>송사업 운영 | 이동에 장애를 가<br>진자(보호자 포함) | 리프트가 장착된 특장차 운영<br>－셔틀 및 콜 운행 병용 | 시 · 도지사 운영 |
| 16. 편의시설 설치<br>시민 촉진단<br>운영 | 시 · 도지사가 선<br>정한 장애인단체 | 주요 업무기능 편의시설 설치 홍보<br>및 안내<br>• 편의시설 실태조사 지원<br>• 시설주관기관에 의견 제시 등 | － |
| 17. 지체장애인 편<br>의시설 지원센<br>터 운영 | 한국지체장애인협<br>회 16개 시 · 도협회 | 주요 업무기능: 편의시설 설치 관<br>련 자문 · 기술적 지원<br>－기술 및 매뉴얼 개발 등 | － |
| 18. 여성장애인 가<br>사도우미 파견<br>사업 | 저소득 가정의 등<br>록 여성장애인 | 여성장애인의 임신 · 출산 · 육아 및<br>가사활동 지원을 위한 가사도우미<br>파견<br>－산후조리, 자녀양육, 가사활동<br>　지원 | 해당지역 시 · 도립 장애<br>인 복지관에 신청 |

**부록 3** 2010년 보건복지부 지방자치단체에서 조례에 의거 · 시행하는 장애인복지시책사업

| 주요사업 명 | 지원대상 | 지원내용 | 비고 |
|---|---|---|---|
| 1. 장애인용 차량에 대한 등록세 · 취득세 · 자동차세 면제 | 차량 명의를 1~3급(시각은 4급 포함)의 장애인 본인이나 그 배우자 또는 주민등록표상 장애인과 함께 거주하는 직계존 · 비속, 직계비속의 배우자, 형제, 자매 중 1인과 공동명의－배기량 2000cc 이하 승용차－승차정원 7인승 이상 10인승 이하인 승용자동차, 승차정원 15인승 이하 승합차, 적재정량 1톤 이하인 화물차, 이륜자동차 중 1대 | 등록세 · 취득세 · 자동차세 면세 | 시 · 군 · 구청 (세무과)에 신청 |
| 2. 차량 구입 시 지역개발공채 구입 면제 | 지방자치단체별 조례에서 규정하는 장애인용 차량 ※ 도 지역에 해당 | 지방자치단체별 조례에 의거 장애인 차량에 대한 지역개발공채 구입의무 면제 | 시 · 군 · 구청 차량 등록기관에 신청(자동차판매 영업사원에 문의) |
| 3. 고궁, 농원, 국 · 공립박물관 및 미술관, 국 · 공립공원, 국 · 공립공연장, 공공체육시설 요금 감면 | 등록장애인 및 1~3급 장애인과 동행하는 보호자 1인－국공립 공연장 중 대관공연은 할인에서 제외 | 입장요금 무료 ※ 국 · 공립 공연장(대관공연 제외) 및 공공체육시설 요금은 50% 할인 | 장애인등록증 (복지카드) 제시 |
| 4. 공영주차장 주차 요금 감면 | 등록장애인 장애인 자가 운전 차량 장애인이 승차한 차 | 지방자치단체의 조례에 의거 할인 혜택 부여 ※ 대부분 50% 할인혜택이 부여되나 각 자치단체별로 상이 | 장애인등록증 (복지카드) 제시 |

**부록 4** 2010년 보건복지부 민간기관에서 자체운영 규정에 의하여 실시하는 장애인복지시책사업

| 주요사업명 | 지원대상 | 지원내용 | 비고 |
|---|---|---|---|
| 1. 철도·도시철도 요금 감면 | 등록장애인 | • 등록장애인 중 중증장애인(1~3급)과 동행하는 보호자 1인 KTX, 새마을호, 무궁화, 통근열차: 50% 할인<br>• 등록장애인 중 4~6급<br>－KTX, 새마을호: 30% 할인(토·일 공휴일을 제외한 주중에 한함)<br>－무궁화, 통근열차: 50% 할인<br>도시철도(지하철, 전철): 100% | 장애인등록증(복지카드) 제시 |
| 2. 전화요금 할인 | 장애인 명의의 전화 1대, 장애인단체, 복지시설 및 특수학교 전화 2대(청각·언어장애인 시설 및 학교는 FAX 전용전화 1대 추가 가능) | • 시내통화료 50% 할인<br>• 시외통화는 월 3만 원의 사용한도 내에서 50% 할인<br>• 이동전화요금: 월 1만 원의 사용한도 이내에서 30% 할인<br>• 114 안내요금 면제 | 관할 전신전화국에 신청 |
| 3. 시·청각장애인 TV 수신료 면제 | 시각·청각 장애인이 있는 가정<br>사회복지시설에 입소한 장애인을 위하여 설치한 텔레비전 수상기 | TV수신료 전액 면제<br>※ 시·청각 장애인 가정의 수신료 면제는 주거 전용의 주택 안에 설치된 수상기에 한함 | KBS 사업소 또는 관할한 전지점에 신청 |
| 4. 공동주택 특별 분양 알선 | 등록장애인인 무주택 세대주(지적장애 또는 정신 및 제3급 이상의 뇌병변 장애인의 경우 그 배우자 포함) | 청약저축에 상관없이 전용면적 85m² 이하의 공공분양 및 공공임대주택 분양 알선 | 시·도에 문의 및 읍·면·동에 신청 |
| 5. 무료 법률 구조제도 실시 | 등록장애인－법률구조공단에서 심의하여 무료법률구조를 결정한 사건에 한함 | • 소송 시 법원에 소요되는 일체의 비용(인지대, 송달료, 변호사 비용 등)을 무료로 법률구조서비스 제공<br>• 무료법률상담<br>• 무료민사·가사사건 소송 대리(승소가액이 2억 원 초과 시 실비 상환)<br>• 무료 형사보호(단, 보석보증금 또는 보석보증보험수수료 본인 부담) | 대한법률구조공단 관할지부에 유선 또는 방문상담무료전화 132 http://www.klac.or.kr |
| 6. 항공요금 할인 | 등록장애인 | 대한항공(1~4급), 아시아나항공 국내선 요금 50% 할인(1~3급) | 장애인등록증(복지카드) 제시 |

〈계속〉

| 7. 연안여객선 여객운임 할인 | 등록장애인 | • 연안여객선 여객운임 50% 할인(1~3급 장애인 및 1급 장애인 보호자 1인)<br>• 연안여객선 여객운임 20% 할인(4~6급 장애인) | 장애인등록증 (복지카드) 제시 |
|---|---|---|---|
| 8. 이동통신 요금 할인 | 등록장애인, 장애인단체<br>※ 모든 이동통신 사업자 중 개인은 1회선, 단체는 2회선에 한함 | • 이동전화<br>－신규가입비 면제<br>－기본요금 및 국내통화 35% 할인<br>• 무선호출기<br>－기본요금 30% 할인 | 해당 회사에 신청<br>※ 전 이동통신회사 모든 이동통신회사 |
| 9. 초고속 인터넷 요금할인 | 등록장애인 | 기본정보이용료 30~40% 할인<br>－PC 통신 사업자에 따라 할인대상요금과 할인율이 상이 | 해당 회사에 신청 |
| 10. 고속도로 통행료 50% 할인 | 장애인 또는 장애인과 함께 거주하는 배우자·직계존속·직계비속·직계비속의 배우자·형제·자매 명의로 등록한 보철용의 아래 차량 중 1대(장애인자동차표지 부착)에 승차한 등록장애인<br>배기량 2,000cc 이하의 승용자동차<br>승차정원 7~10인승 승용자동차<br>승차정원 12인승 이하 승합차<br>적재정량 1톤 이하 화물차<br>※ 경차와 영업용 차량(노란색 번호판의 차량)은 제외 | 고속도로 통행료 50% 할인<br>－요금정산소에서 통행권과 할인카드를 함께 제시하면 요금 할인 | 할인카드 발급 신청: 읍·면·동 사무소 한국도로공사 문의 |
| 11. 전기요금할인 | 중증장애인(3급 이상) | 전기요금의 20% 감면<br>※ 구비서류: 장애인등록증, 주민등록등본, 전기요금 영수증 각 1부<br>문의전화: 국번없이 123<br>인터넷: www.kepco.co.kr | 한국전력 관할지사·지점에 신청 (방문, 전화) |

## 📄 참고문헌

(사)한국장애인고용안정협회 홈페이지(2010.11.16). http://www.kesad.or.kr/
　　sub02.asp?S=3

교육과학기술부(2008. 10). 장애인의 자아실현과 사회통합을 위한 제3차 특수
　　교육발전 5개년계획('08~'12).

교육과학기술부, 행정안전부, 문화체육관광부, 보건복지가족부, 노동부, 여성
　　부, 국토해양부, 국가보훈처, 방송통신위원회 관계부처 합동(2008). 장
　　애인정책 5개년 계획.

기독교대한감리회 본부(2006). 감리교교세현황. http://kmc.or.kr/board/view.
　　php?id=databox_mission&page=1&sn1=&divpage=1&sn=off&ss=on&s
　　c=on&select_arrange=headnum&desc=asc&no=21.

기독교타임즈(2005. 11. 22). 장애인과 함께.

남동우(2010. 11. 23). 장애인의 이해, 현황과 선교 방향, 교회와 신앙. http://www.
　　amennews.com/news/articleView.html?idxno=999.

다름네트워크, 초·중·고등학교 장애인식교육 실태조사 결과 발표 및 인권교
　　육 활성화를 위한 토론회. 서울시의회별관 열린의회교실(2005.9.14).

문화경제신문(2010.3.4). http://e−cen.co.kr/board/bbs/board.php?bo_table
　　=06_1&wr_id=385

보건복지부 장애인복지시책(2010.11.6). http://www.mw.go.kr/front/jc/sjc0112
　　mn.jsp?PAR_MENU_ ID=06&MENU_ID=0612010305.

보건복지부 장애인정책목표와 추진전략(2010.11.6). http://www.mw.go.kr/front/
　　jc/sjc0112mn.jsp? PAR_MENU_ID=06&MENU_ID=06120102.

보건복지부(2009). 시·도별 장애인 등록현황

사단법인 울산장애인총연합회(2010.10.28). http://www.usdaf.or.kr/board/
　　bbs/board.php?bo_table=various_sides&wr_id=408

사회복지공동모금회(2007). 사회복지공동모금회 연간보고서, 43.

서울희망드림(2010.6.20). http://seoulwelfare.tistory.com/entry/%EC%9E
　　%A5%EC%95%A0%EC%9D%B8%EC%8B%9D%EA%B0%9C%EC%84%A
　　0−%EB%82%98%EB%9E%80%ED%9E%88−%ED%86%B5%ED%95%

A9%ED%94%84%EB%A1%9C%EA%B7%B8%EB%9E%A8—%EB%B6%8
1%EB%B6%80%EC%9E%A5%EC%95%A0%EC%9D%B8%EC%A2%85%
ED%95%A9%EB%B3%B5%EC%A7%80%EA%B4%80

승가원 홈페이지(2010. 10. 14). http://www.sgwon.or.kr/board/view.php?
bbs_id=support4

아이굿뉴스(2008. 10. 9). 장애인의 직접 차별 금지와 정당한 편의제공 필요.

에이블뉴스(2010.10.6). http://doumjigi.com/cgi/120401

오마이뉴스(2010. 8. 10). http://www.ohmynews.com/NWS_Web/View/at_
pg.aspx?CNTN_CD=A0001428700

인천광역시교육청(2010.7.2). http://www.ice.go.kr/hongbo/notice.asp?mode
=view&page=8&idx=107986&bid=H01

장애인먼저 실천 운동본부, 소년한국일보, 삼성화재(2009.4.13).

전국매일신문(2010.11.5). http://www.jeonmae.co.kr/helper/news_view.php?
idx=400749&path=&img_gubun=topnews&grpname=%ED%95%B4%E
C%84%A4&photo=2201

총신대학교(2008). 2008년 장애학생교육지원자체평가.

충청북도청주교육지원청(2009.3.11). http://www.cbcje.go.kr/flow/?ref=board/
board.emt&bbs_table=m7_04_02&menu_table=m7_00&fsort=eb_dateti
me&forder=asc&page=1&eb_idx=18

통계청(2009). 2008년 한국의 사회지표(원자료: 국민연금통계연보, 공무원연금
통계, 사학연금통계연보 각 연도).

한국노동연구원(2009). 2009 KLI 노동통계(원자료: 통계청, 경제활동인구조사).

한국보건사회연구원(2009). 2008 장애인 실태조사.

한국여성정책연구원(2010). 2010 정책제안서 장애인 고용촉진 및 직업재활기
금의 균등 수혜 방안.

한국정보문화진흥원(2009). 2008 장애인 정보격차 실태조사.


GNLove 뉴스(2007.4.10). '장애인 사회통합', 교회가 먼저 하자.

제 / 11 / 장

# 한국기독교 사회봉사, 전문사회복지실천의 미래
— 디아코니아/이웃 사랑과 섬김, 협력

 ## 1. 디아코니아와 한국교회 사회봉사의 문제

인간은 하나님의 형상을 따라 창조된 하나님의 피조물이다. 따라서 인간은 피조물로서 하나님의 형상을 드러내고 기뻐하며 영화롭게 함으로써 삶을 윤택하게 하고 그 존재의 의미를 찾는 참된 의미에서의 총체적 복지의 상태를 누릴 수 있다. 그러나 인간의 삶 자체는 인간의 타락으로 말미암아 내재되어 있던 진선미의 본체이신 하나님의 형상을 더 이상 추구하지 않고 이기적인 욕망에 사로잡히게 되었다. 그리하여 다양한 형태의 역기능적 결과를 초래해 인간의 삶을 어렵게 하는 빈곤, 인간관계의 어려움, 심리적이고 정신적인 고통 등 모든 형태의 하나님을 떠나 있는 불안정하고 불완전한 '복지'의 결과를 가지고 왔다.

인간 스스로 절대 도달할 수 없었던 구원의 즐거움은 그리스도의 십자가 대속의 은총을 믿음으로 가능하게 되었다. 구원받은 성도들은 그리스도 안에서 가능해진 자신의 구원을 기뻐하고 즐거워할 뿐만 아니라 죄의 결과로 모든 형태의 궁핍과 곤궁한 복지 상태에 있는 이웃을 복음을 기초로 돌아보게 되었다. 아울러 자신의 삶을 통하여 이웃의 곤궁한 실제 상태를 살피고 돕는 사회봉사적·사회복지적 실천이 복음전파와 함께 이루어져야 할 구속받은 성도의 필수불가결한 구원론적 삶의 모습이 되었다(김지찬, 2007).

사회봉사와 실천에 대한 이와 같은 구원론적 이해는 신약의 초대교회의 실천에서도 그대로 구현되었다. 즉, 성령의 감화와 감동을 체험하여 하나님의 뜻이 하늘에서 이루어진 것처럼 땅에서도 이루어지기를 열망하는 구체적 결과로서 하나님의 나라를 고대하고 그것이 실제로 이루어지도록 자기 소유를 주장하지 않고 이웃을 내 몸과 같이 사랑하려 했던 초대교회 그리스도인들의 공동체적 삶 속에서 드러났다(행 2:44-45). 그 이후에도 바울을 비롯한 사도들의 복음전파의 행적 속에서도 빛을 발하여 지속적이며 구체적인 사랑과 섬김의 삶인 디아코니아(Diakonia)가 실현되었다. 나아가 중세 종교개혁을 지나 우리나라 선교 초기에서부터, 그리고 오늘날 한국교회 안에서도 여전히 그 사랑과 섬김은 말씀과 성령의 역사로 말미암아 드러나고 있다. 선교 초기에는 복음과 함께 빈민과 소외된 영혼을 위한 의료, 교육, 복지 사역을 실천하여 복음이 이웃 사랑과 섬김과 함께 간다는 사실을 분명히 보여 주었다. 한국전쟁 이후 우리나라의 민간 사회봉사와 복지 현장에는 교회와 말씀으로 감화받은 그리스도인들이 존재하였다. 우리나라 사회복지의 모태라고 할 수 있는 전쟁고아들을 위한 아동복지 사역에서부터 노인, 장애인, 빈민 등 모든 사회복지의 실천 현장을 교회가 주도하였음은 누구도 부인할 수 없을 것이다. 이와 같은 본질적 사명이 이루어지고 있었기에 2007년 12월 서해안 앞바다에 원유유출 사고가 났을 때에도 한국교회 전체는 어떤 민간 사회단체보다 앞서서 어렵고 힘겨운 봉사의 현장에 있었다. 그리고 2010년 1월에는 흩어진 봉사능력을 한데 모으고자 한국교회봉사단과 한국교회희망연대를 통합하여 한국교회희망봉사단이 태동되었다. 바야흐로 한국교회의 봉사와 실천은 희망찬 미래만 있는 것처럼 보인다. 그런데 과연 한국교회의 이웃 사랑과 섬김의 현장은 선한 열매와 아름다운 미래가 약속되어 있을까?

기독교윤리실천운동이 2009년에 조사한 '한국교회 신뢰도 여론조사'에서는 기독교가 가톨릭에 이어 불교와 비슷하게 호감 및 신뢰도 수준에서 여전히 저조한 수준에 있었고, '개신교회를 신뢰한다'고 응답한 사람은 19.1%에 불과한 것으로 나타났다. 이는 한국교회가 심각하게 반성해야 할 일이다. 한편 교회를 신뢰할 수 없는 요인으로는 교회지도자·교인들의 언행 불일치를 꼽았다. 반대로 교회를 신뢰하는 요인으로는 '봉사활동'을 꼽았는데, 이는 구원론적 삶, 하나님 나라의 실현을 추구하는 그리스도인들의 빛과 소금의 역할은 역시 이웃 사랑과 섬김을 통하여 드러나고 하나님을 모르는 영혼이 그 빛을 좇아 나아온다는 사실을 일깨워 준다.

이처럼 이웃 사랑과 섬김의 결과 나타나는 사회봉사 혹은 사회복지 실천은 그리스도인의 구원론적 삶의 중요한 지표가 될뿐더러, 실제로 이웃에게 복음의 진정성을 일깨우는 데 중요한 그리스도인의 삶 자체가 된다. 그러므로 최선을 다한 기독교 사회봉사의 미래가 결국 교회의 미래를 윤택하게 하고 한국교회의 미래를 든든하게 하는 영적인 자양분 역할을 할 것으로 기대된다. 따라서 현재 한국교회가 행하고 있는 사회봉사 혹은 사회복지실천 현장의 영역을 비판적으로 돌아보고 미래 사회봉사·복지의 실천방안을 제시하는 일은 기독교의 미래를 위해서도 중요하다고 판단된다. 이상과 같은 연구 주제를 실현하기 위하여 이 장에서는 다음과 같은 영역을 성경과 전문사회봉사 영역의 발달에 견주어 비판적으로 살펴보고자 한다.

- 한국교회 지역사회봉사 영역의 양적·질적 수준은 발전하고 있는가?
- 한국교회의 대북 사회봉사 및 새터민 봉사 영역은 그들의 필요에 부합하여 전개되고 있는가?
- 디아코니아에 기초하는 기독교 사회봉사의 미래를 위한 실천적 과제는 무엇인가?

## 2. 한국교회 지역사회봉사 영역의 양적·질적 수준은 발전하고 있는가

보건복지부 산하 보건사회연구원이 2005년 조사한 자료에 따르면 우리나라 전체 사회복지시설 수는 4,048개소이며 이 중 이용시설은 2,029개소, 생활시설은 2,111개소였다(〈표 11-1〉 참조). 이 가운데 기독교계가 운영하는 생활시설은 신고시설 129개소(12.3%), 이용시설 259개소(13.3%)였다. 생활시설은 천주교와 비슷한 수준에 있고 이용시설은 불교에 상당 부분 못 미치는 수준에 있다. 이는 1980년대에 실시된 종교계의 사회복지시설 운영조사에서 기독교가 90% 이상이었던 것에 비하면 매우 저조한 실적이라 할 수 있다. 비록 2005년 중반 이후 상당 부분 미신고시설이 신고시설로 전환되었지만, 2005년 1월 기준 전국 생활시설과 이용시설의 미신고시설 상당수는 기독교로 분류된다. 이렇게 볼 때 미신고시설을 포함한다면 기독교 사회복지시설이 양적으로는 많으나 운영상 어려움이 많을 것이라는 점을 예상할 수 있어 서비스의 질적 수준이 열악할 것이라고 평가할 수 있다.

〈표 11-1〉 한국 종교계의 사회복지시설 운영 현황

| 구분 | 계 | 기독교 | 천주교 | 불교 | 비종교(일반) |
|------|------|--------|--------|------|--------------|
| 생활시설 | 신고시설(1,037) | 129(12.4%) | 128(12.3%) | 111(10.7%) | 669(64.5%) |
| | 미신고시설*(1,074) | 426(39.6%) | 169(15.7%) | 60(5.6%) | 419(39%) |
| 이용시설 | 신고시설(1,937) | 259(13.3%) | 143(7.4%) | 374(19.3%) | 1,161(59.9%) |
| | 미신고시설(92) | 79(85.8%) | 10(10.8%) | 3(3.2%) | — |

* 각종 인권문제 등 사회복지 분야에서 사각지대의 온상으로 여겨졌던 미신고시설은 2005년 중반 이후 전체의 약 70%가 정부의 규제완화 조치로 신고시설로 전환되었다. 신고시설로 전환된 시설은 미신고 운영보조금 지급대상이자 정기적인 감사대상이 되기 때문에 미신고시설이었을 때와 비교하여 개선된 서비스를 담보할 수 있을 것이다.
출처: 고경환 외(2005: 123).

사회복지시설의 서비스 질 향상에 절대적으로 기여하는 지원금 규모로 볼 때에도 이와 같은 문제는 지속되고 있음을 알 수 있다. 이용시설이 천주교의 거의 두 배에 달함에도 기독교의 지원금은 천주교의 지원금과 비슷하고 불교에 훨씬 못 미치는 수준이다. 생활시설의 경우에도 기독교계의 지원금이 천주교의 지원금에 비하여 많지만 천주교의 2/3 수준이다. 이런 점에서 양적 수준에 비하여 서비스의 질적 수준을 담보할 수 있는 실질적 노력을 덜 기울이고 있다고 평가할 수 있을 것이다(〈표 11-2〉 참조). 또한 생활시설의 이용자 부담금 수준에서도 기독교(388개소, 278억 원)가 불교(485개소, 395억 원)에 못 미치나 천주교(271개소, 201억 원)에 비하여 상당히 많은 것도 고려해야 할 문제다.

이와 같은 사회봉사 · 사회복지 실천을 위한 기독교계의 부족한 지원 양상은 빈곤아동을 위한 지역사회복지서비스 기관으로서 지난 10여 년간 기하급수적으로 늘어나고 있는 지역아동센터의 실정에서도 드러난다. 2009년 실시된 '개신교 운영 지역아동센터 실태조사보고서'(이태수)에서는 전체 지역아동센터 3,013개 중 1,601개(53.13%)를 개신교가 운영하고 있는 것으로 파악하였다. 그러나 개신교가 운영하는 시설은 많아도 실제 지원은 미미한 것으로 나타나 서비스 수준을 개선하는 데 어려움이 많다는 사실을 보여 준다. 조사대상 지역아동센터 452개 가운

〈표 11-2〉 사회복지시설에 대한 종교계의 지원금 규모: 시설 형태별(미신고시설 제외)

(단위: 백만 원)

| 구분 | 계 | 기독교 | 천주교 | 불교 |
| --- | --- | --- | --- | --- |
| 계 | 58,988 | 16,696 | 23,162 | 19,131 |
| 이용시설 | 27,714 | 7,421 | 7,230 | 13,062 |
| 생활시설 | 31,275 | 9,295 | 15,931 | 6,068 |
| 이용 · 생활시설 이용자 부담금 | 87,594 (1,144개소) | 27,865 (388개소) | 20,160 (271개소) | 39,569 (485개소) |

출처: 고경환 외(2005: 156).

데 95%에 가까운 기관이 교단의 지원을 거의 받지 못하고 있는 것으로
나타났다(〈표 11-3〉 참조). 이는 월 300만 원 정도의 정부·지자체 보조
금[1]을 받고 있는 지역아동센터의 운영은 빈곤아동을 위한 교회기반 서
비스의 심각한 질적 하락을 가져올 수 있음을 시사한다.

칼빈[2]은 참된 교회의 표징은 말씀 선포와 성례에 있다고 하였다. 즉,
살아 계신 하나님의 말씀대로 살려고 하느냐, 그리스도를 주로 시인하
고 그리스도와 한몸이 되어 거룩하고 이웃 사랑을 실천하는 삶을 지속
적으로 추구하느냐를 보고 참된 그리스도인인지 파악할 수 있는 것이
다. 다시 말해, 그리스도인이 하나님을 영화롭게 하고자 한다면 말씀대
로 살고, 그리스도와 한몸이 되기를 추구하며, 이웃 사랑을 실천해야
한다. 그것은 이웃 사랑에서 기인하는 사회봉사와 전문사회복지 실천
을 통하여서도 드러나야 하는 것이다. 그리스도를 모르는 사람보다

〈표 11-3〉 지역아동센터에 대한 각 교단의 지원 여부

| 구분 | | 개소 | 매우 아니다 | | 아니다 | | 그렇다 | | 매우 그렇다 | |
|---|---|---|---|---|---|---|---|---|---|---|
| | | | 개소 | % | 개소 | % | 개소 | % | 개소 | % |
| 전체 | | 452 | 231 | 51.1 | 191 | 42.3 | 25 | 5.5 | 5 | 1.1 |
| 교단 | 기감 | 52 | 34 | 65.4 | 17 | 32.7 | 0 | 0 | 1 | 1.9 |
| | 기장 | 27 | 5 | 18.5 | 18 | 66.7 | 4 | 14.8 | 0 | 0 |
| | 기하성 | 20 | 13 | 65.0 | 7 | 35.0 | 0 | 0 | 0 | 0 |
| | 통합 | 92 | 47 | 51.1 | 41 | 44.6 | 4 | 4.3 | 0 | 0 |
| | 합동 | 128 | 73 | 57.0 | 49 | 38.3 | 5 | 3.9 | 1 | 0.8 |
| | 기타 | 133 | 59 | 44.4 | 59 | 44.4 | 12 | 9.0 | 3 | 2.3 |

출처: 기독교윤리실천운동(2009: 11) 재인용.

---

1. 2009년까지 200만 원 보조되던 것이 2010년부터 300만 원으로 인상되었으나 교회
   나 교단의 지원 없이 월 300만 원으로 질 좋은 서비스를 실행하는 것은 매우 어려
   운 현실이다.
2. John. Calvin, *Institutes of The Christian Religion,* 기독교강요. 원광연 역(서울: 크
   리스챤다이제스트, 2004), p. 23.

그 사랑과 규모는 더욱 앞서야 할 것이므로 사회봉사 실적의 양적인 측면도 중요하게 부각되어야 한다. 매일의 생활에서 실천의 양도 돌보여야 하고, 한편으로 그 실천의 질은 그리스도를 믿는 것에서 비롯되는 것이기에 더욱 순결하고 헌신된 형태이어야 한다. 그러기 위해서는 오늘날 현재 악화일로에 있는 한국교회의 사회봉사 양도 많아져야 하고, 그러한 봉사에 투여되는 마음의 정도를 나타내는 재정적 기여도도 증가되어야 한다. 그런 노력들은 모두 미래 기독교 사회봉사의 질을 개선하고 윤택하게 하는 데 충분히 기여할 것이다.

  루터도 하나님의 구속 경륜 속에서 구원은 오직 하나님의 은혜로 되는 것이며 인간의 어떠한 노력이나 가치가 전혀 반영되지 않음을 강조하였다. 그러면서 동시에 인간은 자신의 구체적 삶 속에서 "우리가 하나님을 두려워하며 살아야 하고, 이웃의 돈과 재산을 훔치지 말고, 부정한 거래나 사기 행위로 다른 이의 재산을 편취하지 말고, 또 이웃이 정직하게 일해 번 재산과 돈을 보호하는 일에 서로 힘써야 하는 것"(김동주, 2005, 293 재인용)이라고 하였다. 이는 그리스도인의 삶이 구원하신 하나님을 찬양하면서도 그 은혜가 그리스도의 마음에 성령을 통하여 역사하기 때문에 하나님이 그리스도인을 붙드심과 같이 그리스도인도 하나님을 붙드는 노력이 요구된다는 것이다. 하나님의 은혜를 지속적으로 붙들려는 노력은 하나님을 향한 신앙과 이웃 사랑의 현장에서 구체적 노력이 드러나므로 양적 · 질적으로 담보되어야 하는 것이다. 따라서 미래 한국교회의 사회복지적 봉사의 현장은 그리스도께서 모든 것 위에 뛰어나심과 같이 양적 · 질적으로 최상의 열매를 맺으려는 적극적이고 헌신적인 삶 자체이어야 한다.

### 3. 한국교회의 대북 사회봉사 및 새터민 봉사 영역은 그들의 필요에 부합하여 전개되고 있는가

교회가 위치한 지역사회와 이웃을 향한 교회의 일차적 관심과 사랑 표현은 성육신하신 그리스도의 디아코니아적 헌신과 사랑에서 완성되고 말씀과 성령의 사역으로 그리스도와 연합한 그리스도인의 삶에서 구체적으로 드러나야 한다. 마찬가지로 불가피한 분단의 아픔 속에 고통받는 북한 동포들을 돌아보아 복음에서 비롯되는 디아코니아적 이웃 사랑을 증거해야 하는 것도 한국교회의 본질적 역할과 당위적 실천 범주다.

대북 사회봉사는 분단 특성상 대북지원 · 인도지원 협력 및 이산가족 · 새터민 지원은 통일부 소관이다. 1999년 2월 10일 대북지원 창구 다원화 조치가 발표된 이후 1999년 12월 16일 시행된 민법 제32조 통일부 소관 비영리법인의 설립 및 감독에 관한 규칙에 따르면 통일부에 등록된 법인만이 대북 관련 사회봉사를 할 수 있다. 2010년 5월 등록된 법인 중 사회복지 분야에 해당되는 인도지원 협력단체는 55개인데, 이 가운데 기독교 단체가 12개(21%)이고, 새터민 지원단체 36개소 중 기독교 단체는 3개소(7%)[3]다(〈표 11-4〉 참조). 이와 같은 현황은 앞서 파악한 사회봉사 및 사회복지 분야에서 기독교가 차지하는 비율의 감소와 맥을 같이하며, 한국교회의 역량과 본질적 사명을 고려할 때 실망스러운 상황이 아닐 수 없다. 지난 5월 20일 천안함 사태에 대하여 정부가 국제

---

3. 통일부 인허가 대북 지원 · 인도지원 협력 및 새터민 지원 법인 현황에서 일반적으로 알려진 한민족복지재단 등 통일부 인허가 단체로 지정되지 않은 법인은 제외하였다. 통일부 인허가 단체로 법인설립 허가를 받지 않은 것은 아마도 법인의 정관상 전체 사업목적이 대북사업에 국한되지 않은 까닭으로 이해된다. 통일부 인허가 단체로 지정받은 단체는 대북사업을 위하여 별도 법인을 설립한 것으로 파악된다(예, 국제기아대책기구의 섬김; 통일부 홈페이지, http://www.unikorea.go.kr/kr/CMSF/CMSFBsub.jsp?topmenu=7&menu=8&sub=&act=&main_uid=&subtab=#).

사회를 통하여 강경한 조치를 진행한 이후 대북 봉사활동도 상당히 경색되어 있지만, 최근까지 남북교류 협력에서 주요한 활동이 사회봉사를 위시한 인도적 지원에서 이루어지고 있기 때문에(김석진, 2006) 대북 지원 및 이산가족·새터민 지원 분야의 활동은 지속적으로 활성화되어 왔다. 그런데도 기독교 사회복지기관의 대북봉사 참여실적이 초기 주도적 역할에서 현재 상대적으로 저조한 것은 반성할 여지가 있다고 본다. 인도적 지원을 통한 사회봉사적 활동은 교회의 본질적 사명과 맥을 같이하고 정부 차원의 지원에 비하여 비정치적 특성을 가지므로 북한의 마음을 여는 데 긍정적 역할을 할 수 있을 것이다. 기독교 대북 사회봉사활동이 향후 복음전파를 위한 좋은 토양 마련에 핵심적 기반을 구축할 수 있을 것임에도 한국교회의 적극적 관심과 투여의 부족은 오늘날과 같은 대북 사회봉사 영역의 자리매김을 약화시키고 있는 것이다.

내용 면에서도 ① 유진벨재단은 결핵 퇴치 및 질병치료를 위한 일반 의료사업, ② 국제사랑재단은 북한 어린이를 대상으로 한 제빵공장 및 농장 운영, ③ 기아대책기구는 사료, 기초의약품 및 보육용품 지원과 어린이 영양 생산산업으로 콩기름 생산, ④ 남북나눔은 영양식 공급과 감자농사, ⑤ 등대복지회는 콩·우유·빵 공장 설립, 육아원 및 식량·의약품 지원, ⑥ 민족사랑나눔은 평양종로중학교 급식시설 지원, 도 소아병원 및 산원 현대화, ⑦ 샘복지재단은 비타민 및 항생재 공급, ⑧ 세계밀알연합회는 북한 장애인 지원, ⑨ 세이브더칠드런코리아는 영양 지원, ⑩ 어린이재단은 어린이지원봉사센터 건립, ⑪ 한국기독교청년회 전국연맹은 사랑의 분유 보내기 운동, ⑫ 한국대학생선교회는 사랑의 젖·염소 및 착유시설, 가공설비 및 초지 조성의 사업을 하는 것으로 알려져 있다.

이러한 민간단체의 지원사업은 그 특성상 해당 법인의 고유 복지사업과 연관된 봉사 부분에 치중할 수밖에 없으므로 사업 편중에 따른 다각도의, 그리고 다양한 분야의 지원과 타 민간기관과의 중복을 피할 수 있는 사업 개발 및 연계가 적절하게 이루어지기 어려운 한계점을 가지고 있다. 따라서 미래 대북 사회봉사 분야의 활성화를 위하여 대북 기독교 사회복지사업 주체가 서로 긴밀하게 관련 정보를 공유하고(신영전, 2008), 현지의 필요를 적절하게 파악하여 현장의 욕구에 부합하고, 사업이 중복되지 않으며, 북한 주민들이 자력으로 향후 미래를 개척해 나갈 수 있는 복지사업의 설계와 전개가 추진되어야 할 것이다. 북한 지역사업의 경우 현재 우리나라의 지역사회에서 기반을 굳건히 해 오고 있어 인력 및 생산 복지 관련 사업개발에 지식과 경험을 축적해 온 기독교 사회복지 전문기관들이 서로 협력함으로써 오늘날 추진되고 있는 대북 복지사업이 보다 효과적으로 전개되고 열매를 맺을 수 있도록 하는 것이 필요할 것이다. 또한 체계적인 지원과 평가를 위해 기독교 민간 차원의 평가지원단 체계를 신속하게 구축하여, 향후 물량적 성과는 물론 성과 대비 결과에서도 열매를 맺도록 하여야 할 것이다.

뿐만 아니라 새터민 지원단체 36개소 중 기독교 단체가 3개소에 불과한 것도 기독교계의 새터민 관련 사회봉사사업의 관심을 증대시킬 필요성을 일깨운다. 새터민의 한국 정착은 다문화가정의 정착보다 어렵다는 점을 기억하는 것이 중요하다. 새터민은 탈북과정에서 경험한 신체적 · 정신적 외상, 언어 · 문화 · 재정적 이질감에 따른 아동 · 청소년 문제, 실업, 동료 간 불신과 배신, 인간관계의 어려움, 사회적 소외 등 다양한 문제를 가지고 있어 매우 전문적인 사회복지적 필요에 있다. 이러한 문제들은 단시간에 해결되기 어려운 특성이 있어 지역사회의 가용자원과의 연계를 통한 지속적이고 일관적인 서비스가 요청된다. 그들이 경험하고 있는 사회적 소외를 해소하고 복음의 능력을 체험할 수 있도록 교회 사회봉사기관들이 전문적이고 지속적이며 그리스도의 사랑이 넘치는 사회봉사를 기획하고 추진할 수 있어야 한다. 이를 위하여 새터민가족이 다수 거주하는 지역에 이미 설치된 새터민지원센터, 지자체, 통일부와 유기적인 협력관계를 구축하고 정보를 교환하며, 그들의 정착을 위하여 실질적으로 할 수 있는 일이 무엇인지 살피고 봉사에 나서는 것이 적절할 것이다.

## 4. 디아코니아 기독교 사회봉사의 미래를 위한 실천적 과제

교회는 말씀을 증거하고 이웃을 사랑해야 하는 본질적 사명 속에 있다(마 22:37-39). 디아코니아(Diakonia)는 헬라어 'diakoneo(봉사하다, 섬기다)'에서 유래되었다. 신약성경에서 봉사는 하나님의 은혜로 말미암아 공동체(교회)를 세우기 위하여 그리스도인에게 맡겨진 봉사와 섬김의 직임(고전 12:4)을 의미한다. 그 봉사는 늘 말씀을 지향하고(고후 3:7-9) 하나님 뜻, 하나님 나라의 구현을 목표로 하는 교회의 본질이 교회에 대한 사랑과 이웃 사랑으로 구체화되는 것이다. 교회를 굳건히 세우고자 하는 소명감에 가득 찬 그리스도인은 잠재적 그리스도인으로 간주되는 이웃과 지역사회를 외면할 수 없고 소외의 대상이 되도록 방관할 수도 없다.

오늘날 빈곤으로부터 해방된 풍요와 편리함의 시대를 일컫는 밀레니엄 시대에도 여전히 우리나라 전체 인구의 1/10은 먹을 것 때문에 죽음을 생각하는 절대빈곤 속에 처해 있다. 그리고 자력으로 살아가기 힘든 장애인과 노령자, 소외 · 유기 · 방임 · 위기 아동 · 청소년이 즐비하며, 사회의 구조적 문제 때문에 고통당하는 이들이 파악하기 힘들 정도로 많다. 더불어 분단 상황에서 한국교회의 도움을 절대절명적 상황에서 요청하는 북한동포들이 있으며, 자유를 찾아 탈북하였으나 또 다른 이질감과 사회적 소외로 정착의 어려움을 호소하는 새터민들이 있다. 우리는 이런 이들이 우리 곁에 있다는 사실을 모른다 할 수 없고 그들의 실제적 필요를 외면할 수 없는 상황이다.

초대교회 당시에는 구제와 모금 활동을 통하여 어느 정도 현실적인 필요를 채워 줄 수 있었다. 그러나 오늘날은 사회봉사를 위한 대상 자체가 방대하고, 개인과 집단의 문제가 복잡다단하여 때로는 개별 접근이 필요하고 때로는 집단적·구조적 접근이 필요하기도 하다. 따라서 지금이야말로 교회의 디아코니아, 공동체적 협력과 실천이 어느 때보다 요구되며 향후 효과적인 이웃 사랑의 사명을 감당하기 위하여 어떻게 공동체적 협력을 실현해야 하는지 고민해야 할 시점이다.

### 1) 성경적 디아코니아에 입각한 교회 간 협력체계 구축

먼저 디아코니아 기독교 사회봉사의 미래를 위하여 현재 진행되고 있는 참된 기독교 사회봉사를 위하여 성경적 디아코니아의 실천을 효과적으로 실행하기 위하여 조건 없는 교회협력이 이루어져야 한다. 2010년 1월 흩어진 봉사 능력을 한데 모으고자 한국교회봉사단과 한국교회희망연대를 통합하여 한국교회희망봉사단이 태동된 것은 좋은 협력의 예다. 앞서 분석하였듯이, 천주교와 불교는 사회사목과 사회봉사를 위하여 일원화된 협력체계를 가지고 있기에 자원동원에서도 총회별로 협력이 어려운 기독교에 비하여 월등하게 신속한 지역사회봉사와 전문사회복지 실천에 참여할 수 있다. 그리하여 불교는 사회복지 분야에서의 늦은 출발에 비하여 빠르게 전문사회복지 영역을 잠식하고 있고, 천주교는 지속적이고 전문적인 실천으로 지역사회에서 상당한 입지를 확보하고 지역사회로부터 높은 신뢰도를 유지하고 있다.

기독교계는 한국교회희망봉사단을 중심으로 기독교계의 봉사 여력을 모아 민간 사회봉사 부문의 주도적인 역할을 담당해야 한다. 이를 위하여 한국사회와 북한, 국제사회의 문제 등 주요 사회복지적 현안을 구체적으로 살펴 한국교회가 협력해야만 하는 우선과제를 설정하고, 전문인력과 봉사인력, 자원을 연계하여 실천하되 긴급구호성 지원을 넘어서 개발지원으로의 확대를 모색할 수 있는 중장기적 계획을 통해 실천과제를 하나씩 실현해 나가는 노력이 필요할 것이다. 지역사회의 문제, 대북 지원, 국제사회의 문제는 모두 정부, 지자체, 민간이 일정 부분 분담해야 하는 영역이다. 그러므로 정부와 지자체가 담당해야 할 부분과 민간 참여가 절대적으로 요구되는 사각지대에 대해 적절하게 역할 분담을 하여 중복 노력을 피하고 효과적인 지원이 이루어질 수 있도록 추진할 것이 요청된다.

　지역사회에서도 개교회가 감당하기 어려운 전문사회복지 실현 상황, 민간 사회복지기관이 자원봉사 인력을 요청하는 경우, 그리고 지역사회의 소외대상 발굴 현장에서는 교회 간 협력이 절대적으로 선행될 필요가 있다. 예를 들어, 지역사회 종합·노인·장애인 복지관, 청소년수련관, 청소년문화의 집 등이 위탁공고를 할 때 지역사회의 교회가 단독으로 입찰을 진행하기 어려운데, 이 경우 교회와 지역에 연고를 가진 기독교 사회복지법인이 협력하여 전문사회복지 영역을 실천할 수 있도록 위탁을 컨소시엄 형태로 진행하는 것이 지혜로운 방법이 될 것이다. 2007년 분당노인종합복지관 위탁 시 기아대책기구와 분당우리교회가 협력 형태로 참여하고, 위탁 이후 기아대책기구가 직접 운영을 하고 분당우리교회가 협력교회로서 매우 훌륭한 운영 모습을 보이고 있는 것이 그 예라 하겠다. 이와 같은 형태의 교회 간, 교회와 전문사회복지법인 간 협력이 확대되어, 지역사회에서 교회의 사회봉사와 전문사회복지실천이 효과적으로 이루어질 수 있도록 노력하여야 할 것이다.

## 2) 사회봉사 실천을 위한 정보 구축과 공유

　지역사회에서 개교회가 역할을 감당하려고 해도 정보의 부재로 실현이 불가능한 일들이 자주 발생한다. 그래서 교단 차원에서 사회복지 관련 정보체계를 구축하여 지역교회가 요청하는 일에 즉각적인 공조를 이루는 것도 효과적인 기독교 사회봉사 실천을 위하여 반드시 필요한 부분일 것이다. 현재 지역사회의 전문사회복지 분야의 가장 큰 문제는 기관 간 정보 공유가 원활하게 이루어지지 않아 서비스의 중복과 사업의 효율성이 떨어지는 것이다. 이와 같은 현상이 기독교 사회봉사 영역 내에서도 발생한다는 사실은 매우 부끄럽고 안타까운 일이 아닐 수 없다. 기존 기독교 사회복지 분야에 진출한 기관은 후발 주자들이 시행착오를 거치지 않고 교회의 역량을 극대화하여 봉사의 직무를 잘 감당할 수 있도록 정보를 나누고 서로 협력하는 것이 기본적으로 동의되어야 한다. 따라서 교단의 대표 사회복지법인들은 관련 정보와 자료를 잘 구축하여 교회기반 사회복지기관이 지역사회에서 교회의 역할을 적절하게 수행하기 위해 행하려는 모든 일을 적극적으로 돕고 축적된 경험과 정보를 공유해야 할 것이다.

효과적인 대북 지원을 위해서도 자료 수집과 분석을 수행하고, 기존 사업에 대한 평가 작업도 실시하여 기독교계의 지원이 효율적으로 이루어지고 향후 지원도 보다 효과적으로 수행될 수 있도록 돕는 정보 구축과 공유가 필요하다. 앞서 기독교계가 행한 대북 지원에서 일부 사업이 특정 지역과 대상에 편중되는 경향이 있어 장애인과 노인의 경우 한두 차례 도움을 받은 이후에는 지속적으로 소외되고 있는 것을 발견하게 된다. 따라서 지원활동의 성과도 중요하지만 자료를 축적하고 경험을 체계화하며, 이를 토대로 한 대북사업의 전략과 방향을 설정하고 최상의 열매를 맺을 수 있도록 사업을 전문화하고 효율성을 높이는 측면에서 추진되는 것이 중요할 것이다.

### 3) 디아코니아 사회봉사 실천지식 전파

자본과 물질이 주가 되어 가고 있는 이 맘몬(Mammon)의 사회 속에 하나님 나라를 구현하기 위하여 하나님의 말씀에 기초한 디아코니아

이웃 사랑과 섬김의 실천은 그리스도인들에게 교회의 본질적 사명으로 이해되어야 한다. 그러나 한국교회는 지속적인 성장세에 있었던 때나 최근 정체의 분위기에 있을 때나 이웃 사랑과 섬김, 디아코니아가 그 마음속에 사명으로 자리할 수 있도록 전파하는 일에 소홀해 온 경향이 있다. 따라서 그리스도인들이 지역사회에서 교회의 섬김의 역할을 인식하고 실제로 할 수 있는 일을 적극적으로 모색하고 참여하는 자리에까지 이를 수 있도록 공감대를 형성하기 위하여 기독교 사회복지 엑스포와 같은 다양한 형태의 말씀 소통의 장을 마련하는 것이 필요하다. 예배를 통하여도 증거되고, 지역사회에서 전문사회봉사 영역을 담당하는 기관들이 사회봉사의 필요성과 참여에 관한 담론을 나눌 수 있도록 네트워킹을 하는 것도 중요할 것이다.

교회 사회봉사 포럼, 세미나 및 컨퍼런스, 국제 교회봉사 컨퍼런스를 개최하여 지역사회봉사를 통하여 교회의 아름다운 소식을 전파하는 데 좋은 모습을 보인 성공적인 사례를 알리고, 지역사회봉사에 있어 발생할 수 있는 각종 문제점을 미리 개선하고 예방하도록 하여 교회의 이웃 섬김이 더 많고 좋은 열매를 맺을 수 있도록 해야 한다. 이와 같은 과정에서 교회는 말씀 선포와 성례에서 경험된 섬김과 봉사(디아코니아)를 통하여 그 사랑을 나누고 섬기는 하나님 나라의 아름다운 전형을 전파하는 것이 된다. 이것이 교회에는 기독교 교육적 측면에서도 긍정적이고 사명을 강화시키며, 사회에는 교회의 본질과 실천의 모습을 알리는 데 기여할 것이다.

## 4) 신학대학원 교육과정의 기독교 사회봉사 관련 과목 제시를 통한 사회봉사 전문화 훈련

복음 전파와 함께 교회의 본질적 사역 중 하나인 이웃 사랑과 섬김을 실천하기 위하여 지역교회가 지역사회의 필요를 이해하고 가난하고 소외된 이웃을 돌보는 역할을 효과적으로 수행하는 데는 한국교회의 특성상 목회자의 역할이 절대적이라고 할 수 있다. 목회자는 신학대학원에서 신학 전문교육을 이수한 후 각 노회 혹은 총회의 인허과정을 거쳐 목회자로 나서게 된다. 따라서 신학대학원에서 신학 전문교육을 받을 때 기독교 사회봉사 관련 과목을 이수하도록 배려할 경우, 교단의 신학 교육과정에서 자연스럽게 기독교 사회봉사의 인식을 새롭게 하고 향후 목회 현장에서 지역 특성에 따라 교회봉사 방향을 전문화하기 위한 학문적·실천적 준비를 자연스럽게 할 수 있을 것이다. 그러나 현재 우리나라의 많은 신학대학원에서는 여전히 교육과정에서 사회봉사 관련과목을 소홀하게 다루고 있는 것을 볼 수 있다(〈표 11-4〉 참조). 한국교회의 대표적 신학대학 가운데 총신대학교, 고신대학교, 한세대학교, 감신대학교, 한신대학교 등은 목회학 석사과정(혹은 동등과정)과 신학 석사과정에 사회봉사 관련 과목을 전혀 포함하고 있지 않고, 평택대학교신학대학원과 안양대학교 신학대학원은 목회학 석사과정에 사회봉사 관련 일부 과목을 이수할 수 있도록 배려하고 있다. 현재로서는 장로회신학대학교 신학대학원만이 목회학 석사과정과 신학 석사과정에 상당히 전문적인 준비를 할 수 있도록 교육과정을 제시하고 있다. 손병덕(2003)에 따르면 사회복지 혹은 관련 과목을 이수한 경험이 있는 목회자가 목회 현장에서 사회복지 관련 사업을 실천하고 그에 따른 교회성장 등 교회의 사회봉사 실천을 통한 긍정적 결과를 경험하는 것을 볼 때, 신학교육 이수 시 신학생의 사회봉사신학 경험은 향후 목회방향에서도 중요하게 작용할 수 있을 것이다. 만약 신학대학원의 교육과정에서 미래 목회자 지망생들에게 사회봉사에 대한 중요성을 일깨우고 자신의 소명에 관련된 구체적 목회 사역 방향을 준비할 수 있도록 사회봉사 관련 내용을 포함한다면, 지역사회의 사회복지적 필요를 채우면서 동시에 전도의 사명을 잘 감당하는 목회자로서 준비하도록 하는 데 지대한 기여를 할 수 있을 것으로 보인다.

**〈표 11-4〉 신학대학원 교육과정에 나타난 사회봉사 관련 과목 예시**

| | 목회학 석사(M.DIV) 또는 동등과정 | 신학 석사(TH.M) |
|---|---|---|
| 총신대학교<br>신학대학원 | - | - |
| 고신대학교<br>신학대학원 | - | - |
| 서울신대<br>신학대학원 | - | 사회봉사 신학세미나, 선교와 사회복지의 선교신학 분야 2과목 |
| 한세대학교<br>신학대학원 | - | - |
| 장로회신학<br>대학교<br>신학대학원 | 기독교와 사회복지, 교회와 노인복지, 교회와 청소년 문화의 교회와 문화 분야 3과목 | 사회복지학개론, 노인복지, 인간행동과 사회환경, 장애인복지론, 사회복지법 제론, 가족복지론, 사회복지 정책론, 사회복지 조사론, 사회복지실습, 사회복지 실천기술론, 사회복지 행정론, 자원봉사론, 지역사회복지론, 사회사업조사방법론, 사회복지 실천론 등 15과목 |
| 감신대학교<br>신학대학원 | - | - |
| 한신대학교<br>신학대학원 | - | - |
| 평택대학교<br>신학대학원 | 교회와 지역사회, 교회와 사회봉사의 2과목 | - |
| 안양대학교<br>신학대학원 | 기독교 문화사역, 기독교 사회복지학의 2과목 | - |
| 나사렛<br>신학대학원 | - | - |

## 5. 기독교 사회봉사의 미래

그리스도인의 이웃 사랑과 섬김의 결과 드러나는 사회봉사와 전문사회복지 실천은 구원을 향한 견인적 삶의 중요한 지표가 되고 이웃에게 복음의 아름다움을 전파하는 그리스도인의 삶 자체가 된다. 특히 복잡하고 구조화된 산업사회에서 가난하고 소외된 이웃에 대한 교회의 헌신적 봉사와 실천은 그들에게 어둠 속에서 광명과 같은 희망을 가져다 줄 수 있다. 그러나 최근 한국교회의 지역사회봉사 영역의 양적·질적 수준의 저하, 대북 사회봉사 및 새터민 봉사 역량의 감소는 한국사회의 기독교를 향한 불신을 가중시키는 역할을 하고 있다.

교회는 일반 사회의 교회를 향한 부정적 인식을 개선할 뿐만 아니라 복음전파와 디아코니아적 삶의 본질적 사명에 기초하여 이웃과 지역사회를 외면하지 않고 그들의 필요를 채우는 디아코니아, 공동체적 협력과 실천을 일신하여 미래 한국교회를 굳건하게 해야 할 시대적 요청에 직면하고 있다.

이를 위하여 교회는 성경적 디아코니아에 입각한 교회 간 협력체계 구축에 힘써야 하고, 지역사회에서 교회들이 사회봉사 실천을 효과적으로 수행할 수 있도록 전문봉사 관련 정보 구축과 공유가 필요하다. 나아가 신학대학원의 교육과정에 기독교 사회봉사 관련 과목을 마련하여 목회를 준비하는 신학생들로 하여금 미래 목회 현장에서 보다 구체적인 이웃 사랑과 섬김의 실천방안을 마련할 수 있도록 돕는 것이 필요하다. 이처럼 한국 기독교 사회봉사의 미래는 말씀에 기반을 두어 교회가 이웃 사랑과 섬김을 위해 어떻게 진정성을 가지고 서로 협력하고 준비하는가에 달려 있다.

# 📄 참고문헌

고경환, 박승희, 조철환, 장영식, 이혜숙(2005). 사회복지지출 추계를 위한 한국종교
계의 사회복지시설 지원금 실태조사. 보건복지부: 보건사회연구원.

기독교윤리실천운동(2009). 2009년 한국교회의 사회적 섬김 보고서. 서울: 기독교윤
리실천운동/교회신뢰회복네트워크.

김동주(2005). 기독교 사회봉사와 마르틴 루터의 개혁 – 교육, 자선, 사회복지의
새 패러다임. 기독교 교육정보, 11, 283 – 307.

김석진(2006). 대북 개발지원의 과제와 추진방향. KIET 산업경제, 5, 34 – 46.

김지찬(2007). 구약 성서에서의 사회복지, 한국기독교 사회복지총람. 서울: 사단법인
한국기독교사회복지협의회, 25 – 46.

손병덕(2003). 교회성장 요인으로서의 서울 경기지역 개교회의 사회복지사업.
총신대논총, 22(1), 246 – 263.

손병덕(2010). 6 · 25 60주년을 돌아보며 기독교 대북 NGO의 과거, 현재, 미래 –
사회복지적 관점. 기독교통일학회 정기학술심포지엄 발표자료.

신영전(2008). 현재 진행되고 있는 남북한 의료협력사업: 영유아 지원사업을 중
심으로. *Korean Journal of Pediatrics, 51*(7), 671 – 689.

이태수(2009). 개신교 운영 지역아동센터 실태조사보고서. 한국교회봉사단.

Calvin, J. (1536). *Institutes of the Christian Religion*, 원광연 역(2004). 기독교
강요(상 · 중 · 하). 서울: 크리스챤다이제스트.

## 찾아보기

## 📑 저자 소개

### 손병덕

총신대학교 신학과를 졸업하고 미국 Washington University(St. Louis, 석사)와 Harvard University(석사)를 거쳐 영국 Oxford University, Department of Social Policy and Social Work에서 Social Work 분야 교수로서는 처음으로 영국 Academy of Social Sciences의 회원으로 선출된 Professor Ann Buchanan의 지도로 사회복지 박사학위를 취득하였다. 현재 총신대학교 사회복지학과 교수로 재직하면서 서현교회 협동목사로 섬기고 있다.

학술활동으로 『기독교 사회복지』(대한예수교장로회총회, 2005), 『인간행동과 사회환경』(2판)(공저, 학지사, 2008), 『기독교사회복지총람』(공저, 기독교사회복지협의회, 2007), 『가족복지론』(공저, 학지사, 2008), 『학교사회복지의 이론과 실제』(공저, 학지사, 2009), 『칼빈과 21세기』(공편, 부흥과개혁사, 2009), 『사회복지조사방법론-이해와 실천』(공저, 학지사, 2010) 등을 저술하였다.

학회임원 활동으로 한국사회복지학회 총무분과위원을 역임하였고, 현재 한국사회복지정책학회 이사, 한국케이스매니지먼트 학회 국제분과위원장, 대한범죄학회 부회장, 한국청소년학회 이사, International Journal of Social Research의 Editorial Member로 재직하면서 한국연구재단 등재 학회들의 학술논문 평가위원으로 활동하고 있다.

중앙정부 및 지자체, 비영리기관 사회복지 분야 활동으로 국가행정고시 2006년, 2007년, 2008년 시험출제위원, 국무총리산하 경제인문사회연구회 국책연구기관 2006년, 2008년, 2009년 평가위원, 보건복지부 위탁 아동복지시설 2003년, 2007년, 2010년 평가위원, 보건복지부 지역아동센터 2009년, 2010년 평가위원, 2009년 행정안전부 사업선정위원, 충청남도 아산시 교수자문위원단 보건복지위원장, (재)한미청소년교류협회 이사, 사회복지공동모금회 · 삼성지원 사회복지사 해외연수 2005년, 2009년 슈퍼바이저, 경기도 아동 · 청소년폭력예방협의회 위원, 한국사회복지관협회 중점사업연구위원, 2010년 영유아통합지원 사업평가위원을 역임하였다. 현재 동작구사회복지대표협의체 위원, 경기도 아동학대예방위원, 우리복지재단 이사, 사회복지법인신애원 이사, 고양시 복지드림 서비스 솔루션위원, 서울시동작종합사회복지관 · 서울시립마포노인복지관 · 동작구지역자활센터 운영위원, 경기도 아동복지연합회 자문위원, 2010년 기독교 사회복지 엑스포 자문위원으로 재직하였으며 각종 연구사업 평가위원으로 활동하고 있다.

# 교회 사회복지

2010년 9월 24일 1판 1쇄 인쇄
2010년 10월 1일 1판 1쇄 발행

지은이 • 손병덕
펴낸이 • 김진환
펴낸곳 • (주) 학지사
　　　　　121-837 서울특별시 마포구 서교동 352-29 마인드월드빌딩 5층
대표전화 • 02)330-5114　　　　팩스 • 02)324-2345
등록번호 • 제313-2006-000265호

홈페이지 • http://www.hakjisa.co.kr
커뮤니티 • http://cafe.naver.com/hakjisa

ISBN 978-89-6330-536-3　93330

정가 15,000원